Qué vale nuestro trabajo
5000 años de historia de la retribución

JAVIER FERNÁNDEZ AGUADO
JOSEP CAPELL GUIU

Con la colaboración de:
ANA CRISTINA SÁNCHEZ

**KOLIMA
BOOKS**

Título original: *Qué vale nuestro trabajo.*
5.000 años de historia de la retribución

Primera edición: Noviembre 2025
© 2025 Editorial Kolima, Madrid
www.editorialkolima.com

Autores: Javier Fernández Aguado y Josep Capell Guiu
Colaboración de Ana Cristina Sánchez
Dirección editorial: Marta Prieto Asirón
Maquetación de cubierta: David Visea
Portada elaborada con IA inspirada en el cuadro «El prestamista y
su esposa», (1514) del flamenco Quentin Massys, al que se hace re-
ferencia en este libro.
Maquetación: Carolina Hernández Alarcón

ISBN: 978-84-10209-89-3
Depósito legal: M-24689-2025
Impreso en España

ÍNDICE

PRÓLOGO

Es un verdadero placer el que Ceinsa me haya pedido prologar su nuevo libro, en el que se ahonda sobre la evolución de las políticas salariales desde Mesopotamia hasta el siglo XXI. La política salarial nos sigue preocupando en términos económicos –por su impacto en la cuenta de resultados– y nos ocupa en su dimensión social, como expresión de valor y relación entre las personas a lo largo de la historia de la humanidad.

El placer de poder participar en este proyecto nace de un doble orgullo que quiero compartir brevemente contigo, lector, que hoy tienes este libro entre tus manos: (1) El orgullo como clienta y *partner* de Ceinsa. Me emociona ver cómo la empresa en la que confío para el asesoramiento en una materia tan compleja, delicada y esencial como es la política salarial de una organización sigue aprendiendo día a día. Este libro es un ejemplo claro de su compromiso con la generación y difusión del conocimiento. No perdáis nunca ese espíritu crítico y de aprendizaje continuo que enriquece nuestras discusiones y reflexiones teóricas, de las que tanto he aprendido y con las que tanto he disfrutado. Vuestra pasión y especialización en la materia son el motor de cada una de las páginas de esta obra. (2) Como socióloga y economista me enorgullece poder contar con autores de este calibre, que ponen su tiempo, experiencia e inteligencia al servicio de la construcción de nuevo conocimiento sobre la relación salarial como relación social. A través de una mirada histórica y sociológica nos ayudan a comprender cómo solo observando el pasado con reflexión es posible entender las tensiones contemporáneas entre instituciones, poder y actores que han transformado cada época, generando nuevas presiones sobre la política salarial y la capacidad de negociación de los trabajadores.

He disfrutado mucho la lectura de este libro, en el que ambos autores se complementan a la perfección. Josep nos regala un excelente capítulo sobre la compensación del trabajo en el siglo XXI, aportando –a través de su rigor metodológico y su reconocida experiencia– una visión precisa de las tendencias retributivas actuales, considerando debates tan desafiantes como la brecha salarial, la precariedad o los efectos de la globalización.

Su texto queda enmarcado dentro del estudio realizado por un referente del *management* contemporáneo, Javier Fernández Aguado, quien centra su interés en detallar la evolución de las políticas retributivas. Es inmenso el cúmulo de información, alguna especialmente sugestiva, que pone a disposición de los lectores.

Su estudio está estructurado en dos partes complementarias y bien diferenciadas. En la primera recoge la doctrina de un grupo selecto de los más grandes economistas del mundo sobre los fundamentos necesarios para retribuir de forma justa las aportaciones del trabajador. Así, por ejemplo, recuerda que la concepción clásica del salario se debe a Adam Smith (1723-1790), que, salvo pequeñas modificaciones, ha perdurado casi inalterada hasta nuestros días. El británico expuso que debe generarse una negociación entre los capitalistas y la mano de obra para decidir la retribución cuando el producto del trabajo no es la recompensa natural por el esfuerzo de quien sea a la vez propietario. El dueño de la tierra recibe una renta, el del capital un beneficio y el del trabajo un salario.

La suma de esos elementos supondría –tal como recuerda Fernández Aguado– el precio natural de una mercancía. En consecuencia, la ley de la oferta y la demanda, la mano invisible decide, a partir del precio, esos tres factores. En un mercado libre, el salario derivaría de lo que restaría del rendimiento del trabajo una vez amortizados los costes de producción y los beneficios del capital. Aclara Adam Smith: «El valor de cualquier mercancía (...) para la persona que la posee, y que no quiere usarla ni consumirla ella misma sino cambiarla por otras mercancías, es igual a la cantidad de trabajo que le permite comprar o adquirir. El trabajo, por tanto, es la medida real del valor de cambio de todas las mercancías».

David Ricardo, John Stuart Mill, Karl Marx, John Maynard Keynes, Milton Friedman o Joseph Eugene Stiglitz pasan bajo el foco de Fernández Aguado, ofreciendo interesantes aportaciones a la cuestión. Tampoco faltan páginas dedicadas a la inteligente e ingente propuesta de lo que se conoce como doctrina social de la Iglesia.

En la segunda parte entra a pormenorizar cómo diversas civilizaciones han entendido y vivido la política retributiva. Me detengo en el caso de Roma. Recuerda el autor que las revueltas sociales encontraron buenos motivos: el exorbitado lujo de los potentados romanos era desconsiderado. Muchos patricios dilapidaban sus jornadas, fomentando el clientelismo o turbas de aduladores.

En las casas particulares, muchas veces inmoderadas, junto al despilfarro se acumulaba la corrupción moral: dos caras de la misma moneda. Quienes podían permitírselo se precipitaban al sibaritismo. Se estableció una carrera por ver quién disfrutaba de la gastronomía más exquisita. Hay constancia de que en determinadas villas no se bajaba del centenar de platos presentados para competir en el posterior chismorreo del foro. No faltaban lampreas traídas de Oriente o lenguas de ruiseñor, entre otros caprichos.

Cicerón se hizo construir una mesa de limonero que, según los datos disponibles, estaría tasada en la actualidad en unos 250.000 €. Nerón, envidioso, encargó una que cuadriplicaba ese valor. Séneca, predicador de la austeridad, coleccionaba exuberantes piezas de mobiliario y durante un tiempo dispuso de una mesa de oro sobre la que escribía ¡los parabienes de la pobreza!

Las celebraciones, unidas al reparto de pan y otros alimentos, eran un instrumento de los emperadores para dominar a la plebe. Tito promovió 100 jornadas de fiesta para inaugurar el Coliseo, que proporcionaba asiento a 80.000 personas y espacio para 250.000 espectadores. Trajano alargó hasta 123 días los festivales del año 106.

En el siglo I Nerón lanzó a sus pretorianos contra 400 osos y 300 leones. En los juegos promovidos por el emperador Severo (222-235), de 7 días de duración, fueron sacrificadas 700 fieras, entre ellas tigres llegados de Numidia, además de panteras y osos.

El Estado era menos intervencionista que el egipcio, si bien requería de considerables ingresos para movilizar a los ejércitos y desarrollar las obras públicas. Los impuestos directos oscilaban de media entre el 5 y el 10 %, además de tributos indirectos que gravaban desde los juegos de azar hasta las importaciones. Caracalla, con su edicto en 212 d. C., concedió la ciudadanía romana a todos los habitantes libres del imperio con una intención recaudatoria, como explica su coetáneo Dión Casio en *Historia romana*: «Los nuevos impuestos que él promulgó: el 10 %, tasa que instituyó en lugar del 5 % y que aplicó a la manumisión de los esclavos y las herencias y toda clase de legados; abolió en efecto en el derecho de sucesión la exención fiscal que había sido concedida a los parientes próximos al difunto. Por esta razón (aumento de los impuestos sobre las herencias y manumisiones) declaró a todos los habitantes del imperio ciudadanos romanos; teóricamente se trataba de honrarlos, realmente era para percibir sumas mayores como consecuencia de esta medida, pues los peregrinos no pagaban la mayor parte de estas tasas».

Pero no me extenderé más: un prólogo tiene como función estimular la lectura, no sustituirla.

Quisiera terminar felicitando a Josep por la iniciativa y por el relevante capítulo que ha escrito, y al pensador español Javier Fernández Aguado por su capacidad investigadora, que ofrece información tan interesante como novedosa. Ambas aportaciones enriquecen reflexiones actuales y se inspiran en uno de mis sociólogos contemporáneos preferidos, Zygmunt Bauman, quien en su «sociedad liquida» ya describía la volatilidad social actual como la causa del debilitamiento de los métodos tradicionales de negociación salarial. En cada capítulo de esta obra se ejemplifica cómo las políticas salariales han lidiado en cada momento con sus impredecibles, crisis y disrupciones tecnológicas, creando nuevos paradigmas de relaciones sociales y laborales. Queda claro que el momento actual no será una excepción.

Contribuciones como las que nos ofrece esta lectura nos ayudan a construir un nuevo paradigma que lidie con los impredecibles actuales, pero con foco en las personas y para las personas.

¡Gracias por este regalo!

ROSER SEGARRA
Directora corporativa de People & Culture ALDI

INTRODUCCIÓN

El gran reto de la existencia de cada uno es desentrañar el sentido pleno del tiempo que transcurrimos en esta Tierra. La primera vez que lo intenté compuse un breve ensayo, agotado hace siete lustros, que llevaba por título *Para una vida con sentido (Le sfide dell'esistenza* en su versión italiana, como originariamente lo redacté en Italia, 1989).

Me gusta repetir desde 1990, fecha en la que lo aprendí de mi progenitor, que 3 son los elementos que salpimientan y amortiguan para muchos las ineludibles incertidumbres en las que todos, antes o después, debemos surfear y que a demasiados encocoran. Toca con frecuencia ejecutar chicuelinas para salir ileso...

El primer componente es la amistad. No hay yo sin tú. Ninguno existimos en plenitud hasta que alguien no afirma de manera explícita o implícita, sin triquiñuelas: ¡el mundo sería peor si tú no existieses! Como bien explicó Aristóteles, para no tener amigos hay que ser menos o más que una persona, porque solo los animales o los dioses pueden perdurar en soledad.

El segundo cimiento es la creencia en el más allá. Dostoievski propuso en *Los hermanos Karamazov* que la criatura humana ha nacido para vivir de rodillas. O ante el Creador o ante cualquier entelequia: el dinero, la ambición, el poder, la lujuria, la búsqueda de reconocimiento ajeno u otras bagatelas. Todo lo es cuando esas realidades no están engarzadas de manera oportuna en la gran joya que es existir. Y es preciso ser miniador para engastar las piezas.

El tercer pilar de una subsistencia plena es el trabajo. De un modo u otro, la persona es *faber*. ¡Cómo pugnan algunos para afirmar que viven sin acometerlo, como si la indolencia fuera algo positivo y envidiable! ¡La vida no consiste en pasear en calandria!

Existen fundamentalmente tres modos de enfrentarse a la brega. En primer término, una motivación extrínseca: qué recibo a cambio de mi esfuerzo. Otros, profundizando un poco más, analizan la estimulación intrínseca: qué me sucede a mí cuando laboro. Algunos se tornan mala gente, y otros, por el contrario, van perfeccionándose en su devenir personal. Como reza el adagio latino *sic vita mors ita*, moriremos como hayamos vivido, envejecemos tal como hayamos existido. Mucho tiene esto que ver con ese término tan de moda en la actualidad: el propósito. Una palabra para expresar un concepto clásico, como sucede con casi todas las usanzas.

Se da un tercer modo de afrontar el exigente pedaleo que para casi todos supone salir adelante: la motivación trascendente. A saber, qué sucede en los demás cuando interrelacionan conmigo. Con nuestro comportamiento generamos espacios donde es posible vivir con una razonable felicidad o, por el contrario, cultivamos con instinto rebañego coordenadas que tornan insufrible el devenir, porque jeringamos a los demás.

El libro que el lector tiene entre las manos se centra en un aspecto muy concreto de la motivación extrínseca. Y lo hace analizando diversas modalidades que ha presentado la política retributiva a lo largo de la historia. Un ejemplo entre miles: ¡qué agradecido quedó Miguel Ángel cuando el papa Pablo III lo dispensó de forma vitalicia de pagar el peaje al paso por el río Po!

Como es evidente, el tema resulta inabarcable, porque no está amomiado, e implica un examen de la historia de la humanidad. Ha sido preciso espigar información específica que resulte de provecho.

El texto arranca con un primer amplio apartado que interesará fundamentalmente a quienes deseen profundizar en las raíces conceptuales del sentido de la retribución y la definición del valor y el precio. Quienes no pretendan calar en esas cuestiones pueden emprender la lectura directamente en la segunda sección que compone la obra: la investigación sobre cómo ha funcionado la política retributiva en diversas civilizaciones. Precisaremos amusgar la vista.

Solo algunas personas especiales pueden vivir al margen de la preocupación económica, y siempre de forma relativa. Por ejemplo, los religiosos entregados a órdenes regulares, ya que el colectivo al que pertenecen se responsabiliza de las cuestiones materiales para consentir elevaciones espirituales. Hay, también de forma excepcional, casos peculiares en lo que se refiere a la relación con el dinero, como el del excéntrico y psiquiátricamente desquiciado Ludwig Wittgenstein. El filósofo renunció a la herencia familiar para presuntamente ganarse el condumio impartiendo clases en institutos rurales austriacos, como enfermero y también como docente en la Universidad de Cambridge. Aquel espíritu menguado y engurruñido acabó viviendo en buena medida de ayudas de otros...

El tema abordado es complejo, pero no debe dar bascas ni grima. Se entenderá enseguida con un ejemplo del sistema monetario en España. En el siglo XVI, como en tantas otras épocas y enclaves, fue endiablado. Las monedas que circulaban eran de múltiples tipos y metales desemejantes. Variaba notablemente entre las diversas zonas geográficas de España.

Teresa de Jesús, la santa nacida en Ávila, se vio obligada a manejar en la expansión de las carmelitas descalzas monedas de cobre, conocidas como maravedís o maravedises. Otras de plata: los reales. Y de oro o escudos. En sus años se multiplicaron los soportes metálicos de 1, 2, 4, 8 y 16 maravedís. En el caso de los reales, podían ser de medio, 1, 2, 4 y hasta 8. En el de los escudos, de medio, 1, 2, 4 y hasta 8. 34 maravedís componían un real de plata, y 16 reales de plata equivalían a un escudo de oro. Pero no concluye aquí el laberinto. En esa época viajaban por España el ardite catalán, fundido en cobre. También la blanca castellana, que sumada a otra formaban un maravedí. Un escudo nuevo de oro equivalía a 350 maravedís. La calderilla estaba compuesta por monedas de exiguo valor. El cuarto valía 4 maravedís. El chavo, de cobre, fue utilizado por los poetas en el siglo XIX para expresar miseria al explicitar que no disponían ni siquiera de uno. Otro detalle: el maravedí, moneda de referencia de origen almorávide, soportó tales variaciones que resultaba en la práctica imposible definir cuánto valía. Semejante padecimiento tuvo el real, que sufrió alteraciones de peso y valor durante el reinado de Carlos I.

Santa Teresa, en fin, manejó también coronados, ochosenes, cuartillos, ochotas, meajas, parpallas, pepiones... por no mencionar los pagarés y las células que tantos quebraderos de cabeza le proporcionaron. ¡Cuánto que cargar, muy a pesar suyo, en la barjuleta!

Algunos datos más, para remusgar con acierto en la enredada situación económica de la tercera y cuarta década del siglo XIV. El estipendio de una misa variaba entre 5 y 10 maravedises. La retribución diaria de un peón se movía entre los 15 y 20, y el alquiler de un chirrión o carro sólido de 2 ruedas, entre los 70 y los 80. En una parroquia, el organista cobraba aproximadamente 10.000 maravedises anuales y el párroco 12.000. Los zapatos empleados por don Alonso, padre de Santa Teresa, en la boda del tío de esta, supusieron un desembolso de 119 maravedises. Se trató evidentemente de un gasto dispendioso para el momento.

Otra muestra de lo arduo de la cuestión es conocer el coste de un billete del primer y último viaje del *Titanic*, en función de la clase seleccionada. En ese navío viajaron almas muy adineradas. Entre ellas, el magnate Jaco Astor IV, Benjamin Guggenheim e Isidro Straus, adalid de los almacenes *Macy's* de Nueva York. En primera clase se desplegaban dos categorías: estándar y *suite*. En la primera los precios partían desde los 134 €, en la actualidad, unos 4.372 €. En *suite* los importes arrancaban desde los 3.900 ¡hasta los 127.000 €! Según un informe de 2023, los montos para la segunda clase comenzaban en 58 € en la época. Hoy en día hablaríamos de unos 1.900 €. En tercera clase costaba 21 €, algo más de 1.000 € actuales.

La dificultad de valorar adecuadamente una moneda es colosal. Muy especialmente cuando la velocidad de la historia se acelera. Así, la situación económica de la España nacionalista mejoró notablemente durante el segundo semestre de 1937. En aquel momento la nueva peseta se cambiaba en el mercado de París a razón de 100 pesetas 180 francos. Por su parte, la moneda republicana, también denominada peseta, había caído abismalmente desde el comienzo de la guerra de España. Desde una cotización oficial de 207,50 francos, en pocos meses solo valía 50. Es decir, el 85 % de su presunto valor nominal.

Merece la pena referirse a la esperpéntica situación vivida algunos años antes con Estanislao Figueras y Moragas, inicial presidente de la descalabrada Primera República española (1873-1874). En pleno ejercicio del poder y ante la situación económica, las polémicas dentro de su partido y las discordias en Cataluña, huyó del país con suficiente caudal, pero sin informar a nadie. Antes había pronunciado unas sabias palabras en una sesión del Consejo de ministros, quizás las más sensatas y sinceras que un político ha proclamado:

«Señores, ya no aguanto más. Voy a serles franco: ¡estoy hasta los cojxxxs de todos nosotros!».

Francisco Pi i Margall fue nombrado piloto de los reinos de taifas en los que los republicanos habían convertido España. En el colmo del disparate se produjo una rebelión de cantones. A lo largo de 7 meses, una veintena de poblaciones modificaron su relación con el Estado. El más afamado y duradero fue el alzamiento del cantón de Cartagena, bajo la batuta del diputado federal Antonio Gálvez Arce, apodado Antonete. El insensato ordenó izar una bandera roja en la base naval de la ciudad. Se hizo con los barcos fondeados en el puerto. Con aquella flota sembró el terror por la costa mediterránea. Quienes se negaban a pagar los chantajes eran bombardeados e invadidos por los cantonalistas. Por lo que a nosotros interesa de forma específica, Cartagena acuñó moneda propia, el duro cantonal, y resistió durante medio año los intentos del Gobierno central para concluir la ridícula chirigota.

Otra referencia para manifestar lo enredada que es la cuestión monetaria. Baldomera, benjamina del periodista Mariano José de Larra, fue la autora de una paradigmática estafa piramidal. El 13 de febrero de 1837 se suicidó el gacetillero, de 27 años. Baldomera contaba con 4 hermanos. Luis Mariano, Adela y Baldomera eran fruto de la peliaguda relación entre el romántico y Josefa Wetoret.

La pequeña contrajo matrimonio con el médico Carlos de Montemayor. Adela fue barragana de Amadeo de Saboya, el breve e impreparado soberano que antecedió a la nefasta Primera República. El chico, escritor.

El marido de Baldomera, marcado políticamente, abandonó España camino de América. Plantó a su mujer e hijos en una situación precaria. La muchacha tuvo que recurrir a prestamistas. Aprendió pronto y se lanzó a promover su propio negocio.

En 1876 fundó la Caja de Imposiciones. Los clientes atropados acudían a la sede de la plaza de la Paja para ingresar sus caudales. Se les ofrecía un rendimiento de hasta el 30 % mensual. Con lo recaudado de los nuevos impositores se abonaba a los anteriores. Este sistema recibiría posteriormente el nombre de Carlo Ponzi, el bucanero de origen italiano que con idéntico sistema estafó a tantos en Estados Unidos a principios del XX.

En ambos casos, la mayoría de los incautos eran pequeños ahorradores que concurrían con la ilusión de rebañar pingües beneficios. La codicia, todo hay que decirlo, les bloqueaba el sentido común. En diciembre de 1876, la Caja de Imposiciones cantó la gallina. La espabilada Baldomera se dejó ver por el teatro de La Zarzuela llamando la atención con jeribeques. Antes de que concluyese el espectáculo se dio a la fuga hacia Suiza, arramblando con 8 millones de reales. Fue, tiempo después, detenida y extraditada.

El fraude había rondado los 22 millones de reales, unos 14,5 millones de euros de 2025. Sorprendentemente, Baldomera fue absuelta. El Supremo entendió que no tenía capacidad para contratar sin el consentimiento de su marido. ¡Los estafados no fueron considerados acreedores!

Los cálculos sobre el valor del dinero cuando se amplía la brecha temporal son sumamente hirsutos. ¿Cuánto costarían hoy las monedas con las que se pagó a Judas por la traición de Jesús? Se lee en el Evangelio de San Mateo: «Uno de los 12, que se llamaba Judas Iscariote, fue a los principales sacerdotes y les dijo: '¿Qué me queréis dar, y yo os lo entregaré?'. Y ellos le asignaron 30 piezas de plata. Y desde entonces buscaba oportunidad para entregarlo».

Una vez arrepentido desea entregar al templo el dinero que ha recibido por delatar a Jesús y los presuntos santurrones lo rechazan: «Entonces se cumplió lo dicho por el profeta Jeremías: 'Y tomaron 30 piezas de plata, el precio en que fue tasado aquel a quien pusieron precio los hijos de Israel, y las dieron por el campo del alfarero, como el Señor me lo había ordenado'».

Puede hipotetizarse, asumiendo lo que, cuando se escriben estas líneas, vale la plata que contenían y teniendo en cuenta que, en 2025, ese mineral cuesta algo más de 0,68 euros por gramo. Judea en ese tiempo se hallaba sometida al Imperio romano. Es posible que las monedas con las que satisficieron al traidor Judas fueran denarios (*nomen omen*) de Tiberio. Cada uno pesaba aproximadamente 3,9 gramos. Eso hace un total de 117 gramos. Hoy en día ese metal precioso totalizaría unos 79,50 € en valor facial. Los 30 denarios podrían ser equivalentes, comparando salarios de entonces y ahora en el estamento militar, a unos 8.000 €. Si hubieran sido denarios republicanos sumaríamos unos 4.200 € contemporáneos.

Judea solo acuñaba con cobre, no con plata. Por lo tanto las monedas no eran judías. Sin embargo bien pudo ser numerario de provincias paredañas. Los tetradracmas de Antioquía pesaban alrededor de 17 gramos, con un global, en consecuencia, de 510 gramos. Cuando escribo estas líneas esta plata tendría un coste de unos 346 € y supondrían unos 22.000 € teniendo en cuenta la retribución de un soldado a fecha de hoy. Por tanto, cualquier cifra entre 4.200 y 22.000 € es factible. El arco, como se ve, es dilatado.

Otro ejemplo de lo laberíntico de nuestro estudio. Un talento —recuérdese la parábola del siervo injusto en el Nuevo Testamento a quien se le perdonaron 10.000— era equivalente a 34.272 gramos de plata. Un talento (*kikkar* en hebreo) contenía 60 minas (*manech* en hebreo) y 3.000 siclos (*seqel* en hebreo). El valor, por tanto, condonado al vasallo inicuo habría sido, según el precio del kilo de plata, de unos 230 millones de euros.

Como curiosidad relevante, en la que tal vez sea una de las retribuciones más famosas, encontramos en la Biblia varias referencias a 30 o 15 piezas de plata. La primera se halla en el Antiguo Testamento, en concreto en Éxodo (21:32): «Si el buey cornea a un siervo o a una sierva el dueño dará a su amo 30 siclos de plata y el buey será apedreado».

La segunda en Oseas (3:2), uno de los profetas menores, también referida al precio de un esclavo, equivaliendo un *homer* a 200 litros: «La compré, pues, para mí por 15 siclos de plata y 1,5 *homer* de cebada».

La tercera en *Zacarías* (11:11-12), otro de los profetas menores, que recibe 30 monedas de plata por su trabajo, una cifra a la que responde con cierto sarcasmo: «Les dije: 'Si os parece bien dadme mi salario, y si no, dejadlo'. Y pesaron por mi salario 30 piezas de plata. Y me dijo Jehová: 'Échalo al tesoro; ¡hermoso precio con que me han apreciado!'. Y tomé las 30 piezas de plata y las eché en la casa de Jehová al tesoro».

* * *

Este estudio es fruto de un reto que me planteó Josep Capell, CEO de CEINSA, en uno de los encuentros que desde hace años mantenemos de forma bimestral. Hemos diseñado juntos estrategias empresariales y me atrevo a señalar que también vitales en esas gratas reuniones que nos han llevado de Toledo a Ávila, de Lerma a Villarejo de Salvanés, Mejorada del Campo, El Escorial, el Cerro de los Ángeles, la Aldehuela o Chinchón, pasando por innumerables rincones de Madrid o Barcelona. El capítulo que ha escrito sobre política retributiva en la actualidad suma una fantástica aportación.

Confío en que la lectura de estas páginas sea de utilidad a quienes anhelan que su devenir sea más que la repetición de comportamientos rutinarios y procuran vivir sus relaciones económicas en términos de justicia.

Agradezco a Sergio Casquet su asistencia documental y a Rafael Esparza la lectura detallada del texto. Han realizado precisiones conceptuales pertinentes, que he asumido casi en su totalidad. Son dos grandes profesionales y también entrañables amigos desde hace años.

He tenido muy presente a Enrique Fernández Peña, mi padre, durante la brega de investigación y redacción. No en vano fue pionero de la auditoría y la contabilidad en España, mucho antes de la llegada de las multinacionales del sector a España. Con SEMSA, Servicios y Estudios Empresariales, ofreció servicios de auditoría a Telefónica, Siemens, Vega Sicilia, EMT y muchas más. Además formó a generaciones de economistas desde su cátedra en la Universidad Complutense de Madrid. Mi madre, emprendedora, luchadora y siempre retadora, mucho me ayudó durante su vida.

Marta, mi mujer, y nuestros hijos Sofía y Enrique han sido apoyo esencial, una vez más, para este trabajo. Mis hermanos, María José, José Enrique, Mercedes, Carmen y Nacho siguen con interés mis investigaciones. En este caso, tanto Marta como José Enrique se implicaron en proporcionar sugerencias para lograr un título atractivo. Mi cuñada Raquel y su marido Toño, y mi madre política, Pilar, me han animado, como siempre, en mi esfuerzo.

Editar en Kolima es una gratísima experiencia. Marta Prieto es la mejor profesional con la que uno desearía contar. Sus colaboradoras Rocío Aguilar y Carolina Hernández contribuyen a encauzar cualquier complejidad.

Pertenecer a www.protagonistas.org es un privilegio. Docenas de grandes profesionales colaborando a abrir horizontes, gratamente pilotados por Marta Prieto, es un deleite. Diviany Ávila navega con eficacia y probidad.

CLAVES CONCEPTUALES

Adam Smith o el rendimiento del trabajo

La concepción clásica liberal del salario se debe a Adam Smith (1723-1790). Salvo leves modificaciones ha perdurado prácticamente inalterada. El escocés propone que debe generarse una negociación entre los terratenientes o capitalistas y la mano de obra para decidir la retribución cuando el producto del trabajo no se erige en recompensa natural por el esfuerzo de quien sea a la vez propietario de los medios de producción. El dueño de la tierra recibe una renta, el del capital un beneficio y el del trabajo un salario. La suma de esos 3 elementos supondría, en líneas generales, el precio natural −no el real− de una mercancía. Por tanto, la ley de la oferta y la demanda, la conspicua mano invisible, decide, a partir del precio, esos tres factores. En un mercado libre, el salario derivaría, a grandes rasgos, de lo que restaría del rendimiento del trabajo una vez amortizados los costes de producción y los beneficios del capital. Siempre que exista libertad de mercado, este sirve de regulador del precio y del valor. Aclara Adam Smith: «El valor de cualquier mercancía (...) para la persona que la posee, y que no quiere usarla ni consumirla él mismo, sino cambiarla por otras mercancías, es igual a la cantidad de trabajo que le permite comprar o adquirir. El trabajo, por tanto, es la medida real del valor de cambio de todas las mercancías».

En una sociedad moderna, excepción hecha de las dictaduras comunistoides que contra toda lógica aún persisten, se da una división y especialización que permite, gracias al comercio, el crecimiento económico. Entre otros componentes facilita ese aumento una mayor destreza, la reducción del tiempo en la producción y el avance tecnológico. El trabajador y el propietario –el capitalista– se necesitan mutuamente. Existe en esa negociación un interés individual, una forma, si se quiere denominar así, de egoísmo colaborativo que, mediante contrapesos que se establecen naturalmente en las relaciones entre individuos, contribuye a que, gracias a una racionalidad intrínseca al devenir humano, se alcance un acuerdo entre unos y otros. «Parece pues evidente que el trabajo es la mensura universal y más exacta del valor, la única regla segura, o cierto precio, con que debemos comprar y medir los valores diferentes de las mercaderías entre sí en todo tiempo y lugar».

De la misma manera que los precios se deciden por una autónoma concurrencia en un mercado libre, el salario también se regula según la ley de la oferta y la demanda. Incluso en ciertos momentos, cuando por ejemplo un mercado atraviesa una crisis, los ahorros del propietario pueden servir para adelantar esos estipendios. Se genera así, propone Smith, un fondo de retribuciones, que podrá aumentar si lo hace también el rendimiento de la brega. El trabajador por cuenta ajena, podría decirse, se halla inmerso en un mercado laboral para ofertar sus capacidades. Si son las requeridas por la demanda aumentará la posibilidad de recibir una asignación superior. Si el mercado demanda expertos en Big Data o IA, ese individuo, cuyas habilidades no son habituales y codiciadas por los contratadores, decidirá qué oferta le resulta más atractiva. Surgirá una competencia entre dueños de los medios de producción para atraer ese talento. El devengo previsiblemente será alto, pues el diferencial que ofrece con su esfuerzo también lo es. Por el contrario, si alguien despliega exiguas capacidades y debe resignarse a un mercado profesional de minúsculo valor o saturado de demandantes, lo más probable es que deba conformarse con una paga limitada. En realidad se trataría de alguna manera de un mercado ideal, de competencia perfecta y con una pertinaz referencia ética. Supone además que el propietario de los medios de producción va a guiarse por ánimos racionales, en los que el egoísmo es legítimo. Adam Smith propone apodícticamente que «no es de la benevolencia del carnicero, cervecero o panadero de donde obtendremos nuestra cena, sino de su preocupación por sus propios intereses».

Para Smith, la ambición y dejar hacer a la mano invisible del mercado redunda en el bien de la sociedad, que crece económicamente. El beneficio no es igual para todos, pero sí común.

La experiencia dibuja un sistema complejo. En el fondo es la voluntad del capitalista a la hora de reducir en mayor o menor medida sus beneficios lo que contribuye a zanjar el salario. El propio Smith sabe que no hay condiciones de igualdad entre patrones y trabajadores en el pacto para los estipendios. Con afirmaciones que hoy en día han de ser hondamente matizadas en muchos entornos por el desarrollo del sindicalismo señala que «los primeros se entienden entre ellos (tácita o secretamente y muchas veces en la ilegalidad), los segundos carecen del derecho de asociarse y, cuando lo hacen, caen en el exceso y la violencia, lo que solo lleva al castigo y a la ruina de los jefes de la revuelta».

Adam Smith conceptualiza que la codicia, ineludiblemente presente, puede ser perjudicial. Propone un salario de subsistencia que permita que el trabajador cubra sus necesidades mínimas y por el que está dispuesto a trabajar. Intervenir el mercado, que es otra forma de llamar a la regulación del comercio, desmadeja el sistema. La desigualdad que persiste entre el capitalista y el trabajador a la hora de decidir la retribución solo disminuirá con el incremento del producto nacional, con un ritmo creciente de prosperidad, mucho más eficaz que una intrusión artificial. Para el escocés, el mercado es natural y por eso difícilmente regulable, ya que, si el estipendio se impone desde fuera, deja de ser una asignación eficiente, imbricada con lo real. Que el incremento del salario sea similar al crecimiento del producto forjado por los obreros no es una ley invariable. Dependerá de la tasa de ganancia que el capitalista anhele. Resulta conveniente e inevitable, como veremos, que los trabajadores se organicen para mejorar sus condiciones. En determinados momentos y sectores son ellos los que llegan a tener la sartén por el mango.

David Ricardo o el salario de subsistencia

Otra aportación significativa del liberalismo clásico a la hora de hablar de los salarios procede del inglés David Ricardo (1772-1823). A diferencia de Smith, Ricardo concluye que el salario queda definido por el número de horas destinadas a la producción de los bienes de subsistencia. La retribución, que también está determinada por el mercado a través de la oferta y demanda, debe estar, en cualquier circunstancia, en torno a esa cifra, que es más o menos la del estipendio de subsistencia de Smith, antecedente del actual concepto de sueldo mínimo. «La mano de obra, al igual que las demás cosas que se compran y venden, y que pueden aumentar o disminuir en cantidad, tiene su precio natural y su precio de mercado. El precio natural de la mano de obra es el precio necesario que permite a los trabajadores, uno con otro, subsistir y perpetuar su raza, sin incremento ni disminución».

El valor del trabajo está influenciado por el de esos productos para que subsistan el empleado y su familia. El precio de la mano de obra dependerá también del de esos bienes. Si los importes suben, si hay una inflación imparable, los salarios de subsistencia también se incrementarán, por lo que se producirá una crisis económica. Ahora bien, intervenir el mercado es un error. «Tales son, pues, las leyes que rigen los salarios, y por cuyo medio se asegura la felicidad de la gran mayoría de una comunidad cualquiera. Al igual que los demás contratos, se deberían dejar los salarios a la libre competencia en el mercado y nunca deberían ser controlados ni intervenidos por la legislación».

El valor de cada producto queda definido por dos razones: la escasez y la cantidad de brega precisa. Mientras que para Smith el trabajo no varía, Ricardo entiende que no es un valor inamovible. Esto explica de forma indirecta la diferencia de estipendios. O, por decirlo de otra forma, el intercambio de bienes se halla determinado por las distintas clases de faenas que se reclaman para producirlos. Este enfoque carece de factores meramente subjetivos. «Poseyendo utilidad, las cosas derivan su valor de dos causas: su escasez y la cantidad de trabajo necesaria para obtenerla (...). Así, pues, al hablar de las cosas, su valor y las leyes que regulan sus espacios respectivos nos referimos siempre a aquellas cuya cantidad puede ser aumentada por el esfuerzo de la industria humana y en cuya producción la competencia actúa sin restricciones».

John Stuart Mill o el fondo de salarios

Stuart Mill (1806-1873) destaca, además de la lógica de la ley de la oferta y la demanda, la importancia, esbozada por Smith, del fondo de salarios, que vendría a ser la suma de lo asignado para los devengos a los empleados y que comprendería un capital previamente acumulado. Siguiendo el enfoque maltusiano, el aumento o la reducción de ese fondo estará relacionado con el incremento o disminución de la población, esto es con una mayor o menor mano de obra. Por decirlo de otra forma, el salario de cada período concreto se obtiene dividiendo el fondo de salarios entre la fuerza de trabajo. «Así pues, los salarios dependen principalmente de la demanda y la oferta de trabajo; o, como se expresa con frecuencia, de la proporción entre el capital y la población; entendiendo por población el número de personas que integran la clase trabajadora, o más bien de las que trabajan por un salario; y por capital solo el capital circulante, e incluso ni aun la totalidad de este, sino solo aquella parte que se emplea en la compra directa de trabajo (...). Los salarios no solo dependen de la proporción relativa entre el capital y la población, sino que no pueden bajo la regla de la competencia ser afectados por ninguna otra cosa».

En consecuencia, la relación entre la tasa de acumulación de capital y la de crecimiento de la población será la que determinará lo percibido. Si las fuerzas de acumulación del capital se hallan por encima de las del crecimiento demográfico, los salarios se incrementarán. Sin embargo, si la progresión demográfica es lo suficientemente acelerada como para esterilizar los efectos de la acumulación del capital, los salarios decrecerán, o en el mejor de los casos se mantendrán en un nivel de subsistencia. Se trata de una concepción rígida que no tiene en cuenta conceptos como, por ejemplo, la productividad marginal, esto es la variación que experimenta la creación de un bien al acrecentar una unidad de un factor productivo, permaneciendo el resto constante.

Karl Marx o la plusvavía

En la producción capitalista, el propietario del esfuerzo es el trabajador. Esa fuerza no deja de ser una mercancía más, que se oferta y demanda y aparece determinada por el valor de los bienes que consume el empleado y cubren sus necesidades. Estas van mutando, también por cuestiones subjetivas. El trabajo debe generar un valor para ser eficaz. Un abstruso Karl Marx (1818-1883) distingue un doble carácter del trabajo, el concreto y el abstracto. El primero es el que crea los bienes que comprenden la riqueza material. Además de una división social del trabajo, exige reunir ciertos elementos, desde herramientas a habilidades concretas, de los que en conjunto se deduce un valor de uso. Por ejemplo, las funciones de un ayudante de ingeniero a la hora de gestionar un lineal de producción. El trabajo abstracto, por su parte, tiene que ver con el valor y no se puede medir como el de uso. Es lo que ocurre cuando se origina un intercambio entre dos productos que aparentemente nada tienen que ver entre sí y cuyo objetivo es diferente. Por ejemplo, si en un tratado internacional decimos que X cantidad de cereal puede intercambiarse por Y cantidad de metal. Existe, por así decirlo, un valor no exactamente cuantitativo, sino determinado socialmente que, a la hora de calcular el trabajo, no puede definirse por propiedades mensurables, pues, entre otras razones, no se fundamenta en una ley natural. Dicho de otro modo, a la hora de hablar de los salarios el abstracto es el gasto indiferenciado, lo que queda si se resta el valor de uso de las mercancías y se atiende a su valor social. «Como los valores de cambio de las mercancías son simplemente funciones sociales de las mismas y no tienen nada que ver con sus propiedades naturales, lo primero que tenemos que hacer es preguntarnos: ¿cuál es la sustancia social común a todas las mercancías? Es el trabajo. Para producir una mercancía hay que invertir en ella o incorporar a ella una determinada cantidad de trabajo. Y no simplemente trabajo, sino trabajo social».

Surge así un concepto evanescente, el fetichismo de la mercancía, que supone que, además de producirse una jerarquía entre los productos que no dependen de su valor de uso –razón por la que, por ejemplo, anhelamos un modelo de *smartphone*, aunque otro más barato presente el mismo valor de uso–, creamos, casi mágicamente, que el valor económico surge y reside dentro de las mercancías mismas. Todo sin que tengamos en cuenta las relaciones interpersonales que producen la mercancía y hacen evolucionar o involucionar su valor de cambio. Se da así la apariencia de una relación directa entre las cosas y no entre las personas. Al cabo, la mercancía o el mercado parecen ser quienes fijan la voluntad del productor. «Lo misterioso de la forma mercantil consiste sencillamente pues en que la misma refleja ante los hombres el carácter social de su propio trabajo como caracteres objetivos inherentes a los productos del trabajo, como propiedades sociales naturales de dichas cosas, y, por ende, en que también refleja la relación social que media entre los productores y el trabajo global, como una relación social entre los objetos, existente al margen de los productores».

Existiría un trabajo socialmente preciso que comprende la cantidad necesaria para producir una mercancía y que está determinado por las condiciones sociales. Por esto, para Marx, demostrado ese valor abstracto del trabajo, se produce una explotación capitalista en la que al trabajador se le paga no en función de lo que produce, sino de lo que vale. Es decir, si alguien está especializado, teóricamente ganará más. Según el alemán, lo que el trabajador ofrece es el derecho de disponer de su cuerpo por parte del capitalista de forma temporal, sin que se tenga en cuenta el valor real que genera su trabajo a la hora de engendrar producción. De ahí deriva su definición de plusvalía.

«Al comprar la fuerza de trabajo del obrero y pagarla por su valor, el capitalista (...) gana el derecho a servirse de ella o hacerla trabajar durante todo el día o toda la semana (...). Tomemos el ejemplo de nuestro hilador. Veíamos que, para reponer diariamente su fuerza de trabajo, este hilador necesitaba reproducir diariamente un valor de 3 chelines, lo que hacía con su trabajo diario de 6 horas (...). Y el capitalista, al pagar el valor diario o semanal de la fuerza de trabajo del hilador, adquiere el derecho a usarla durante todo el día o toda la semana. Le hará trabajar, por tanto, supongamos, 12 horas diarias. Es decir, que sobre y por encima de las 6 horas necesarias para reponer su salario, o el valor de su fuerza de trabajo, tendrá que trabajar otras 6 horas, que llamaré horas de plustrabajo, y este plustrabajo se traducirá en una plusvalía y en un plusproducto».

El valor que adquiere la mercancía va más allá de los rendimientos del trabajo. Consigue que el capitalista acopie una plusvalía que nunca repercute en el hacendoso que ha vendido su esfuerzo. El trabajo pasa a ser propiedad del empresario y no del trabajador, que –a decir del teórico alemán– está alienado e ignora que él debe ser el verdadero amo. El salario que se abona siempre es injusto, pues, aunque se intensifique en una sociedad capitalista, nunca se tiene en cuenta esa plusvalía. Marx propone que, dado que el sistema capitalista tiende a la reducción de estipendios para que aumente ese sobreprecio, solo la propiedad de los medios de producción por parte de los trabajadores, organizados en sindicatos o partidos de clase mediante un proceso revolucionario, redundará en una soldada justa, pues será el asalariado, por fin, el dueño de su trabajo. ¡Utopía que acaba ineludiblemente truncada por la aparición de autócratas que, camuflados tras el calificativo comunista o socialista, se apropian de los bienes de los capitalistas a los que han desplumado! De aquello los proletarios solo reciben promesas. Lo he detallado en *¡Camaradas! de Lenin a hoy* (LID) y en *Entrevista a Stalin* (Kolima).

La intensificación del rendimiento en una etapa histórica de acumulación capitalista implica que la hora es en realidad más costosa para el trabajador, con independencia de su jornada. Se podría afirmar que trabajar 8 horas en un telar del siglo XIX o en una cadena fordista del XX nada tiene que ver con permanecer 12 horas descargando en un puerto durante el siglo XVI. Es así como los salarios modifican la capacidad revolucionaria de la clase obrera. Siempre según unos factores más complejos que los descritos por Smith o Ricardo para que se incrementen y sean más justos, «la lucha por la subida de salarios sigue siempre a cambios anteriores y es el resultado de los cambios previos operados en el volumen de producción, las fuerzas productivas del trabajo, el valor de este, el valor del dinero, la extensión e intensidad del trabajo arrancado, las fluctuaciones de los precios del mercado, que dependen de las fluctuaciones de la oferta y la demanda y se producen con arreglo a las diversas fases del ciclo industrial; en una palabra: es la reacción de los obreros contra la acción anterior del capital».

Desafortunadamente, las propuestas marxistas presentadas de nuevo hoy en día por los populistas de ultraizquierda no benefician para nada a los trabajadores. Entre otros motivos porque privan a la sociedad de un elemento esencial del ser humano: la libertad. Como he mostrado en los recién mencionados *¡Camaradas! de Lenin a hoy* (LID) y *Entrevista a Stalin* (Kolima), los seguidores de Karl Marx suelen ser acertados en lo que denuncian y profundamente miopes en lo que proponen. Salvo para ellos mismos, valga la ironía, porque quienes lideran a los desarrapados acaban convirtiéndose en multimillonarios. Entre los casos más recientes se encuentran los de los hermanos Castro, Díaz-Canel, Putin, Hugo Chávez Frías, Nicolás Maduro, Pol Pot y tantos otros, también más cercanos en el espacio, que, parapetados tras la defensa de necesidades ajenas, se enriquecen sin mesura, generando más injusticias aún que las forjadas por el capitalismo. Con frecuencia se ocultan tras la atroz máscara y el comportamiento de los jingoístas. Su único propósito es el de alimentar su amor por ellos mismos.

Como bien expresara el autócrata venezolano Nicolás Maduro, se trata de prometer a los impecunes que dejarán de serlo, pero con el firme propósito de que nunca suceda. Mientras estos sigan en la miseria –proseguía el malhadado represor venezolano–, la esperanza de salir de ella seguirá aupando a los facinerosos que, comenzando por él mismo, abanderan las promesas. Si los convirtieran en clase media dejarían de votarlos, y por tanto ellos no podrían seguir hurtando los bienes del Estado. Por el contrario, la mayor parte de los capitalistas aspira a la creación de una clase media, porque el enriquecimiento de todos contribuye al propio.

John Maynard Keynes o las políticas expansivas

John Maynard Keynes (1883-1946) se distingue por sus propuestas económicas para momentos de crisis económica en naciones soberanas. Por ejemplo, cuando el desempleo provoca que exista una gran oferta de trabajadores y que los salarios previsiblemente decrezcan. Los clásicos habían entendido que, cuando el consumo privado asciende, también lo hacen, según la ley de la oferta y la demanda, los beneficios empresariales y los salarios. Sin embargo, hay un momento en el que, al lograr remuneraciones cada vez más altas, se constriñe la contratación, el consumo mengua y se entra en una recesión que implica despidos o bajada retributiva. Es un ciclo que se cumple ineluctablemente. Keynes descree de la Ley de Say, que explica desde 1803 que la economía tiende hacia un equilibrio permanente entre oferta y demanda agregada, por lo que cualquier desajuste es solo temporal, pues existe una continuidad en el dinero circulante. Keynes considera que los mercados están distorsionados, por lo que no puede producirse un equilibrio. El enfoque de Say es utópico: «Más aun, las características del caso especial supuesto por la teoría clásica no son las de la sociedad económica en que hoy vivimos, razón por la que sus enseñanzas engañan y son desastrosas si intentamos aplicarlas a los hechos reales».

Infiere Keynes que los Estados introducen elementos de regulación –el salario mínimo– y las asociaciones de trabajadores –los sindicatos– se oponen a reducciones retributivas. Como el mercado no es perfecto, estas distorsiones son inevitables e incluso convenientes para asegurar una relativa paz social. De esta forma, el devengo sería igual al producto marginal del esfuerzo. Sin embargo, la retribución, según esas desviaciones, también sería igual a la de utilidad marginal del trabajo. En otras palabras, si existe un salario mínimo, el empresario no puede pagar al trabajador menos de aquel. Keynes lo define como el salario nominal y no el real. Ante un escenario imperfecto hay que buscar soluciones para revitalizar una economía en crisis, pues los salarios ya no pueden servir como un medidor, no valen para igualar oferta y demanda de trabajo. «En verdad, un movimiento de los empleadores para revisar hacia abajo las negociaciones salariales será resistido mucho más tenazmente que una reducción gradual y automática de los salarios reales como resultado de precios crecientes».

El efecto en la reducción de los salarios nominales se ve reflejado en la demanda, pues al escasear dinero para consumir, aquella queda mermada. El desempleo señala penuria en esta. Como los salarios no disminuyen cuando lo hacen los precios, y como su aumento implica que hay menos empresarios dispuestos a contratar, el mercado no proporciona respuesta a un problema que deriva en paro, crisis, etc. Keynes formula que debe estimularse la demanda para generar una mayor producción, de manera que, en un momento circunstancial, tanto los beneficios como los salarios nominales ensanchen. «El análisis tradicional ha advertido que el ahorro depende del ingreso, pero ha descuidado el hecho de que este depende de la inversión, en tal forma que, cuando esta cambia, el ingreso debe cambiar necesariamente en el grado precisamente necesario para hacer que la variación en el ahorro sea igual a la de la inversión».

Keynes deduce que una acentuación del gasto público o de otras medidas de intervención permitirá una expansión en la demanda agregada. De esta forma aumentará a la larga el empleo. Las políticas expansivas pueden y deben instrumentarse para que el mercado recupere el equilibro y que la demanda agregada se agrande. Keynes, a diferencia de lo que algunos creen, jamás fue un izquierdista, y mucho menos un populista. Solo prevé en determinadas circunstancias algo que, visto lo visto, muchos Gobiernos todavía no tienen claro.

Milton Friedman o la tasa natural de desempleo

A diferencia de Keynes, Milton Friedman (1912-2006) supone que la clave a la hora de analizar la economía y determinar los salarios no se halla en la demanda, sino en la oferta. En la concurrencia de dinero a una tasa constante y moderada, como hacen los bancos centrales al introducir liquidez en el sistema, donde la ley de la oferta y la demanda, como en el fondo sabe cualquiera que abriera una tienda de discos a finales de los noventa, no es predecible, sino que depende de factores azarosos. Su enfoque es pragmático. Distingue entre la economía positiva, que es la que tiene que ver con teoría económica, y la normativa, que se refiere a la política económica.

Propone Friedman que la inflación es un problema monetario. Por eso toma como punto de partida la Curva de Phillips, que describe una relación inversa entre inflación y desempleo. A partir de ella deduce que, si al fijar el salario nominal se prevé una inflación por debajo de la media, esa remuneración cada vez tendrá menos valor y acabará por ser un salario inferior en lo real que en lo nominal. Formulado de otra manera: el trabajador pierde dinero. Al mismo tiempo, si, como proponía Keynes, se trata de buscar un desempleo bajo con políticas de estímulo que redundan en una mayor inflación, el salario caerá y el trabajador dispondrá también de menos liquidez. El dilema es obvio: si se emplean políticas de contracción de la oferta monetaria y reducción del gasto público, desempleo y recesión se agudizan, además de generarse malestar social. Si, por el contrario, se apuesta por una política de incremento del gasto público y unos tipos bajos, la inflación se dispara, profundizando en la estanflación y acrecentando progresivamente el número de parados. Se origina una disyuntiva que afecta directamente a los salarios: «Una cuestión que flota incómodamente entre la teoría de los precios y la teoría monetaria es la relación entre la determinación del salario (...) y las fluctuaciones que se registran en el nivel global del empleo y el desempleo. Si los salarios vienen determinados por la interacción de la oferta y la demanda, ¿cómo puede existir desempleo involuntario? ¿Cómo no varían los salarios hasta que se llega a la igualdad de la oferta y la demanda en el mercado laboral?».

Para Friedman, el desequilibrio del mercado de trabajo no tiene efecto sobre los salarios nominales, sino sobre los reales. La gente no prevé en base a su estipendio nominal, sino sobre el real, dado que los gastos suelen ser constantes. Como una negociación colectiva determina una retribución nominal, bien pudiera ser que la real, al aumentar los precios por la inflación, sea menor. A la hora de negociar se anticipa una inflación que determinará un sueldo nominal. Resulta una equivocación, una intervención estéril sobre el mercado. Los trabajadores escogen trabajar de forma voluntaria en respuesta a un ingreso real esperado y no a uno nominal prefijado. A diferencia de lo que se cree, la tasa de desempleo no mide el desequilibrio en el mercado de trabajo, sino que, a la hora de corregir esas inestabilidades, la única fuerza que permite afrontar el aumento de los salarios nominales es la expectativa de inflación, que no es tan previsible como sería deseable. Existe, dado que la disyuntiva mencionada no admite resolución, una tasa natural de desempleo: «La tasa natural de desempleo es el nivel que sería fijado por el sistema walrasiano de ecuaciones de equilibrio general, con la condición de que se encuentren allí contempladas las características estructurales actuales de los mercados de trabajo y bienes, y se incluyan las imperfecciones de mercado, la variabilidad estocástica de demandas y ofertas, el costo de recolección de información sobre vacantes y disponibilidades de mano de obra, los costos de movilidad y otros».

En resumen, los individuos formulan su demanda de dinero en términos reales, mientras que los Gobiernos lo hacen en términos nominales. Cualquier desviación del desempleo frente a la tasa natural será ajustada por las perspectivas de inflación. Esa tasa no acelera la inflación, así que la política monetaria solo puede tender hacia una inflación que sea acorde a la tasa natural. A largo plazo esas políticas serán inútiles, cuando no contraproducentes. Las posibilidades de inflación se ajustarán inevitablemente hacia la tasa natural. Cualquier política económica que pretenda variar este escenario abocará al fracaso.

Para Friedman, una distorsión como el salario mínimo, que no tiene en cuenta una expectativa real de inflación y no permite que un empresario pueda prever si le será rentable o no contratar, es un yerro. Especialmente en situaciones de crisis. Entre otras consecuencias, perjudica a los trabajadores más jóvenes o menos preparados, que ven cómo, al producirse un frenazo, no pueden incorporarse el mercado laboral. Se amplían, en definitiva, los salarios medios, pero no se dilata la empleabilidad. Esa medida, pese a sus buenas intenciones, puede ser un desastre. «Muchas personas bienintencionadas están a favor de las tasas de salario mínimo legal en la creencia errónea de que ayudan a los pobres (...). Estas personas confunden las tasas salariales con los ingresos salariales».

Joseph Eugene Stiglitz y los salarios de eficiencia

Junto a Saphiro, Stiglitz (1943) argumenta que, en ciertos mercados, los salarios no se deciden por la ley de la oferta y la demanda, sino que se abonan devengos mayores que el promedio del mercado para incrementar la eficiencia del empleado. Se trata del salario de eficiencia, que sería lo contrario del salario de reserva, aquel que se halla en el promedio y permite que el empleado, si así lo desea, pueda cambiar de empleo. En el salario de eficiencia influye sobre todo la productividad del empleado. Stiglitz se pregunta por qué dados estos salarios de eficiencia en un mercado libre no descienden en situación de desempleo. Entre sus respuestas aporta que cada individuo decide su propio nivel de esfuerzo, de modo que alguien puede no querer recibir un salario de eficiencia, mientras que otros trabajadores sí. Si se promueve el empleo mediante la bajada de salarios, los trabajadores serán menos productivos que antes y las empresas no desean que sus empleados se relajen, de modo que no baja los salarios. El desempleo aumenta en las recesiones porque no hay descenso de salarios, sino lo contrario. «Según el paradigma competitivo convencional, en el que todos los trabajadores reciben el salario del mercado y no hay desempleo, lo peor que le puede pasar a un trabajador que se escaquea de su trabajo es que lo despidan. Sin embargo, dado que puede ser recontratado de inmediato, no le supone coste alguno. Con un seguimiento imperfecto y pleno empleo, por lo tanto, los trabajadores optarán por holgazanear».

El modelo de Stiglitz y Saphiro asume que las entidades mercantiles y financieras pueden monitorizar el salario, aunque de manera imperfecta. La retribución debe tener en cuenta que los trabajadores puedan ser descubiertos mientras no cumplen sus obligaciones. El denominado modelo de *shirking*, que podría traducirse como zafarse, parte de la idea de que los contratos cerrados no existen en la realidad. Es decir, se da un margen de discreción entre la empresa y el trabajador. Sin embargo, dada la imposibilidad de controlar la tarea en todo momento –algo que, gracias a las TIC, cada vez es menos costoso y más eficaz–, es el segundo quien cuenta con mayor posibilidad de discreción. Cuando se incrementa el desempleo, el trabajador, consciente de la dificultad que supone reincorporarse al mercado laboral, se esfuerza más que en otros momentos –la opción de caer en el paro obra como un método de disciplina–, así que su salario de eficiencia no bajará. Los salarios de eficiencia aumentan por encima de la media –el trabajador se esfuerza más– y el desempleo también crece, pues las empresas no contratan a nadie nuevo, pues restringen la rotación. Ante ese brío del trabajador se consolida la idea de que, si un aspirante acepta hacerlo por menor dinero, lo más probable es que se dedique a escabullirse, pues la idea de que todos los trabajadores son idénticos es difícil de variar. «Cuando todas las empresas aumentan sus salarios, el incentivo para no volver a escaquearse desaparece. Pero a medida que todas las empresas aumentan sus salarios, su demanda de mano de obra disminuye y se produce desempleo. Con el desempleo, incluso si todas las empresas pagan los mismos salarios, un trabajador tiene entonces un incentivo para no zafarse».

La doctrina social de la Iglesia

La Iglesia católica, a través de su doctrina social, indaga en las cuestiones laborales, incluidos los salarios y la subsistencia desde una perspectiva no solo económica sino moral. Espigo, para empezar, unos pocos ejemplos entre cientos: en Madrid, la Hermandad del Refugio fue constituida en 1615 para proporcionar alimento a los pobres. Aún existe. Su sede se enclava en la iglesia de San Antonio de los Alemanes. Su misión es la misma que hace 4 siglos: externalizar la fe mediante buenas obras de un modo sistematizado. En Francia, por mencionar otro modelo, se desarrollaron las Hijas de la Caridad, sociedad de vida apostólica fundada por la viuda Luisa de Marillac y su director espiritual, el sacerdote Vicente de Paúl. Tiene presencia en los cinco continentes. También en Francia surgió la orden de la Visitación, promovida por san Francisco de Sales en 1610, que impulsa la caridad a través de la visita a pobres y enfermos.

Emmanuel von Ketteler (1811-1877), obispo de Maguncia, defendió la libertad de la Iglesia y su atención a los menos favorecidos frente a un personaje impositivo y autócrata como Bismarck. Ketteler se afanó en mostrar los graves errores de la doctrina de Marx. Sostuvo y alentó el movimiento obrero denominado obra Kolping, puesto en marcha por el sacerdote germano Adolf Kolping, que fue beatificado en 1991. Su iniciativa fue conocida oficialmente como la Congregación de Pequeños Artesanos Católicos de San José de Colonia. Su obra erigió hogares de acogida en varios países. Entre sus frases célebres se encuentra la siguiente: «Quien quiera decir a otras personas la verdad debe saber soportarla en sí mismo».

Las familias Kolping de un país constituyen una asociación nacional. Innumerables familias Kolping se afanan tenazmente. En algunos casos recolectan donaciones para proyectos en sus países. Progresivamente surgió una red de solidaridad a nivel mundial. Promueve el desarrollo y el intercambio cultural y una mejor comprensión mutua.

La citada santa Teresa de Jesús, que manejó abundantes caudales en las 16 fundaciones que puso en marcha a lo largo de 20 años, insistía en recordar a los más acomodados que es voluntad de Dios que tengan en cuenta moderar su condumio para que coman otros siquiera pan, pues mueren de hambre. Señala en otro momento que quienes no manejan adecuadamente sus propiedades están procurándose para ellos el infierno, adquiriendo fuego perdurable y penas sin término. En otro momento, ahondando en el mismo sentido de aplicación oportuna de los bienes terrenales, escribe a su hermano Lorenzo que desea verle rico, pues administra bien lo que tiene. No hay que olvidar que su audaz pariente, guerrero en un Chile a punto de ser conquistado, contribuyó de forma generosa a la actividad fundadora de la santa de Ávila.

Así fue desde los comienzos del cristianismo. El mismísimo Juliano el Apóstata, hacia el año 360, escribió a uno de sus esbirros, Alsacio: «Nosotros no prestamos bastante atención a lo que ha dado más incremento a la religión cristiana: la caridad para con los peregrinos, la solicitud para con sus muertos y, en general, la verdadera moralidad de los cristianos. Por consiguiente establece numerosos asilos de ancianos en cada una de las ciudades, para que nuestros peregrinos saquen también provecho de ello. Para su sostenimiento he dado ya las disposiciones necesarias: cada año proporcionará la Galia 30.000 medidas de trigo y 60.000 sextas de vino. Una quinta parte de ello deberá destinarse a los pobres que están al servicio de los sacerdotes; el resto debe destinarse a socorrer a los peregrinos y necesitados. Sería una vergüenza que los galileos (los cristianos) no solo socorrieran a sus pobres, sino aun a los nuestros».

Resulta oportuno recordar, para evitar equívocos, que el magisterio de la Iglesia no quiere ni puede ejercitar un poder político ni cancelar la libertad de opinión de los católicos sobre cuestiones contingentes como las políticas retributivas que en este texto se muestran. La Iglesia procura únicamente iluminar la conciencia de sus fieles y muy específicamente la de quienes se dedican a la vida política y económica, porque su obrar debe centrarse en el servicio de la promoción integral de la persona y del bien común. La doctrina social de la Iglesia no debe suponer una intromisión en el gobierno de las organizaciones mercantiles, pero sus enseñanzas han de alumbrar múltiples aspectos de la vida social.

Innumerables romanos pontífices se han implicado desde el comienzo del catolicismo en la ayuda a los más necesitados. Destaca, entre otros, san León Magno (390-461), denominado el Padre del pueblo. Símaco (450-514) estableció en Roma 3 casas para acogida de pobres, en San Pedro, San Pablo y San Lorenzo. Pelagio II (520-590) erigió un hospicio para indigentes y ancianos al poco de ser elegido pontífice. San Gregorio Magno (540-604), calificado como el Padre de los pobres, escribió en su libro *Moralia*: «Quien da bienes externos da algo fuera de su propia persona; más el que llora y sufre juntamente con sus prójimos ofrece algo de sí mismo».

Desde siempre, y con más frecuencia desde el siglo XIX, prácticamente todos los papas han emitido encíclicas en las que hacen hincapié en las cuestiones sociales teniendo en cuenta que las circunstancias cambian, pero también que hay valores que, por su condición de indispensables, jamás deben hacerlo, como el de la dignidad personal. Eso no significa, al contrario de lo que sostienen personas insuficientemente preparadas, que la Iglesia se halle en una realidad paralela. En la encíclica *Quadragesimo anno* de Pío XI (1857-1939), se lee: «Para fijar la cuantía del salario deben tenerse en cuenta también las condiciones de la empresa y del empresario, pues sería injusto exigir unos salarios tan elevados que, sin la ruina propia y la consiguiente de todos los obreros, la empresa no podría soportar. No debe, sin embargo, reputarse como causa justa para disminuir el salario a los obreros el escaso rédito de la empresa cuando esto sea debido a incapacidad o abandono o a la despreocupación por el progreso técnico y económico».

Juan Pablo II (1920-2005), quizá por la personal experiencia en su Polonia natal, ha sido uno de los pontífices que más atención ha prestado a las cuestiones sociales. Escribió en *Laborem excersens*, de 1981: «El hombre que trabaja desea no solo la debida remuneración por su trabajo, sino también que sea tomada en consideración, en el proceso mismo de producción, la posibilidad de que él, a la vez que trabaja incluso en una propiedad común, sea consciente de que está trabajando en algo propio. Esta conciencia se extingue en él dentro del sistema de una excesiva centralización burocrática, donde el trabajador se siente engranaje de un mecanismo movido desde arriba; se siente por una u otra razón un simple instrumento de producción, más que un verdadero sujeto de trabajo dotado de iniciativa propia».

Concreta, al hablar de la política retributiva: «Una justa remuneración por el trabajo de la persona adulta que tiene responsabilidades de familia es la que sea suficiente para fundar y mantener dignamente una familia y asegurar su futuro. Tal retribución puede hacerse bien sea mediante el llamado 'salario familiar' −es decir, un salario único dado al cabeza de familia por su trabajo y que sea suficiente para las necesidades de la familia sin necesidad de hacer asumir a la esposa un trabajo retribuido fuera de casa−, bien sea mediante otras medidas sociales, como subsidios familiares o ayudas a la madre que se dedica exclusivamente a la familia, ayudas que deben corresponder a las necesidades efectivas, es decir, al número de personas a su cargo durante todo el tiempo en que no estén en condiciones de asumirse dignamente la responsabilidad de la propia vida».

En *Centessimus annus*, Juan Pablo II se centró también en estas cuestiones con ocasión del centenario precisamente de la *Rerum novarum*.

Benedicto XVI (1927-2022), en *Caritas in veritate* (2009), centrada en la globalización y el desarrollo tecnológico, clama por «un trabajo que, en cualquier sociedad, sea expresión de la dignidad esencial de todo hombre o mujer: un trabajo libremente elegido que asocie efectivamente a los trabajadores, hombres y mujeres, al desarrollo de su comunidad; un trabajo que, de este modo, haga que los trabajadores sean respetados, evitando toda discriminación; un trabajo que permita satisfacer las necesidades de las familias y escolarizar a los hijos sin que se vean obligados a trabajar; un trabajo que consienta a los implicados organizarse libremente y hacer oír su voz; un trabajo que deje espacio para reencontrarse adecuadamente con las propias raíces en el ámbito personal, familiar y espiritual; un trabajo que asegure una condición digna a los trabajadores que llegan a la jubilación».

Parafraseo algunas de las reflexiones más relevantes de ese documento. En numerosos países persiste la inseguridad a causa de la falta de alimentación: el hambre causa víctimas entre innumerables Lázaros a los que no se les consiente sentarse a la mesa del rico Epulón. Dar de comer a los famélicos es un imperativo ético para la Iglesia, que responde a las enseñanzas de su fundador sobre el compartir. En la era de la globalización, eliminar el hambre se ha convertido en una meta para salvaguardar la paz y la estabilidad. Ese padecimiento no depende tanto de la escasez material cuanto de la insuficiencia de palancas sociales. Falta un sistema de instituciones económicas capaces de asegurar que se tenga acceso al agua y a la comida de manera regular. La inseguridad alimentaria debe ser planteada en una perspectiva de largo plazo, promoviendo el desarrollo mediante inversiones en sistemas de riego, transportes, mercados, difusión de técnicas agrícolas, etc. No debería descuidarse la cuestión de una reforma agraria. El derecho a la alimentación y al agua tiene un papel relevante para conseguir otros derechos, comenzando por el primario a la vida. Resulta ineludible que madure una conciencia solidaria que considere la alimentación y el acceso al agua como derechos universales de todos los seres humanos, sin distinciones ni discriminaciones. Apoyando mediante planes de financiación inspirados en la solidaridad, con el fin de que ellos mismos puedan satisfacer las necesidades de bienes de consumo y desarrollo se puede contribuir a sostener la capacidad productiva de los países ricos.

La situación de penuria no solo provoca un alto índice de mortalidad infantil, sino que persisten prácticas de control demográfico que difunden la contracepción y llegan a imponer el aborto. Las legislaciones contrarias a la vida están extendidas y condicionan las costumbres y la praxis, contribuyendo a difundir una mentalidad antinatalista, que muchas veces se transmite como si fuera un progreso cuando en realidad es un recalcitrante despropósito.

La apertura a la vida se halla en el centro del desarrollo. Cuando una sociedad se encamina hacia la supresión de la vida acaba por no encontrar la energía necesaria para esforzarse en el servicio del bien. Si se pierde la sensibilidad para acoger una nueva existencia se marchitan otras formas de acogida. La sobresaliente recepción de los ajenos forja energías morales. Fomentando la apertura a la vida, los pueblos comprenden las necesidades de los otros, evitan el empleo de ingentes recursos económicos e intelectuales para satisfacer deseos egoístas entre los propios ciudadanos y promueven actuaciones para una producción solidaria.

La doctrina social de la Iglesia, de relevante profundidad interdisciplinar, facilita a la fe, la teología, la ontología y las ciencias encontrar su lugar dentro de su servicio al hombre. Ejerce primordialmente en esto su dimensión sapiencial. Una causa del subdesarrollo es una carencia de sabiduría, de reflexión capaz de elaborar una síntesis orientadora. La excesiva sectorización del saber, el yugular la metafísica, las dificultades del diálogo entre las ciencias y la teología dañan el saber. Cuando eso ocurre se obstaculiza la visión del bien del hombre en sus desemejantes dimensiones.

La dignidad de la persona y las exigencias de la justicia requieren que las opciones económicas no incrementen las desigualdades y siga buscándose como prioridad el objetivo del acceso al empleo. El incremento sistémico de las disparidades dentro de un mismo país y entre naciones, el aumento de la pobreza relativa no solo erosiona la cohesión social y pone en peligro la democracia, sino que tiene un impacto negativo en el plano económico por el progresivo desgaste del capital social: el conjunto de relaciones de confianza, fiabilidad y respeto de las normas, indispensables en toda convivencia.

Una situación de inseguridad estructural origina el derroche de recursos humanos, pues el trabajador tiende a adaptarse a los mecanismos automáticos, en vez de dar espacio a la creatividad. Los costes humanos son siempre también costes económicos y las disfunciones financieras comportan costes humanos.

Rebajar las culturas a la dimensión tecnológica, aunque puede favorecer la obtención de beneficios a corto plazo, a la larga obstaculiza el enriquecimiento y las dinámicas de colaboración. Reducir el nivel de tutela de los derechos de los trabajadores y renunciar a mecanismos de redistribución del rédito con el fin de que el país adquiera mayor competitividad internacional dificulta el consolidar un desarrollo duradero. Se han de valorar las consecuencias humanas de las tendencias hacia una economía de breve plazo. Lo exige la salud ecológica del planeta; lo requiere la crisis cultural y moral. Si hay confianza recíproca, el mercado permite el encuentro entre agentes económicos que utilizan el contrato como norma de sus relaciones e intercambian bienes y servicios para satisfacer necesidades. El mercado está sujeto a los principios de la llamada justicia conmutativa, que regula la relación entre dar y recibir. La doctrina social no ha dejado de subrayar la importancia de la «justicia distributiva» y la «justicia social» para la economía de mercado, no solo porque se halla dentro de un contexto más amplio, sino también por la trama de relaciones en que se desenvuelve. Si el mercado se rige por el principio de la equivalencia del valor de los bienes que se intercambian no llega a producir la cohesión social para su buen funcionamiento.

Pablo VI (1897-1978) solicitó en la *Populorum progressio* que se llegase a un modelo de economía de mercado capaz de incluir, al menos tendencialmente, a todos los pueblos. Clamaba por un compromiso para promover un mundo más humano, en el que todos tengan que dar y recibir, sin que el progreso de los unos sea una pejiguera para el desarrollo de los otros. Amplió al plano universal las exigencias y aspiraciones de la *Rerum novarum*, escrita como consecuencia de la Revolución industrial, cuando se afirmó por primera vez la idea de que el orden civil necesitaba la intervención redistributiva del Estado.

El binomio exclusivo mercado-Estado corroe la sociabilidad, mientras que las formas de economía solidaria crean sociabilidad. El mercado de la gratuidad no existe y las actitudes meramente graciosas no se pueden prescribir por ley. Tanto el mercado como la política tienen necesidad de personas abiertas al don recíproco.

Las dinámicas económicas internacionales, caracterizadas por graves distorsiones, requieren mudanzas profundas en el modo de entender la empresa. Un riesgo es que la empresa responda casi exclusivamente a los anhelos de los inversores. La deslocalización de la actividad productiva atenúa el sentido de responsabilidad respecto a los trabajadores, los proveedores, los consumidores, así como al medio ambiente y al entorno. El mercado internacional de capitales ofrece gran libertad de acción. Sin embargo se está extendiendo la conciencia de la necesidad de una responsabilidad social más amplia. Se va difundiendo la convicción según la cual la gestión de la empresa no puede tener en cuenta únicamente el interés de sus propietarios, sino también el de los otros implicados o *stakeholders*: trabajadores, clientes, proveedores, la comunidad de referencia, etc.

Juan Pablo II (1920-2005) advertía que invertir tiene siempre un significado ético, además de económico. Todo esto mantiene su validez a pesar de que la mentalidad tecnológica pueda inducir a pensar que invertir es únicamente una realidad técnica. Se ha de evitar el que el empleo de recursos financieros esté motivado por la mera especulación y ceda a la tentación de buscar exclusivamente un beneficio inmediato, en vez de sostenibilidad a largo plazo, servicio a la economía real y promoción de iniciativas en países necesitados. La deslocalización puede hacer bien a la población del país que la recibe. El trabajo y los conocimientos técnicos son una necesidad universal. Sin embargo no es lícito deslocalizar únicamente para aprovechar particulares condiciones favorables o explotar sin aportar una verdadera contribución para el nacimiento de un coherente sistema productivo.

La economía tiene necesidad de la ética para su correcto funcionamiento. Se habla mucho de esa ciencia en el campo económico, bancario y empresarial. Surgen centros de estudio y programas formativos de *business ethics*; se difunde el sistema de certificaciones éticas. Los bancos proponen cuentas y fondos de inversión adjetivados éticos. Se propone una finanza ética, sobre todo mediante el microcrédito y, más en general, la microfinanciación. Dichos procesos merecen apoyo. Conviene sin embargo elaborar un criterio de discernimiento, pues se nota un abuso del adjetivo ético que, usado de manera genérica, puede abarcar contenidos divergentes, hasta el punto de hacer pasar por éticas opciones contrarias a la justicia y el bien.

La doctrina social ofrece una aportación específica que se funda en la creación del hombre a imagen de Dios, lo que comporta la inviolable dignidad de la criatura humana, así como el valor trascendente de las normas morales naturales. Una ética económica que prescinda de estos pilares diluye su significado y se presta a ser instrumentalizada. Corre el riesgo de amoldarse a los sistemas económico-financieros existentes, en vez de corregir sus patologías. Conviene esforzarse no solo para que surjan sectores o segmentos éticos de la economía, sino para que toda la economía y las finanzas sean éticas y no una etiqueta.

El desarrollo de los pueblos es considerado con frecuencia como un problema de ingeniería financiera, apertura de mercados, bajadas de impuestos, inversiones productivas, reformas institucionales...

El progreso nunca estará plenamente garantizado por fuerzas automáticas e impersonales, provengan de las leyes de mercado o de políticas de carácter internacional. El desarrollo humano es imposible sin profesionales rectos, sin operadores económicos y agentes políticos que sientan la llamada al bien común. Se necesita la preparación profesional y la coherencia moral. Cuando predomina la absolutización de la técnica se produce una confusión entre los fines y los medios, el empresario considera como criterio de acción el máximo beneficio; el político, la consolidación del poder; el científico, el resultado de sus descubrimientos. Al amparo de esa red de relaciones económicas, financieras y políticas persisten incomprensiones, malestar e injusticia. Los flujos de conocimientos técnicos aumentan, pero en beneficio de sus propietarios, mientras que la situación de las poblaciones que viven al margen permanece inalterada, sin posibilidades de emancipación.

Francisco I, con su controvertida perspectiva de insólito tinte peronista, cabriolea en *Fratelli tutti* sobre la necesidad de un mercado social, donde, sin negar la existencia de la propiedad privada, pero sin considerarla inevitable, recalca con un buenismo ingenuo y adanista que los valores no han de quedar en segundo lugar: «El mercado solo no resuelve todo, aunque otra vez nos quieran hacer creer este dogma de fe neoliberal. Se trata de un pensamiento pobre, repetitivo, que propone siempre las mismas recetas frente a cualquier desafío que se presente (...). Es imperiosa una política económica activa orientada a promover una economía que favorezca la diversidad productiva y la creatividad empresarial, para que sea posible acrecentar los puestos de trabajo en lugar de reducirlos. La especulación financiera con la ganancia fácil como fin fundamental sigue causando estragos (...). El fin de la historia no fue tal, y las recetas dogmáticas de la teoría económica imperante mostraron no ser infalibles».

León XIV, en su primera entrevista biográfica autorizada, aparecida en septiembre de 2025, recuerda que una Iglesia que cierra los ojos a cómo vive la gente no está cumpliendo con un gran aspecto de su papel de lo que significa predicar el Evangelio. Subraya que hay obras de misericordia espirituales, pero también corporales. Hay que atender a los enfermos y los hambrientos, a quienes están en prisión. Siempre lo valoró así desde su época de joven sacerdote. Detalla que no es suficiente afirmar: «Yo solo me dedico a los sacramentos». Tampoco: «Yo solo me dedico a la acción social». Concluye su reflexión señalando que a Iglesia debe atender a ambas cuestiones.

En realidad la preocupación por la política retributiva se halla presente en toda la historia del pensamiento cristiano. He aquí lo que clamaba san Ambrosio (340-397): «Son los pobres quienes excavan el oro, a quienes después se les niega: pasan fatigas para buscar y descubrir lo que después nunca podrán poseer». En otro momento expone de manera más amplia: «Paga al obrero su salario, no le defraudes en el jornal debido por su trabajo, pues tú también eres asalariado de Cristo, quien te ha dado trabajo en su viña y te tiene preparada tu retribución en los Cielos. No causes perjuicio, pues, al siervo que trabaja en verdad, ni al jornalero que consume su vida en el trabajo; no desprecies al pobre que se gana la vida con su trabajo y se sustenta con su estipendio. Pues es un homicidio negar a un hombre el jornal que le es necesario para su vida. Tú también eres mercenario en esta tierra: paga su dieta al obrero, para que puedas decir al Señor, cuando le supliques: 'Da, Señor, tu merced a los que esperan en ti'».

Las exhortaciones a la generosidad no se refieren solo a los capitalistas, sino también a los trabajadores. Hipa san Jerónimo (340-420) en su comentario a la epístola a los Efesios: «Es justo que cada uno trabaje con sus manos y que el sustento que gane con su esfuerzo lo reparta con los que no poseen nada. El apóstol no afirma: trabaje, empleando sus manos, en un oficio honesto y adquiera su sustento y no ocasione daños a los demás, sino: trabaje empleando sus manos, en un oficio honesto, a fin de que pueda ayudar al necesitado. Así, pues, quien trabaja solo para remediar sus necesidades y cierra su mano a los demás, aunque se apruebe a sí mismo, sin embargo no cumple el precepto del apóstol».

San Jerónimo ha transmitido paradigmas elevados de generosidad cristiana. El senador Pammaquio, fallecida su esposa Paulina en el 396, renunció a sus cargos públicos y focalizó su energía en ayudar a los indigentes. En el 398 erigió un hospital a orillas del Tíber. Él mismo se implicó en la atención de los enfermos. San Paulino de Nola, conocedor de estos sucesos, clamaba que Roma no debía tener el juicio de Dios, pues «si tus senadores no dan otros ejemplos que estos de beneficencia, tú no puedes perecer».

San Jerónimo relata otros ejemplos, como el de la noble Paula, de la familia de los Escipiones, quien al enviudar de su esposo Toxotius dedicó las 2 décadas de existencia que le restaban para atender con medios económicos y solicitud personal a los desheredados. Su muerte fue muy llorada. Fabiola, oriunda de la parentela de los Fabius, fallecida en los umbrales del siglo V, fue otra célebre matrona. Tras liquidar su patrimonio alzó un refugio para enfermos al que llevaban a los desheredados que yacían por las calzadas. Último ejemplo, es el de Melania, de la estirpe de los Valérios. De acuerdo con su esposo Pimiano, volcó sus copiosos recursos en obras de misericordia. Tanto su pulcro palacio sobre el Aventino como sus posesiones africanas fueron dedicadas a dotar monasterios, redimir esclavos y otras obras de caridad. Fallecieron en penuria extrema.

San Juan Crisóstomo (347-407) habló mucho y bien de la gestión de los medios económicos. Afirmaba en una homilía: «No es que yo hable contra los ricos; hablo contra aquellos que usan mal de sus riquezas. La riqueza no es un mal, siempre que nos sirvamos de ella para hacer el bien; el mal es la vanidad, es la arrogancia. Si las riquezas fueran mal, no seríamos razonables al ensalzar a Abraham, el cual tuvo 318 esclavos nacidos en su casa. Así como cuando hablaba hace poco de la embriaguez, no maldecía el vino, ya que todo cuanto Dios ha creado es bueno, y lejos de rechazar nada debemos recibirlo todo con gratitud, del mismo modo hoy no va mi palabra contra los bienes, contra las riquezas, sino contra su empleo injusto, contra las riquezas gastadas para nuestra ruina. Les llamamos bienes porque nuestro deber es servirnos de ellas y no ellas de nosotros; les damos nombre de posesiones, no indicando que ellas nos poseen, sino que nosotros las poseemos. ¿Por qué convertir al esclavo en dueño?, ¿por qué trastocar el orden de las cosas?».

San Juan Crisóstomo fue un colosal promotor de la caridad cristiana. En el texto mencionado y en otros enarbola vibrantes descripciones sobre la premura de atender a los necesitados. Los representa visualmente arrastrando harapos y miserias tanto morales como físicas. Su objetivo era remover a los pudientes para que socorriesen a los innumerables huérfanos, enfermos, viudas, etc. Con su colaboración se organizaron en Constantinopla refugios para indigentes, orfanatos y hospitales. Se llegó a atender a unos 5.000 individuos. Esa experiencia en la antigua Bizancio, luego Constantinopla y ahora Estambul, fue paradigma para otras localidades.

Así instaba: «Yo me avergüenzo de hablar de las limosnas; pues, habiendo tantas veces tratado de este tema, nada he conseguido para lo que os he exhortado. Algo ciertamente se ha logrado, pero no tanto como yo quisiera. Veo que sembráis, pero no vea que lo hagáis con mano generosa. Por eso temo también que solo cosechéis parcamente. Para prueba de que sembramos escasamente examinemos, si os place, quiénes son más en la ciudad: los pobres o los ricos; y quiénes no son ni pobres, ni ricos, sino término medio. Quiero decir, que hay un 10 % de ricos, otro 10 % de pobres y el resto clase media».

«Dividamos entre los necesitados toda la muchedumbre de la ciudad y veremos cuán grande es nuestra vergüenza. Porque los extraordinariamente ricos son pocos; pero los que a estos siguen son muchos y los pobres, a su vez, muy inferiores en número a estos. Sin embargo, a pesar de que hay tantos que pudieran alimentar a los hambrientos, muchos se acuestan con hambre, no porque los que tienen no pudieran con facilidad socorrerlos, sino por la gran crueldad e inhumanidad de los mismos. Porque si los muy ricos y los que a estos siguen se repartieran entre sí a los que necesitan un pedazo de pan y vestidos, apenas y cada 50, y aún a cada 100 ricos le tocaría un solo pobre. Y, sin embargo, aun con tanta abundancia de quienes pudieran ayudarlos, ellos tienen que lamentarse todos los días».

«Para que comprendáis la inhumanidad de los ricos, contemplad que la Iglesia, cuyas rentas no llegan a las de uno de esos grandes opulentos, ni aun de los no muy ricos, socorre diariamente a tantas viudas y vírgenes, como que su lista alcanza la cifra de los 3.000. Y juntamente con viudas y vírgenes, ella socorre a los que están en las cárceles, los que sufren el hospital, los que convalecen, los caminantes, los mutilados, los que asisten al altar para ganarse el sustento y el vestido, y todos los que en general acuden diariamente a su caridad. Sin embargo, sus fondos no disminuyen en nada. Con 10 personas que se decidieran a gastar como la Iglesia no quedaba un pobre en toda la ciudad».

Las apremiantes expresiones de Crisóstomo removieron, entre otros muchos, al mismísimo prefecto de la ciudad. Este, de nombre Nebridius, dedicó su salario de un año al socorro de los menesterosos. Su esposa Olimpia, viuda precoz tras menos de 2 años de matrimonio, consagró sus ingentes caudales a promover y rehabilitar monasterios y hospitales.

Un último ejemplo. Clemente de Alejandría (150-215) proclamaba: «En lo que atañe a la comida, vestidos y utensilios y, para comprenderlo todo en una palabra, cuanto hay en casa, todo ha de ser conforme al sentido cristiano, según diga con la persona, la edad, las ocupaciones y el tiempo. Porque, como seamos servidores de un solo Dios, es menester que lo que poseemos y los enseres que acompañan la posesión, todo sea muestra de una sola vida buena, y que cada hombre se vea que hace con fe firme lo que está conforme y en armonía con esta disposición única. Ahora bien, lo que adquirimos sin dificultad y usamos con facilidad, eso alabamos, con facilidad lo guardamos y de buena gana lo comunicamos; pero es mejor lo útil y, sin género de dudas, lo de poco precio vale más que lo rico. De manera absoluta, la riqueza no bien gobernada es una ciudad de maldad; el vulgo que se mata por ella (pierde por ella los ojos), jamás entrará en el Reino de los Cielos; gentes que sufren enfermedad de lo terreno y que, entre sus deleites, viven soberbiamente».

Podría pensarse que, teniendo en cuenta todas estas coordenadas maestras, las cuestiones económicas funcionan de manera adecuada en todas las instituciones de la Iglesia. No tiene por qué ser necesariamente así. Propongo un ejemplo entre muchos, el protagonizado por Guillermo José Chaminade (1761-1850) en los comienzos de la Compañía de María, también conocida como los marianistas. Escribía Chaminade a uno de sus asistentes, Clouzet, el 10 de mayo de 1831: «Las comunidades que encontré en las que no hubiera quejas del ecónomo fueron poquísimas: a pesar de todo he visto algunos ecónomos muy estimados y apreciados por aquellos mismos que se quejaban o se habían quejado. En mi opinión es el cargo más ingrato que se pueda desempeñar en una comunidad; a veces hace falta una gran virtud y fortaleza de alma para ejercerlo concienzudamente». Un año antes, el 20 de enero de 1830, escribía al mismo destinatario: «El triste sino de todo ecónomo es ser criticado siempre».

Desde el punto de vista práctico, Guillermo José Chaminade tomó algunas medidas que deberían ser aplicadas en su justa medida por otras instituciones: 1. Mantuvo retribuciones módicas, porque juzgaba que era clave del éxito de cualquier proyecto; 2. Redujo a la mínima expresión el personal de servicio, que procuró seleccionar con gran cuidado;

3. Generó un destacado espíritu de colaboración entre el profesorado. Algunos llegaron a entregar sus bienes para el bien del colectivo; 4. Realizó profusas gestiones económicas entre gente adinerada; 5. Adquirió tierras y cultivos, tratando de mejorar la producción. Entre otras decisiones adquirió una fábrica de porcelana y la reconvirtió en bodega para obtener rentas estables.

Sobre las dificultades de la labor del ecónomo realizó un estupendo estudio en su Trabajo de Fin de Master-TFM la hermana María del Milagro, de Schoenstatt. Lo presentó en la Universidad Francisco de Vitoria en los primeros años de la segunda década del siglo XXI. La autora acumulaba vasta experiencia, porque ella lo fue durante años en el propio movimiento del que forma parte. Disfruté asesorándola en su labor de investigación.

Gastar con prudencia y diseñar estrategias de retribución sostenibles forma parte del sentido común.

LOS SALARIOS A LO LARGO DE LA HISTORIA

L a historia de la humanidad bien se puede condensar como una dialéctica entre la libertad y la protección. Esto se refleja en las retribuciones a lo largo del tiempo, que asumen diversas formas, desde alimentos o tierras hasta dinero contante y sonante o participaciones empresariales. Son desemejantes las formas que han asumido los estipendios a lo largo de los siglos, no siempre ajustándose a las leyes de la oferta y la demanda. Se constata cómo el trabajo esclavo va perdiendo fuerza, entre otras razones porque acaba por resultar improductivo, implantando sociedades pobres, que no tardan en hundirse. Paralelamente, aquellas sociedades que apuestan por el comercio y no plantean excesivas regulaciones –o al menos de forma no inmarcesible, para resolver problemas coyunturales– aportan una mayor capacidad de crecimiento y prosperidad. Casi siempre, como sostienen muchos liberales clásicos, disponen de una mayor libertad. Desde que la humanidad se tornó sedentaria y desarrolló la agricultura surgieron retribuciones. He aquí un esbozo de esta historia.

Mesopotamia

Las ciudades-Estado en la región entre el Tigris y el Éufrates (a partir del 4000 a. C.) muestran rasgos de sociedades complejas, jerarquizadas, donde se produce un desarrollo

57

tecnológico vinculado a las matemáticas y también a la astronomía. Fueron notables las obras de ingeniería –redes de canales– para domesticar la realidad y aprovechar el agua. No deben soslayarse los enigmáticos zigurats, que funcionaban como templos y almacenes de grano. Sustentadas en la agricultura y sedentarias, con propiedades tanto privadas como comunales, se aprecia en estas ciudades-Estado complicados y a veces extraños códigos morales, y el nacimiento de incipientes formas económicas que irán componiendo relaciones institucionales. Fueron progresivamente sociedades reglamentadas, donde las retribuciones representan lo que parece ser una etapa más del conflicto entre seguridad y libertad. Ambas se hallan articuladas en torno al pago en especie. Quienes vivieron entonces acumulaban menos conocimiento que nosotros por razones obvias, pero no eran menos inteligentes ni sabios.

El código legal más antiguo es el de Urukagina, datado en el 2105 a. C., que organiza la ciudad sumeria de Lagash. Urukagina fue un gobernante que tomó el título de monarca, probablemente tras un golpe de Estado contra el rey Lugalanda y su casta de hechiceros. El código declara sin ambages un propósito reformador sobre los días de antaño y deja claros los abusos que hasta entonces se habían estado cometiendo. Esboza, a través de sus reglas, un programa moral contra la corrupción y las arbitrariedades. Escrito en un cono de barro que se conserva en el Museo del Louvre, detalla la abolición de la poliandria, la reducción de impuestos o una amnistía. En cuanto a los salarios, podemos conocer, según la traducción que ofrece el artículo «Las reformas de Urukagina», de Manuel Molina, en la Universidad de Murcia, la que seguramente sea la primera retribución documentada de la historia: «490 panes, 2 ánforas (y) 1 vasija, de cerveza es (la ración) del cantante de lamentaciones de Lagas».

También del tercer milenio a. C., entre el 2112 y el 2095 a. C., es el Código de Ur-Nammu, que hace referencia a un general sumerio de la ciudad de Ur, aunque se cree que fue escrito por su hijo y sucesor, Shulgi. Hallado en varios fragmentos en Irak y traducido en el siglo XX, el código está escrito para ser memorizado, bajo un esquema de silogismo que pervive sutilmente en nuestros códigos actuales: «Si A, entonces B». Con una evidente estratificación social en sus leyes, el mandatario Ur-Nammu, que se erigió en descendiente de Gilgamesh, señala el punto de partida del renacimiento sumerio. El general parece haberse distinguido también por un ánimo reformador, tal y como se cuenta en el prólogo del código, donde se aprecia una forma primitiva de moneda: «Ur-Nammu el poderoso guerrero, rey de Ur, rey de Sumer y Akkad, por el poder de Nanna, señor de la ciudad, y de acuerdo con la verdadera palabra de Utu, estableció equidad en la Tierra; desterró la maldición, la violencia y la contienda, y fijó los gastos mensuales del templo en 90 *gur* de cebada, 30 ovejas y 30 *sila* de mantequilla. Él modeló el broncesila-medida, estandarizó el peso de una mina y el de piedra de un siclo de plata en relación con una mina... El huérfano no fue entregado al rico; la viuda no fue entregada al valiente; el hombre de un siclo no fue entregado al hombre de una mina».

En el código se establecen multas, sin requerir todavía la ley del ojo por ojo, salvo en delitos graves como el asesinato, algo que siglos más tarde asumiría y promulgaría el Código de Hammurabi. En el de Ur-Nammu se regulan desde las relaciones sexuales hasta el perjurio, lo que lleva a pensar que existían tribunales reglados. También hay bosquejos de lo que parecen ser rentas por trabajar un campo ajeno: «Si un hombre hubiera dejado un campo arable a otro hombre para que lo cultivara, pero no lo cultivó, convirtiéndolo en un páramo, medirá tres *kur* de cebada por *iku* de campo».

Probablemente la fuente más antigua y concreta sobre los salarios se halle en el segundo milenio a. C. Se trata de las Leyes de Ešnunna, escritas en acadio y correspondientes en la ciudad-Estado homónima, al norte de Ur, más allá del Tigris. Las leyes fueron escritas en dos tablillas con caracteres cuneiformes y se descubrieron en el siglo XX cerca de Bagdad. Son normas, como las ya mencionadas, de una sociedad agrícola, enmarañada como cualquier otra, con diferencias de clase. Se regulan, entre otras cuestiones, los precios de los alquileres, los préstamos e incluso las relaciones amatorias, porque aseguraban la reproducción. Se habla de trabajadores y esclavos, que acumulan obligaciones y derechos divergentes. Hay profesionales especializados y por cuenta ajena. Se puede confirmar una división del trabajo. Contiene 50 leyes sobre impuestos, delitos o préstamos. Por lo que hace referencia a los salarios, parece que una unidad de trigo era la forma de pago por jornal. También se muestra la equivalencia en plata. Leemos: «7. El jornal de un cosechador es de 20 *qa* de grano: si se paga en plata, su jornal es de 12 *SHE* de plata».

Y también: «9. Cuando uno da a un mercenario 1 siclo de plata para (efectuar) la cosecha, y este no se pone a su disposición o no recoge la totalidad de la cosecha, debe pagar 10 siclos de plata; sin embargo, recibirá 15 *qa* de grano como salario por cada día; además le será descontada la ración de grano, de aceite y ropa».

En el Código de Hammurabi encontramos una precisa articulación sobre prácticamente cualquier aspecto social. Suma 282 leyes decretadas por el rey de Babilonia Hammurabi (r. 1795-1750 a. C.), que conquistó la práctica totalidad de la región de Mesopotamia. Redactadas en acadio y conservadas sobre una estela de basalto negro que se expone en el

Louvre, las leyes, consignadas en primera persona, asumen un origen divino y parecen rotuladas para ser memorizadas, con la misma estructura de los códigos ya descritos. Basadas en la ley del talión o el ojo por ojo, son menos bárbaras de lo que suele creerse. Admiten la presunción de inocencia y la posibilidad de aportar pruebas, lo que evidencia la existencia de tribunales. Regulan las relaciones sociales, desde los matrimonios o los préstamos hasta los castigos por delitos. La jerarquización es axiomática: no cobra lo mismo un médico por atender a un hombre libre que a un esclavo. Los salarios, una vez más, parecen estar relacionados con unidades de grano y revelan la existencia de una sociedad agrícola asentada. Leemos:

«*257. Si un hombre contrata a un trabajador del campo, le dará 8 gur de grano al año. 258. Si un hombre contrata a un pastor, le dará 6 gur de grano al año. 261. Si un hombre contrata a un pastor para vacas y ovejas, le dará 8 gur de grano al año. 268. Si un hombre ha contratado un buey para trilla, su alquiler es de 20 qa de grano. 269. Si se ha contratado un asno para trilla, su alquiler es de 10 qa de grano. 270. Si se ha contratado un animal joven para trilla, su alquiler es de 1 qa de grano. 271. Si un hombre contrata ganado, carro y conductor, dará 180 qa de grano al día. 272. Si un hombre ha contratado un carro para él mismo, dará 40 qa de grano al día. 273. Si un hombre contrata un trabajador, entonces desde el inicio del año hasta el 5º mes le dará 6 granos de plata al día. Desde el 6º mes hasta el final del año le dará 5 granos de plata al día. 274. Si un hombre contrata un hijo del pueblo: paga de un alfarero 5 granos de plata, paga de un sastre 5 granos de plata, paga de un carpintero 4 granos de plata, paga de un cordelero 4 granos de plata, los dará diarios*».

Egipto

En Egipto destaca una legislación avanzada y bastante sutil de la que hablo con detalle en *Egipto, escuela de directivos* (LID). El trabajo figuraba no como un derecho, sino como una obligación. En un periodo que arranca aproximadamente en 1350 a. C. y llega más o menos hasta 31 d. C., la sociedad egipcia se llamaba a sí misma Kemet. Probablemente surgiera de un mestizaje entre emigraciones semitas y subsaharianas. Gira en torno al Nilo, de ahí que Kemet se traduzca como la tierra negra, debido al limo que dejaba el río en sus crecidas. Se trataba de una zona particularmente fértil, capaz de albergar sucesivas cosechas a lo largo de un solo año. Es una sociedad forzosamente agrícola y sedentaria que, poco a poco, al tiempo que va creciendo en número de habitantes y aprendiendo a mejorar sus métodos de cultivos –canales de irrigación, aparición del arado, desarrollo de la geometría o la astronomía, etc.–, va sofisticándose. Despliega un poder que progresivamente se centraliza con un tono más autoritario y burocrático. Karl Wittfogel, en *Oriental Despotism: A Comparative Study of Total Power*, llegó a la conclusión –tan atractiva como discutible– de que los regímenes orientales, al desarrollar infraestructuras hidráulicas de mayor envergadura y en zonas áridas, habían sido más tiránicos y opresivos que los occidentales. Su ensayo partía de la idea de que el agua de un río, al ser manipulable y móvil, es diferente de otros recursos naturales, obligando a disponer de un aparato administrativo lo suficientemente grande y poderoso para dirigir a los implicados. Gordon Childe, en *Los orígenes de la civilización*, registra la misma intuición: «La necesidad de realizar grandes trabajos hidráulicos que regulasen las crecidas del Nilo obligó a crear una estructura organizativa cada vez más compleja que fue el germen del Estado centralizado egipcio. Los trabajos de drenaje e irrigación reclaman la cooperación de toda la comunidad, creando un vínculo económico que genera la solidaridad social... que conduce a la unificación política de toda la región que depende de un mismo sistema fluvial».

Esa concentración llevó su tiempo. La primera fusión del Alto y el Bajo Egipto se produce en torno al 3050 a. C., gracias a Nemer o Menes, al que se acepta como primer rey de Egipto y sucesor de los monarcas protodinásticos Horus Escorpión II y Horus Ka. El fundador de la primera dinastía —cuya unificación puede contemplarse en la conocida paleta de Narmer, una pieza de esquisto decorada con imágenes y jeroglíficos, conservada en el Museo Egipcio de El Cairo— impuso su capital en Menfis. El impreciso Heródoto cuenta cómo acaeció ese proceso y deja entrever la importancia de las obras fluviales en Egipto para aprovechar las crecidas: «Los sacerdotes explican de Menes, el primer rey de los egipcios, que había protegido a Menfis mediante un dique. Por aquel entonces el río discurría a lo largo de grandes dunas hacia Libia. Menes logró la desviación del caudaloso río hacia al sur, a unos 100 estadios aguas arriba de Menfis, gracias a los diques; sacó al río del viejo cauce y consiguió que la corriente fluyera por un canal, entre las dunas. Aún hoy los persas observan recelosos esta desviación y nuevo cauce del río, y la vigilan durante todo el año. Saben que, si el río consiguiera romper el endeble dique, Menfis correría un gran peligro de inundarse. Cuando Menes, el primer rey, hubo desecado el viejo cauce, fundó inmediatamente en esa llanura esta ciudad, que hoy se llama Menfis. La ciudad se encuentra en la parte estrecha de Egipto, alrededor de la ciudad, precisamente al norte y oeste. Ya que al este corre el Nilo, el primer faraón hizo cavar un lago para que se alimentara del río».

Ese periodo de estabilidad estimuló que la Administración se acrecentara. Con todo, el poder de la monarquía no se estabilizó hasta el calificado como Imperio Antiguo, en 2600 a. C., cuando los faraones mutaron en reyes absolutos con derecho divino. Gobernaban a través de un visir, figura semejante a lo que hoy denominamos primer ministro y en otros momentos y circunstancias valido. Aunque el sistema cambió según la época, el visir del norte residía en Heliópolis y el del sur en Tebas. Cada zona se dividía a su vez en provincias o nomos, que estaban pilotadas por gobernadores. Esas demarcaciones estaban fraccionadas en distritos que controlaba un funcionario nombrado por el visir, cuya mayor responsabilidad, además de impartir justicia, era la Hacienda. Con este fin se encargaba de las obras públicas y de recabar información sobre las crecidas del Nilo a través de los nilómetros, que computaban el ascenso del río y por tanto los tributos que se cobrarían. Se apoyaba en los escribas, que pasaron a ser fundamentales al controlar los engranajes del Estado. Su influencia, como sucede en tantas ocasiones con la burocracia, se agrandó. Un escriba podía llevar desde la contabilidad de las cosechas hasta convertirse en comerciante, seguramente gracias a la información privilegiada que manejaba. Su sueldo anual se cifraba en torno a los 50 *deben*, pagaban pocos impuestos y en algunos periodos ninguno. El *deben* era una unidad de peso que equivalía a 13,6 gramos de cobre durante el Imperio Antiguo y 91 gramos en el Imperio Medio. En el Imperio Nuevo, el *deben* se divide en 10 *kite*, o *qedety*, de aproximadamente 9,1 gramos, que era la 10ª parte de un deben. Los escribas expertos en contabilidad eran los mejor retribuidos.

Aunque en la práctica el faraón desplegaba un poder absoluto, la sociedad se las ingeniaba. Se propagó un cierto *laissez faire*, siempre que no se inmiscuyera en los deseos del soberano. La propiedad privada era respetada y los ciudadanos eran nominalmente libres, con leyes y tribunales que regulaban los conflictos. A diferencia de otras culturas, la mujer disfrutaba de una considerable libertad, como se aprecia en una legislación que, por ejemplo, permitía el divorcio o la titularidad de propiedades privadas por parte de féminas. Los tribunales establecían, siempre según las necesidades del faraón y del visir, los impuestos necesarios para remunerar al ejército, erigir templos o desarrollar obras hidráulicas. En la Piedra de Palermo, de la dinastía V –entre el 2494 a. C. y el 2345 a. C.–, se lee un registro fiscal en el que se menciona el recuento del ganado, ceremonia con propósito de recaudación: «Año 8º de Ninetjer. Seguimiento de Horus; 4ª ocasión del recuento de ganado. 4 codos, 2 dedos».

La tributación giraba en efecto en torno al río y sus crecidas, y por tanto de las cosechas. De ahí el que se mencionen los «4 codos y 2 dedos», la altura de la crecida medida en un nilómetro. Ese dato, como he mencionado, servía para saber si la recogida había sido buena o mala. Los impuestos eran progresivos. Los escribas llevaban una detallada contabilidad, con diversos factores. En *Las instrucciones de Amenemope*, escrito a finales de la dinastía XIX –en torno al 1186 a. C.–, el autor proporciona consejos a su hijo en forma de proverbios y describe cómo era el trabajo de un agrimensor, esto es, de un escriba: «El supervisor de los granos que controla la medida, quien fija las cuotas de la cosecha para su señor, quien registra las islas de tierra nueva, en el gran nombre de Su Majestad, quien registra las marcas en los límites de los campos, quien actúa para el rey en su enumeración de los impuestos, quien hace el registro de la tierra de Egipto».

La centralización explica por qué había una reglamentación tan detallada. El poder siempre aspira a controlar la realidad, acotando los resquicios. En *Instrucciones de Ptahhotep*, elaboradas durante la Quinta Dinastía –entre el 2494 a. C. y el 2345 a. C.– figura bajo la forma de proverbios morales: «Inclina tu espalda a tu superior y a tu supervisor de la Casa real, tu casa permanecerá con sus bienes y tu recompensa estará en su lugar. Es un miserable el hombre que se enfrenta a un superior». El *Papiro Anastasi V*, datado en la XIX Dinastía, incluye los «Consejos de un padre a un hijo». El progenitor, escriba, trata de convencer al hijo de por qué debe seguir su profesión y no hacerse agricultor, tal y como pretende. El consejo se antoja sabio: «El escriba es quien manda a todo el mundo. No paga impuestos, porque su trabajo consiste en llevar al día los escritos. No está sometido a tasas, ¡pon atención a ello!».

La sociedad egipcia era eminentemente agrícola y los registros de propiedad aseguraban el derecho familiar a la tierra, además de determinar el impuesto que se debía abonar. Eso implica una sociedad con clases. Andrea Zingarelli, de la Universidad de Tucumán, pormenoriza en «Propiedad familiar y economía campesina en el Egipto Antiguo»: «Existe un amplio espectro de situaciones en torno a la diferenciación social campesina. Los campesinos ligados a la tierra, viviendo al límite de la subsistencia o poseedores de pequeñas parcelas, sin animales de tiro, ni posibilidades de acumulación, entregando parte de su producción al Estado, el jefe local o al arrendatario de la zona o absentista. El campesino próspero con posibilidades de acceso a más y mejores tierras y medios de producción, que podía arrendar tierras y no necesariamente formaba parte de la alta burocracia egipcia. El potentado rural que en general poseía tierras en diversas regiones de Egipto y las había recibido a través de la recompensa o donación real o las podía haber heredado. Claramente este último grupo puede identificarse con los altos funcionarios del Estado (...). Básicamente la tierra era de propiedad familiar y, si bien el primogénito fue el gestor de la misma, a través de la documentación se deduce el poder de las viudas y los conflictos derivados de la herencia. También la responsabilidad legal y tributaria era familiar, en cuanto para un campesino próspero podía significar la organización y el depósito de la confianza en sus familiares, en un campesino pobre podía derivar en el endeudamiento familiar y en consecuencia la condición servil de un miembro o de toda su familia y en la tortura y el castigo».

En cuanto a los sueldos, explica José Manuel Parra, el salario estaba estipulado en especies o cantidades de metal, ya que los egipcios no usaron jamás la moneda. El pago parece prefijado: «La ración tipo consistía en 10 unidades diarias en conjunto. Gracias a los documentos encontrados en la fortaleza nubia de Uronarti sabemos que los soldados que protegían la frontera sur de Egipto cobraban por semanas (las egipcias tenían 10 días), y que su ración para tal período era de 60 unidades cocidas a partir de 2/3 de *heqat* de cebada del norte (2,25 kg) y de 70 unidades cocidas a partir de 1 *heqat* de trigo (3,75 kg)».

Un equívoco habitual es creer que las pirámides de Guiza fueron levantadas solo por esclavos. Originarias de la IV Dinastía –desde el 2613 a. C. hasta más o menos el 2500 a. C.–, esos espectaculares poliedros supusieron un enorme esfuerzo humano. Se antoja una barahúnda, dado el desorbitado volumen de la obra, el que fueran simples esclavos prisioneros de guerra quienes las alzaron. Según la arqueóloga Bernadette Menu: «El tema de la esclavitud en el Egipto faraónico debe revisarse completamente a la luz de las fuentes existentes: por una parte, el análisis del discurso y la iconografía real formal nos permite entender mejor el destino de los cautivos de guerra; en segundo lugar, su reinserción, en un contexto de los archivos –documentos legales– presentan el tamaño en que las ventas de esclavos o la venta de uno mismo como esclavo, nos autoriza a interpretar estos acuerdos como operaciones sobre trabajo asalariado. De ello se desprende que los sirvientes –*hemou, bakú*– son hombres libres, integrados en la maquinaria política y económica del Estado, disfrutando de una movilidad geográfica y legal, y con los mismos derechos y deberes que la población en general».

Ramsés II, probablemente el faraón más famoso dado su frenesí constructor –es el Ozymandias de las fuentes griegas y protagonista del poema de Shelley –dejó testimonio de cómo gratificaba a sus trabajadores. Tercer faraón de la Dinastía XIX de Egipto, gobernó desde 1279 a. C. hasta 1213 a. C. y en un papiro dedicado a quienes elevaban una de sus estatuas se lee: «He asegurado vuestra subsistencia en todos los productos, pensando en que trabajaríais para mí con un corazón agradecido; me he preocupado constantemente de vuestras necesidades, multiplicando vuestros víveres, porque sé que el género de trabajo que hacéis se hace con alegría cuando se tiene lleno el vientre. Los graneros están repletos de trigo para vosotros. Os he colmado los almacenes con toda clase de productos, tales como panes, carnes, pasteles para sustentaros; sandalias, trajes, aceites en abundancia para untaros la cabeza cada 10 días, vestiros de nuevo cada año y proveeros de sandalias cada día; nadie de vosotros pasa la noche lamentando su pobreza. He hecho todo eso diciéndome que encontraríais en ello un motivo para trabajar para mí con un corazón unánime». He tratado ampliamente de Ramsés II en *Egipto, escuela de directivos* (LID).

Otra prueba de que se pagaban salarios la encontramos durante el reinado de Ramsés III, faraón de la dinastía XX y último importante del Imperio Nuevo de Egipto, antes de que arrancase la imparable decadencia. Gobernó desde el 1184 a. C. hasta el 1153 a. C. Debió hacer frente a la huelga de 60 artesanos que trabajaban en la construcción del Valle de los Reyes, en lo que hoy es Deir el-Medina. No recibían sus jornales, probablemente debido a la incipiente crisis. El relato de reclamación colectiva –la primera de la historia de la que se tiene constancia– se halla en un papiro conservado en el Museo Egipcio de Turín: «Tenemos hambre, han pasado 18 días de este mes... Hemos venido aquí empujados por el hambre y la sed; no tenemos vestidos, ni pescado, ni legumbres. Escriban esto al faraón, nuestro buen señor y al visir nuestro jefe, que nos den nuestro sustento». Desconocemos si finalmente aquella hierocracia atendió las justas reclamaciones y los obreros pudieron finalmente triscar.

Grecia

La etimología de la palabra economía se halla en el latín *oeconomia*, procedente del griego *oikonomía* «dirección o administración de una casa», derivado a su vez de *oikonomós*, formado por *oîkos*, casa, y *nomós*, reglas, leyes, administración. Jacob Burckhardt explica en su *Historia de la cultura griega* cómo las ciudades-Estado tendían hacia modelos autárquicos e independientes –los griegos tardaron en considerarse como tales, al menos hasta que la amenaza persa fue una realidad–, lo que quizá explique, en uno de esos saltos que transforman por completo la historia, ese sentido doméstico, en el fondo profundamente individual, que empieza a deslizarse hacia la economía, gracias al comercio.

Esencialmente agrícola, si bien con dificultades para encontrar suficiente grano con que alimentar a su población, Grecia, gracias a su situación geográfica, desde la Edad de Hierro –800 a. C.– empezó a mercadear, siempre a través del Mediterráneo. Grecia exportaba aceite de oliva, cerámica o vino. E importaba grano, papiro o especias. En *El gran mar. Una historia humana del Mediterráneo*, David Abulafia detalla esa mixtura entre comercio y cultura que va construyendo un espacio común entre civilizaciones en torno a un mar: *La Odisea* tiene una característica insólita, la imprecisa situación de los puertos en los que recaló su héroe y la situación descentrada de su tierra natal. Ítaca se encontraba en los límites más alejados del mundo micénico, el trampolín desde el que los primeros mercaderes micénicos podían lanzarse a la aventura hacia el sur de Italia. Más allá de Ítaca y de las otras islas del Jónico se hallaba Kérkira, desde donde una breve travesía marítima llevaba a los barcos hasta el sur de Italia, dándoles acceso a la colonia espartana de Taras, fundada en el 706 a. C. y muy cerca del yacimiento de Scoglio del Tonno, donde en los siglos anteriores los indígenas del sur de Italia habían adquirido grandes cantidades de cerámica micénica. La cerámica procedente de Corinto y de Eubea, en el Egeo occidental, empezó a llegar a Ítaca después del año 800 y, al parecer, la pequeña ciudad de Aetos, donde se han encontrado muchas vasijas de Corinto, era un puerto de escala corintio; Aetos tenía un santuario en el que los marineros ofrendaban objetos tales como cuentas de ámbar, amuletos de bronce y adornos de oro de Creta».

Para que existiera un comercio asentado a lo largo y ancho del Mediterráneo no bastaba con el trueque. El sistema que se empleaba –llamado *egineta*– era el del peso, por el cual una unidad concreta de moneda tenía una equivalencia. La moneda, como sucede ahora, simbolizaba una realidad específica. 1 dracma equivalía a 6,16 gr. El sistema de la moneda no era una novedad en el cada vez más bullicioso Mediterráneo. Según Ian Morris en *The Measure of Civilization*: «Las primeras monedas se acuñaron en Lidia (en Turquía occidental) a finales del siglo VII, pero los griegos se lanzaron sobre este nuevo medio a principios del VI. Con anterioridad, probablemente los problemas tenían más carácter político que funciones económicas, ya que eran para denominaciones muy grandes y hecho de *electrum* una aleación natural de oro y plata, lo que dificultaba juzgar su valor de metal. A finales del sexto siglo, sin embargo, circulaban monedas de bronce con denominaciones pequeñas, lo que debe significar que el intercambio ya estaba siendo monetizado».

Solón (638 a. C.-558 a. C.), en su desempeño como arconte (gobernador) de Atenas, unificó el sistema de pesos, por lo que las monedas empezaron a ser más fiables. Los principales numerarios acuñados en Atenas fueron el óbolo, el dracma, el didracma y el tetradracma, cuya equivalencia se basaba en los pesos de Solón. Generalmente de plata, empezaron a surcar el Mediterráneo. La ocupación de comerciante empezó a ser lucrativa, y por eso envidiada. Hesíodo en *Los trabajos y los días*, escrito entre los siglos VIII-VII a. C., condena el desempeño del comercio marítimo, una considerable fuente de ingresos, según estos fragmentos de la traducción de Antonio González Laso: «Solo entonces has de sacar a la mar tu navío ligero, y en él disponer cargamento adecuado, para que puedas llevarte el beneficio a casa, como hacía mi padre (...), que singlaba en naves, precisado de medios de vida (...) no huía de opulencia, fortuna o bienestar, sino de la maldita pobreza que Zeus da a los hombres (...). Tú, Perses, acuérdate de los trabajos –todos en su tiempo– y, si se trata de la navegación, más todavía. Elogia la nave pequeña, pero pon la carga en una grande. Si mayor es la carga, mayor beneficio sobre beneficio será, siempre que los vientos se abstengan de malos vendavales (...) confiando en los vientos, saca a la mar tu nave ligera, y en ella pon toda la carga. Apresúrate a volver a casa lo más prontamente posible. No se te ocurra esperar al vino nuevo, ni a la lluvia otoñal, ni al invierno inminente, ni a las terribles borrascas del Noto, que encrespa la mar, cuando acompaña al aguacero copioso de otoñada, y hace difícil el ponto. Otra época para navegar los hombres es la primavera: cuando, por primera vez, se muestran al hombre, en lo más alto de la higuera, hojas tan grandes como la huella que hizo la corneja que en ella se posó, entonces es asequible la mar. Tal es el tiempo de navegar en primavera; no seré yo quien lo elogie: a mi corazón no le resulta grato, por inseguro. Llegado el caso, difícilmente evitarías la ruina; aun así los hombres lo hacen movidos por los desvaríos de su mente. El dinero supone la vida para los viles mortales».

El comercio, pese a sus riesgos, ofrecía la ventaja de un rápido enriquecimiento, y sobre todo no tener que permanecer sujeto a la agricultura, siempre caprichosa y deudora de paciencia y sacrificio. Una labor, la del campo, que en cualquier caso no era muy valorada, como vemos en la respuesta que un fallecido Aquiles proporciona a Ulises, tras descender este al Hades desde el país de los cimerios, en el undécimo epinicio de *La Odisea*: «No pretendas, Ulises preclaro, buscarme consuelos / de la muerte, que yo más querría ser siervo en el campo / de cualquier labrador sin caudal y de corta despensa / que reinar sobre todos los muertos que allá fenecieron».

Que en la Grecia homérica se pagaban retribuciones por el trabajo agrícola se verifica en *La Odisea*. Ulises, en el Canto XVIII, conversa con un pretendiente de Penélope: «¿No te agradaría acaso, peregrino, entrar a mi servicio? Te enviaría a trabajar con gusto al último rincón de mis campos enderezando setos y plantando árboles. A cambio recibirías de mí alimento abundante, la vestimenta necesaria y calzado para los pies».

El pago sigue siendo en especie, y por tanto el trabajador depende por completo de su empleador: no tiene posibilidad de ahorrar y emanciparse. En el Canto XIX de *La Ilíada*, en la disputa entre Poseidón y Apolo se constata lo siguiente a propósito de la construcción de las murallas de Troya: «A las órdenes del altanero Laomedonte, por el salario estipulado, todo un año trabajamos, y nos trataba muy duramente... Mas cuando las deseadas Horas trajeron el día señalado para recibir la paga convenida, Laomedonte, por la fuerza, se apropió de ella y nos despidió con amenazas e injurias. Cruel y terrible amenazó con atarte de pies y manos para venderte como esclavo en una isla lejana y se vanagloriaba jurando cortarnos las orejas».

Pese a que Luciano de Samósata hace referencia en el siglo I a la cifra concreta que Laomedonte dejó de pagar a los dos dioses por construir las murallas –30 dracmas–, son escasas las reseñas aclaratorias respecto a los salarios. Sabemos que el tetradracma ateniense del siglo V. a. C. fue quizá la moneda más utilizada en el mundo griego antes de Alejandro Magno, con el casco de Atenea en el anverso y un búho en el reverso. Según Roberto Morales Harley, de la Universidad de Costa Rica, en su artículo «El costo de la vida en la Grecia clásica», los sueldos en la Atenas del siglo V a. C., eran –siendo un óbolo un sexto de dracma–:

«1 día de hoplita (soldado de infantería), 2 dracmas.

1 día de contador del Erecteón, 1,5-1 dracmas.

1 día de fiscal, 1 dracma.

1 día de funcionario administrativo, 4 óbolos.

1 sesión de la Corte, 2 óbolos.

1 sesión de la Asamblea, 1 óbolo».

Los servidores públicos recibían retribución, medida impuesta por Pericles para profundizar en las reformas de Solón y hacer frente a los oligarcas, quienes podían permitirse estar en la política sin trabajar, pues el dinero, como es sabido, proporciona tiempo libre. De esta forma se democratizaba la sociedad y no quedaba en manos de los caciques. El *misthos* –literalmente salario– era una remuneración para quienes ejercían una función pública. En el caso de los jurados era de 3 óbolos. El *misthos* también era la soldada de los *thetes* y los hoplitas atenienses, y la dieta de los *bouleutas* y otros magistrados. Sobre los *thetes*, escribe Mariano José Requena, de la Universidad de Santiago de Chile, en

«El estatus de los labradores en el pensamiento aristocrático ateniense del siglo IV a. C.»: «Serían *thetes* aquellos que no pudieran alcanzar como mínimo una producción de 200 *medimnoi*, lo cual supone alguna propiedad de la tierra. En el mismo sentido está bastante aceptado que una granja hoplita básica perteneciente a los *zeuguitai* se encontraba en alrededor de las 5 ha (50-60 *plethras*), dado que sería el mínimo de tierra necesario para que un arado con bueyes fuera económicamente viable, que pudiera mantener a la familia campesina y tal vez a una pareja de ayudantes. Por debajo de esta se encontrarían las propiedades de los *thetes*, de menor tamaño –tal vez la mitad o un tercio–, pero que igualmente pudiera producir lo suficiente como para alimentar a una familia pequeña, sin el uso de animales y con mucho trabajo intensivo familiar, como para alcanzar los niveles mínimos de subsistencia. Así, la situación de los *thetes* puede ubicarse en el rango de aquellos labradores que sin tierra suficiente para mantenerse a sí mismos o a su familia deben conseguir ingresos por afuera de su *oîkos*».

Aristóteles, en *Política* (IV a. C.), establece una distinción entre los tipos de trabajadores que parece referirse al *misthos*: «De los que realizan esos trabajos necesarios, unos los hacen para servicio de un individuo solo y son esclavos, otros los hacen para servicio de la comunidad y son trabajadores y jornaleros».

En *Las avispas* (422 a. C.), comedia de Aristófanes, el ridículo Filocleón pasa sus días como jurado en los juicios y recibe una retribución:

«*FILOCLEÓN: Bueno. Así recibiré yo solo mi paga y no en compañía de otro, porque hace poco ese bufón de Lisistrato me jugó la peor pasada que puede imaginarse. Había recibido un dracma para los dos y fuimos a la pescadería, donde lo cambió en calderilla, luego en vez de darme mi parte me puso en la mano 3 escamas; yo creyendo que eran 3 óbolos, las escondí en la boca; pero ofendido por el olor las arrojé enseguida y lo cité a juicio».*

En *Los caballeros* (424 a. C.), del mismo autor, encontramos otra referencia a lo que cobraban los jurados: «El tal Paflagonio, conociendo el carácter del viejo, empezó, como perro zalamero, a hacerle la rosca, adularlo, acariciarlo y sujetarlo con sus correíllas, diciéndole: '¡Dueño mío!, vete al baño, que ya es bastante trabajo el sentenciar un pleito; toma un bocadillo, echa un trago, come, cobra los 3 óbolos'».

Tal y como se ha punteado al comentar la reforma de Pericles, cobrar un salario no estuvo durante mucho tiempo bien visto entre las clases altas, pues igualaba al individuo a un esclavo. Detalla Jenofonte en Recuerdos de Sócrates (circa 371 a. C.):

«Rodeándose de esta abstención pensaba que aseguraba su libertad. En cambio, a los que aceptaban un salario por su conversación los acusaba de venderse como esclavos, porque se obligaban a conversar con aquellos de quienes recibían dinero. Se sorprendía de que hiciera dinero uno que predicaba la virtud, en vez de pensar que la mayor ganancia era adquirir un buen amigo, como si temiera que el que llegó a convertirse en hombre de bien no fuera a sentir el mayor agradecimiento hacia quien le había hecho el mayor favor».

El promedio de las retribuciones, según Morales Harley, variaba a lo largo del día, con distintos salarios según el grado de especialización del trabajo. El costo de la vida era alto: una fanega de trigo costaba 6 dracmas y una casa 410 dracmas. Por hacer una equivalencia actual, con todas las salvedades posibles, un dracma equivaldría a 45 euros. Según los ejemplos anteriores:

1 día como hoplita, 45 euros.

1 día como funcionario de la Administración, 30 euros.

El coste de la vida, según esa equivalencia, sería:
Una fanega de trigo, 270 euros.
Una casa, 18.450 euros.

La vida no debía ser sencilla en una sociedad, que además contaba con esclavos para parte de los trabajos manuales. Esta cuestión había ido variando desde la Grecia homérica, como detalla V.V. Struve en *Historia de la Antigua Grecia*: «Son sumamente significativos los términos que sirven para señalar a los esclavos. En los poemas, estos se designan comúnmente con la palabra *dmóes*, frecuentemente con la voz *oíkies* (gente de la casa) y muy raramente con la palabra *doulos*, mientras que, en la época clásica, con la esclavitud desarrollada, el termino *doulos* adquiere mayor difusión».

Existían diversas formas de no disponer de la ciudadanía griega, como el caso de los metecos, extranjeros que vivía en una ciudad. La peor de todas las no ciudadanías era la del esclavo, que venía a ser poco más que una mercancía y una fuente de ingresos en manos de su propietario. Se calcula que en el siglo V a. C. se aglomeraban en Atenas unos 80.000 siervos. Trabajaban en la agricultura, la minería y la artesanía. Durante siglos cualquiera podía ser esclavo si, por ejemplo, era capturado en una campaña militar. Antes de las reformas de Solón, un ateniense con deudas también podía ser cautivo. A partir de dichas innovaciones nadie podía vender a un ciudadano de Atenas, ni siquiera a sí mismo, por aprietos financieros, lo que demuestra que la economía gozaba de agilidad, aunque sus consecuencias parezcan incomprensibles. Solón, con su transformación, oficializaba la esclavitud al regularla. Escribe Aristóteles en *Constitución de los atenienses* (XII, 4), poniéndolo en boca de Solón: «A muchos, hacia Atenas, su patria fundada por los dioses, traje que habían sido vendidos, unos sin justicia y otros justamente (...). A los que aquí mismo en vergonzosa esclavitud estaban, temblorosos ante el semblante de sus dueños, los hice libres». Jenofonte, en su *Económico*, redactado en torno al 362 a. C., cuenta, mediante un diálogo socrático, cómo los esclavos son meros reflejos de sus amos. Son deshumanizados, al modo de un animal. Pone en boca de Sócrates: «Si los enemigos que esclavizan a alguien son hombres de bien, los obligan a ser mejores a muchos haciéndoles corregirse, y les hacen llevar una vida más agradable el resto de sus días. Pero tales dueños nunca dejan de maltratar los cuerpos de las personas, ni sus almas y haciendas mientras las tienen bajo su dominio».

El papel de la mujer en la economía de la Grecia clásica sirve para ejemplificar el carácter doméstico, poco comunal, de una sociedad que se asemeja a la nuestra. Según María Dolores Mirón, de la Universidad de Granada, en «Los trabajos de las mujeres y la economía de las unidades domésticas en la Grecia clásica», «mientras que a los hombres les correspondía el mundo exterior (la *polis*, la política, la economía, la guerra, los trabajos al aire libre), a las mujeres les era asignado lo interior (el *oikos*, la administración doméstica, la crianza de hijos, los trabajos bajo techo). El mismo *oikos* estaba compuesto de elementos externos e internos. En una economía basada sobre todo en la agricultura, las fuentes primarias de riqueza asociadas al *oikos* se hallaban fuera, pero había otras actividades que necesariamente habían de realizarse dentro. Así, el trabajo interior en la casa era esencialmente femenino, mientras que el de fuera era ocupación de los hombres».

Entre esas labores se hallaban la reproducción, la manipulación de los alimentos, la agricultura, etc. Detalla Mirón: «La producción textil se consideró un bien económico, a menudo de alto valor, e incluso utilizado como objeto de intercambio a modo de dinero (...). La ley de la ciudad de Gortina, en Creta, establece que, en caso de divorcio, la mujer recupera su dote y en general todos los bienes que había aportado al matrimonio, además de la mitad de las rentas de estos, y la mitad de las telas que haya tejido. Igual ocurre con las viudas. E igual legado reciben los herederos de una difunta (...). La habilidad en el trabajo textil, por otro lado, aumentaba el valor particular de una mujer, libre o esclava. Entre las posesiones del ateniense Timarco destacaba una esclava especializada en hilado de lino fino, que producía importantes beneficios en el mercado».

Resulta ineludible mencionar el caso de Esparta, acaso la otra ciudad-Estado más popular de la Grecia clásica. Su producción estaba intervenida por el poder, en lo que puede contemplarse como antecedente de las economías planificadas socialistas del siglo XX o los afanes raciales y militaristas del nacional-socialismo. El objetivo era que todos los ciudadanos se dedicasen al servicio militar. La austeridad propia de la milicia se ha convertido en parte de la fascinación que sigue despertando Esparta. El Estado militarizado estaba presente en la educación y llegaba a todos los rincones de la sociedad, creando una, por llamarla de algún modo, forma de ideología nacionalista de la que subraya un buen ejemplo Carl Grimberg en *Historia universal*: «Una vez que un mensajero informó a una espartana que su hijo había caído en la lucha, la primera palabra de esta fue: '¿Se consiguió la victoria?'. Y viendo el movimiento afirmativo de cabeza añadió: 'Entonces, me siento feliz. Siempre supe que traje al mundo a un mortal'. Otra espartana, al saber que sus 5 hijos habían perecido, corrió al templo para agradecer a los dioses el haber concedido a los jóvenes la dicha de morir por la patria».

La reforma radical en aras de la igualdad suele atribuirse a Licurgo, un legislador de la ciudad que la convirtió en la maquinaria militar cuyo recuerdo ha llegado hasta nuestros días. A finales del siglo I d. C., Plutarco escribe en *Vidas paralelas* sobre el presunto reparto de tierra que ejecutó Licurgo tras conquistar Mesenia y Laconia: «La segunda y más osada ordenación de Licurgo fue el repartimiento del terreno; porque siendo terrible la desigualdad y diferencia, por la cual muchos pobres necesitados sobrecargaban la ciudad, y la riqueza se acumulaba en muy pocos, se propuso desterrar la insolencia, la envidia, la corrupción, el regalo, y principalmente los dos mayores y más antiguos males que todos estos: la riqueza y la pobreza; para lo que los persuadió de que, presentando el país todo como vacío, se repartiese de nuevo, y todos viviesen entre sí uniformes e igualmente arraigados, dando el prez de preferencia a sola la virtud, como que de uno a otro no hay más diferencia o desigualdad que la que induce la justa represión de lo torpe y la alabanza de lo honesto; y diciendo y haciendo, distribuyó a los del campo el terreno de Laconia en 30.000 suertes, y el que caía hacia la ciudad de Esparta en 9.000, porque estas fueron las suertes de los espartanos».

Si bien hoy se considera poco menos que un mito esa retribución en forma de tierra, la pretendida igualdad en Esparta no fue tal. Aunque nominalmente era una sociedad igualitaria, donde se educaba de forma semejante a todos, en la realidad, tal y como detalla Aristóteles en *Política*, había ricos y pobres, poniendo como ejemplo misógino las licencias que se tomaban las féminas: «El hombre y la mujer, elementos ambos de la familia, forman igualmente, si puede decirse así, las dos partes del Estado; de un lado los hombres, de otro las mujeres; de suerte que, dondequiera que la Constitución ha dispuesto mal lo relativo a las mujeres, es preciso decir que la mitad del Estado carece de leyes. Esto puede observarse en Esparta; el legislador, al exigir de todos los miembros de su república templanza y firmeza, lo ha conseguido gloriosamente respecto a los hombres, pero se ha malogrado por completo su intento respecto a las mujeres, que pasan la vida entregadas a todos los desarreglos y excesos del lujo. La consecuencia necesaria de esto es que, bajo semejante régimen, el dinero debe ser muy estimado, sobre todo cuando los hombres se sienten inclinados a dejarse dominar por las mujeres, tendencia habitual en las razas enérgicas y guerreras».

Los terrenos repartidos por decreto y de forma supuestamente igualitaria podían alquilarse. Jamás venderse, pues era una deshonra. En Esparta, donde la moral era poco menos que una ley y conceptos como honor o sacrificio eran casi una deuda con uno mismo, se antojaba decisivo. Cada vez que el Estado asignaba una hacienda, incluía, como cesión, a un grupo de ilotas, esclavos o siervos ganados tras una conquista. La propiedad no correspondía a cada espartano, sino del Estado. Los ilotas debían entregar la mayor parte de parte de la cosecha a la familia a la que le había correspondido la finca y se quedaban con el resto, además de ser los dueños de los medios de producción. Según Plutarco, los ilotas pagaban una renta fija de 70 medidas de cebada a cada espartano y de 12 para su mujer, además de aceite y vino. En algunos casos participaban como infantería ligera en las campañas. Ese sistema, una forma de nacionalsocialismo extractivo, resultaba improductivo. A la absoluta dependencia de una agricultura basada en un modelo de esclavitud planificada hay que sumar una presunta igualdad decretada desde arriba, en la que quedaba descartada cualquier iniciativa comercial que hiciera destacar a un espartano. Es decir, una economía potencialmente ruinosa.

De nuevo Aristóteles: «Muchos afirman que es una democracia, porque, efectivamente, se descubren en ella numerosos elementos democráticos; por ejemplo, la formación común de los hijos, que es exactamente la misma para los de los ricos que para los de los pobres, educándose aquellos precisamente como podrían serlo estos; la igualdad, que continúa hasta en la edad siguiente y cuando son ya hombres, sin distinción alguna entre el rico y el pobre; después, la igualdad perfecta en las comidas en común; la identidad de trajes, que hace que el rico ande vestido como un pobre cualquiera; en fin, la intervención del pueblo en las dos grandes magistraturas, la de los senadores, que son por él elegidos, y la de los éforos, que salen de su seno. Por otra parte se sostiene que la constitución de Esparta es una oligarquía, porque realmente encierra muchos elementos oligárquicos; así los cargos públicos son todos electivos y no se confiere ni uno solo a la suerte; y algunos magistrados, pocos en número, acuerdan soberanamente el destierro o la muerte, aparte de otras instituciones no menos oligárquicas».

Esparta se vio en la necesidad de contar con ilotas en sus campañas militares, especialmente después del desastre de Esfacteria, en el 425 a. C. Eran los *neodamodeis*, que se ganaban su libertad ejerciendo como hoplitas. Destinados lejos de Esparta, como en las campañas de Asia Menor o en puestos fronterizos, eran soldados bien entrenados. Además, Esparta contaba con mercenarios, cuyo salario, en la campaña del general Tibrón contra Tisafernes a finales del siglo V a. C., detalla César Fornis, de la Universidad de Sevilla, en «Mercenarios y clases dependientes en el Imperio espartano: un capítulo de historia social», haciendo referencia al dárico, una moneda persa que pesaba 8,4 gramos de oro: «Tibrón realizó levas locales entre las ciudades aliadas, 2.000 jonios según Diodoro (...); al año siguiente, tras tomar Pérgamo, contrató a 5.000 mercenarios veteranos de la campaña de Ciro, con un salario de 1 dárico mensual por soldado —el equivalente a –20 dracmas áticas, lo mismo que percibían con Ciro y que parece ser la paga media a comienzos del siglo IV–, el doble para los *lochagoi* y el cuádruple para los *strategoi*».

Pese a su destacado papel durante buena parte del siglo V, tanto en las Guerras Médicas como en la del Peloponeso, Esparta entró en una decadencia que se alargó hasta el siglo II d. C., teniendo que afrontar, entre otros problemas, la hegemonía macedónica, rebeliones de los ilotas y una economía alicaída, además de un acusado problema demográfico. Basta con mencionar que sus monedas, elaboradas en hierro solo se empleaban para los intercambios privados, mientras que el resto de metales se reservaban para que el Estado negociara con otras polis. Aristóteles intuye las razones de ese declive: «Ahora que el poder espartano está destruido, todo el mundo conviene en que ni Lacedemonia es dichosa, ni su legislador intachable. ¿No es cosa extraordinaria que, conservando esta república las instituciones de Licurgo y pudiendo, sin obstáculo, atemperarse a ellas a su gusto, haya, sin embargo, perdido toda su felicidad? Esto consiste en que no se conoce la naturaleza del poder que el hombre político debe esforzarse en ensalzar. Mandar a hombres libres vale mucho más y es más conforme a la virtud que mandar a esclavos. Además, no debe tenerse por dichoso a un Estado ni por muy hábil a un legislador cuando solo se han fijado en los peligrosos trabajos de la conquista».

Roma

La prolongada, hirsuta y rica historia de Roma, que comprende la monarquía (753 a. C. hasta el 509 a. C.), la República (hasta el 27 a. C.) y el Imperio (hasta el 476 d. C.), permite visualizar su desarrollo económico, que se basó, con mutaciones a lo largo de los siglos, en sectores como la agricultura, la minería o el comercio, además de la artesanía. En el mercado inmobiliario se forjaron grandes fortunas, como la del ávido y turbio Marco Licinio Craso, que financió parte de las campañas de su socio Julio César y acabó siendo víctima de su propia codicia en Carras. Las sucesivas revueltas sociales encontraron buenos motivos. El exorbitado lujo de los potentados romanos era descabellado. El ocio resultaba enervante y la inactividad propiciaba todos los vicios. Muchos patricios dilapidaban sus jornadas fomentando el clientelismo, que forjaba turbas de aduladores, ansiosos de recibir bagatelas. El homenaje se repetía diariamente. Las relaciones sociales se mantenían en los templos, las termas, el teatro, el foro o los mercados. En las casas particulares, muchas veces inmoderadas, junto al despilfarro se acumulaba la corrupción moral. La inmensa mayoría de quienes se lo podían permitir se precipitaban en el sibaritismo. Se estableció una patética carrera por ver quién disfrutaba de la gastronomía más delicada y extraña. En determinadas villas no podía bajarse del centenar de platos presentados para poder competir en el posterior chismorreo del foro. No faltaban lampreas, recibidas del Oriente o lenguas del ruiseñor, entre otros inverosímiles caprichos.

El afán por despilfarrar se extendía a todos los aspectos. Cicerón se hizo construir una mesa de limonero que, según los datos de los que disponemos, estaría tasada en la actualidad en unos 250.000 €. Nerón, suspicaz, se hizo montar una que cuadriplicaba ese valor. Séneca, predicador de la austeridad, coleccionaba exuberantes piezas de mobiliario con el anhelo de no quedar atrás. Durante un tiempo dispuso de una mesa de oro sobre la que escribía ¡los parabienes de la pobreza!

Numerosos nobles poseían centenares de esclavos. Abundaban las esclavas forzadas a comportarse como concubinas. Muchachos hermosos salían a subasta para, tras ser adquiridos, ser empleados como escanciadores o camareros. Muchas veces antes de ser forzados *contra natura*.

Las colosales celebraciones, unidas al reparto de pan y otros alimentos, eran un instrumento de los emperadores para dominar al pueblo. El derroche necesario para promover esos festivales resulta incalculable. Tito promovió 100 jornadas de fiesta para inaugurar el Coliseo, que proporcionaba asiento a 80.000 personas y espacio para 250.000 espectadores. Trajano alargó hasta 123 días los festivales del año 106.

Las barrumbadas llegaban al paroxismo en las luchas de gladiadores y los espectáculos con fieras. En el siglo I, Nerón lanzó a sus pretorianos contra 400 osos y 300 leones, uno de los espectáculos más atroces de los que se guarda memoria. En los juegos promovidos por el emperador Severo (222-235), de 7 días de duración, fueron igualmente sacrificadas innumerables fieras. Entre ellas, tigres llegados de Numidia, además de panteras y osos.

El Estado era nominalmente menos intervencionista que el egipcio, si bien requería de considerables ingresos para movilizar a los ejércitos y desarrollar y mantener las obras públicas. Los impuestos directos oscilaban de media entre el 5 y el 10 %, además de tributos indirectos que gravaban desde los juegos de azar hasta las importaciones. Eran tan importantes para el imperio que el emperador Caracalla, con su edicto en 212 d. C., concedió la ciudadanía de Roma a todos los habitantes libres del imperio con una intención, según su coetáneo Dión Casio en *Historia romana*, claramente recaudatoria: «Los nuevos impuestos que él promulgó: el 10 %, tasa que instituyó en lugar del 5 % y que aplicó a la manumisión de los esclavos y las herencias, y toda clase de legados; abolió en efecto en el derecho de sucesión la exención fiscal que había sido concedida a los parientes próximos al difunto. Por esta razón (aumento de los impuestos sobre las herencias y manumisiones) declaró a todos los habitantes del imperio ciudadanos romanos; teóricamente se trataba de honrarlos, realmente era para percibir sumas mayores como consecuencia de esta medida, pues los peregrinos no pagaban la mayor parte de estas tasas».

Las legiones romanas fueron el motor último de la economía, no solo por sus conquistas, sino también por una movilidad que, junto a la ingeniería y el Derecho, crearon las bases de un comercio fluido bajo los auspicios del dios Mercurio, tanto en las provincias del imperio como fuera de él, llegando a China e India. Según Jordi Pérez, de la Universidad de Barcelona, en «El comercio de lujo en Roma. Elaboración y comercio de objetos de lujo en Roma en el Alto Imperio: joyería, vestidos, púrpuras y ungüentos», «la conquista romana del Mediterráneo oriental y de Egipto amplió los horizontes de los mercaderes italo-romanos como nunca antes. A los pocos años de ocupar el territorio eran cientos las caravanas y los barcos que partían anualmente hacia la India y el lejano Oriente desde las ciudades y puertos ubicados en los límites del Imperio romano. Será con Augusto cuando se sienten las bases de un mercado cada vez más globalizado, permitiendo la libre circulación de los productos más deseados por las élites urbanas de la metrópolis romana».

La maquinaria militar romana estuvo bien engrasada. Hacer carrera dentro del ejército podía ser rentable. Se firmaban contratos de larga duración, que podían llegar hasta los 25 años, esperando la gloria y la riqueza que traían consigo las conquistas y que podían permitir gozar de tierras en Roma o alguna provincia. Adrian Goldsworthy proporciona detalles en *El ejército romano* sobre las retribuciones, a partir de, entre otros autores, Polibio, quien «nos ofrece las tasas que cobraban la caballería y la infantería romanas a mediados del siglo I a. C. Los caballeros recibían una soldada más alta, en parte de acuerdo con su posición más elevada, pero también para cubrir el coste del forraje de su caballo, ya que una parte de la paga se deducía para costear el cereal proporcionado a cada hombre. Los soldados aliados no recibían paga de Roma, pero recibían su ración de cereal gratuitamente. Polibio nos da los valores equivalentes en moneda griega: un centurión recibía al día 4 óbolos, un infante 2 óbolos y un caballero, 1 dracma».

Y añade: «César dobló la paga de sus legionarios, de modo que empezaron a recibir 225 *denarii* de plata (9 *aurei* de oro) al año: ello implica que antes de la reforma cobraban en torno a 112,5 *denarii*. La tasa impuesta por César se mantuvo hasta el fin del siglo I d. C. Se repartía en 3 plazos (*stipendia*), cada uno de ellos de 75 *denarii* (simbólicamente, 3 monedas de oro *oaurei*, pero probablemente se pagaba en plata, mucho más práctica): posiblemente, las fechas eran el 1 de enero, el 1 de mayo y el 1 de septiembre. En campaña no siempre eran posibles entregas tan regulares, pero Tito hizo una pausa en el asedio a Jerusalén, en el año 70 d. C., para pagar a su ejército».

Flavio Josefo delinea en *La guerra judía* –escrita en torno al siglo I– el desfile para la paga, que implicaba intención propagandística, para dejar constancia del poderío romano: «Tras llegar el día acordado para el reparto de la soldada ordenó a los oficiales que formasen las tropas y repartiesen el dinero a cada hombre a la vista del enemigo. Las tropas, como era costumbre, sacaron sus armas de donde estaban guardadas y avanzaron vestidos con cota de malla, con la caballería montando sus caballos ricamente enjaezados. La zona que se hallaba enfrente de la ciudad resplandecía a lo largo y ancho de oro y plata. Nada era más gratificante para los romanos, o más aterrador para el enemigo, que ese espectáculo».

Un legionario durante el reinado de Augusto (31 a. C.– 14 d. C.) recibía 225 denarios al año. Llegaron a ser 300 en tiempos de Adriano (117-138). Para ponerlo en contexto: el patrimonio daba derecho a acceder a la dignidad senatorial. Los interesados debían acumular 250.000 denarios. Los procuradores de rango inferior recibían una paga de 60.000 sestercios anuales y los superiores cobraban hasta 300.000 sestercios. Los salarios de los senadores al servicio del emperador eran más elevados. Al retirarse del servicio, los legionarios se encuadraban entre los miembros de la sociedad más adinerados, en buena medida por el terreno recibido. El problema con la inflación es tan antiguo como el dinero. Fue una causa más de la caída del imperio inaugurado por Rómulo y Remo. La economía imperial llevaba sufriendo desde inicios de nuestra era. La crisis del año 33 se resolvió con un rescate, el primero conocido de la historia. Tras escollar, Roma se superó a sí misma y siguió creciendo hasta alcanzar su máxima expansión territorial en el siglo II, con Trajano.

En ese instante arrancó la decadencia. Roma necesitaba una milicia descomunal para guarecer sus fronteras El coste era formidable. Septimio Severo aconsejó a Caracalla y a su hermano desde el lecho de muerte: «Vivid en armonía, enriqueced al ejército, ignorad lo demás». Caracalla cumplió a su manera. De entrada asesinó a su consanguíneo, para gobernar en solitario. Pronto incrementó el salario de las huestes en un 50 %. Al disparado gasto publico contribuyó su obsesión, entre otros disparates, por erigir las espaciosas termas que llevan su nombre.

Para afrontar esas inversiones necesitaba ingresos. Contaba con dos herramientas: acrecentar las tasas y depreciar la moneda. Caracalla apostó por las dos: duplicar los impuestos a las herencias –¡el siempre injusto gravamen de sucesiones!– y devaluar.

El denario se fabricaba con un 95 % de plata y un 5 % de otros metales de inferior valor. Si reducía el nivel de argento en cada pieza podía acuñarse mayor cantidad. Cuando Caracalla llegó al solio, el porcentaje de plata era del 75 %. En apenas doce meses él redujo la plata hasta el 50 %. Los gobernadores no eran plenamente conscientes de las consecuencias. La circulación de monedas de menor valor se tradujo en una subida de los precios y la correspondiente inflación, reduciendo el poder adquisitivo. La inflación llegó a superar el 1.000 %. Entre el año 255 y el 294, los cereales multiplicaron los precios por 20. Se sumó la inestabilidad política. Caracalla acabó finiquitado por su propia guardia. En 5 décadas se escalonaron 25 emperadores, casi todos ensalzados y destituidos por la espada. Hostiliano, que gobernó 6 meses, fue el único que falleció por causas naturales. La inmensa mayoría eran de origen militar, más ocupados por los ejércitos que por la gestión global del imperio.

En estas circunstancias llegó el nefasto y sanguinario Diocleciano. Él y su gobierno no detectaron relación entre la crisis económica, la inflación, las sucesivas devaluaciones y el gigantismo estatal. En sus primeros 3 lustros el ejército pasó de 685.000 a 955.000 soldados. El número de funcionarios se duplicó hasta los 30.000.

Aunque luego volveré sobre la cuestión, anticipo que la culpa del desastre económico financiero se endosaba a los comerciantes y su especulación, presuntamente ofuscados por desmadrar sus beneficios. Esa fábula contaba con la aprobación de los ciudadanos, porque esa imputación contra terceros suavizaba el dolor cuando les ampliaban los impuestos. ¡Había presuntos culpables en el foco! ¡Todo antes que reconocer que la cuestión era la alocada carrera por incrementar el gasto público! Las semejanzas con el momento en que se escriben estas líneas son tan aplastantes como lamentables.

Diocleciano no disponía de margen para más devaluaciones. Apostó por una reforma para estabilizar la moneda. El efecto fue el contrario, disparando una vez más los precios. Para escabullir responsabilidades comparó a los mercaderes con los bárbaros que asomaban por las fronteras. Los acusó de ser una amenaza. En el 301 promulgó el Edicto sobre Precios Máximos, norma que fijaba el importe límite para más de 1.300 productos. Además estableció el coste de la mano de obra para producirlos. Impuso la pena de muerte para los marchantes que no se aviniesen. Por si fuera poco prohibió llevar sus productos a otros mercados para despacharlos con mayor margen. El coste de transporte tampoco podía apalancar un incremento de los precios finales. Innumerables comerciantes pasaron a la compraventa en negro o tornaron al trueque. Muchos profesionales, incluidos los soldados, vieron cómo su poder adquisitivo decrecía.

Incontables ciudadanos apostaron por autoproducir en el campo, generando economías autárquicas. Muchos trabajadores siguieron a estos terratenientes, provocando que numerosas localidades quedaran desastradas.

Aunque posteriormente la economía logró cierta recuperación, el aislamiento facilitó el desmembramiento del imperio. La tormenta perfecta provocada por el excesivo coste del ejército, los ataques bárbaros y la crisis económica provocada por la inflación contribuyeron a rematar el proyecto romano.

Volvamos atrás. Stephen Dando-Collins, en *Legiones de Roma*, desmenuza las retribuciones en la época de Domiciano (81-96 d. C.), en las que hay retenciones. Por ejemplo, para los funerales de cada soldado: «El salario anual del legionario era insignificante comparado con los 100.000 sestercios al año que ganaba un *primus pilus*, el centurión de más rango de la legión, o con el salario de 400.000 sestercios al año del legado al mando de la legión. Para cubrir ciertos gastos se efectuaban diversas deducciones del salario del legionario, incluyendo contribuciones a un fondo funerario para cada soldado. Y, viceversa, todos los soldados recibían también pequeños sobresueldos para adquirir artículos como los clavos de las botas y la sal».

Estupenda fuente es la cuenta de gastos e ingresos de un soldado romano en Egipto, en el 81 d. C. Aparece citada por Goldsworthy. El sueldo era de 250 sestercios, de los cuales hay que deducir 2,5 para convertirlos en dracmas, la moneda local:

«En el consulado de Lucius Asinius (81 d. C.) Quintus Julius Proculus de Damasco recibió la primera entrega del salario del tercer año del emperador, 247,5 dracmas, de los cuales:

- Heno: 10
- Para comida: 80
- Botas y correas: 12
- Saturnalia del campamento: 20
- [Ilegible]: 60
- Gasto total: 182
- Balance depositado en su cuenta: 65,5
- Y antes tenía: 136
- Haciendo un total de: 201

Recibió el segundo plazo del mismo año 247,5 dracmas, de los cuales:

- Heno: 10
- Para comida: 80
- Botas y correas: 12
- Para los estandartes: 4
- Gasto total: 106
- Balance depositado en su cuenta: 141,5
- Y antes tenía: 201,5
- Haciendo un total de: 343

Recibió el tercer plazo del mismo año 247,5 dracmas, de los cuales:

- Heno: 10
- Para comida: 80
- Botas y correas: 12
- Para ropa: 145,5
- Gasto total: 145,5
- Balance depositado en su cuenta: 343».

Los soldados también recibían donaciones. Por ejemplo, cuando moría un emperador. Según narra Suetonio en *Vida de doce césares* (121 d. C.), al fallecer Augusto se retribuyó generosamente a los romanos con: «40 millones de sestercios; a cada soldado de la guardia pretoriana, 1.000 sestercios; a las cohortes urbanas, 500 y a las legiones, 300. Estas cantidades debían ser pagadas en el acto, cosa no difícil, puesto que estaban reservadas en el Tesoro imperial».

En Roma, la agricultura disfrutó de enorme prestigio, a diferencia de otros oficios. Cincinato, tan elogiado por Catón el Viejo, se retiró en el 458 a. C. a su finca para seguir manejando su arado durante su primer desempeño como dictador de la república, tras hacer frente a los ecuos y los volscos. Como en buena parte del mundo antiguo, los cereales eran el cultivo más importante. Gracias a la expansión y consecuente incremento del comercio se importaron vides u olivos. Además de las legumbres, otra planta esencial era la higuera, muy presente en su literatura, pues Luperca amantó a Rómulo y Remo bajo una. El fruto verdoso acabó siendo tan popular que terminó adquiriendo diversos sentidos, algunos obscenos, hasta el punto de que siglos después se empleaba en la medicina británica para definir enfermedades venéreas. Para comprender la vida propia que acaban por tener las palabras, hoy seguimos hablando de salarios, que procede del latín *salarium*, «suma que se daba a los soldados para que se compraran sal» y de ahí «sueldo». Durante parte de la historia de Roma la sal fue una moneda de cambio, por lo que a menudo se retribuía con ella a los soldados. En Roma, después de cada conquista se premiaba a algunos soldados con la parte proporcional de un tercio de las nuevas tierras. Existía una aristocracia rural de terratenientes y campesinos pequeños propietarios. Esa forma de vida se veía como un ideal. Poco a poco pasaron a ser esclavos o extranjeros quienes afrontaban las labores más duras en el campo. En *De Agri Cultura* (circa 160 a. C.), de Catón el Viejo –el más conservador entre los conservadores–, encontramos: «Al comerciante le considero valiente y afanoso de procurarse bienes, pero, como he dicho arriba, expuesto a riesgos y contrariedades. Por el contrario, de entre los agricultores nacen los hombres más esforzados y los soldados más arrojados, y en consecuencia su oficio es el más virtuoso y seguro y el que menos envidias suscita, y quienes se ocupan en ese afán son quienes abrigan menos malquerencias».

En el mismo texto Catón explica cómo cerrar un contrato para la aceituna por cosechar, un ejemplo que nos sirve para saber cómo se ejecutaban los usufructos y los pagos: «Quien comprare la aceituna añadirá la centésima parte de todo el costo al total por el que la hubiere comprado (contante del anuncio, 50 sestercios) y aceite (1.500 libras del romano y 200 libras del verde) y aceituna (50 modios de la ya caída y 10 modios de la recolectada: que las dé a medir con 1 modio de los de aceite) y 10 libras de grasa (...). Fecha para el pago: a partir de las *calendas* de noviembre, 10 meses; para la recolección y elaboración del aceite que se ha arrendado y si el comprador lo ha arrendado, pague en los idus (...). Si el comprador no pagare a los cosechadores y los elaboradores que allí hubieren hecho su trabajo, pague el amo, si quiere, a quien sea menester darle el dinero: el comprador será deudor del amo y le dará garantías, y tome igualmente prendas por ello tal como queda escrito arriba».

Pese a que la agricultura pasó a ser un trabajo para las clases bajas, nunca perdió su prestigio. Virgilio describe e idealiza esa vida rural en las *Geórgicas* (29 a. C.). Ofrece también consejos prácticos. En la hermosa traducción de Fray Luis de León:

> *«Mas el estío al trigo ya maduro*
> *la hoz aguda aplica, y volteando*
> *en la espaciosa era, son trilladas*
> *las mieses, del calor del sol tostadas.*
> *Ara cuando se puede arar desnudo,*
> *y siembra por el mismo modo y arte;*
> *que el tiempo del invierno es como ñudo*
> *que ata al labrador la mano y arte*
> *que cuando reina el frío y hielo crudo,*
> *los labradores por la mayor parte*
> *gozan de lo allegado, y juntamente*
> *a veces se convidan dulcemente».*

Algunos trabajos estaban mal vistos por las clases altas. La todavía existente distinción entre profesiones liberales y manuales procede de entonces. Según explica Santiago Castán Pérez-Gómez, de la Universidad Rey Juan Carlos, en «La vida laboral en Roma y la consideración de los trabajadores según su oficio»: «Por regla general, los trabajadores intelectuales recibían unos *honoraria* (honorarios) por el trabajo realizado, mientras que los trabajadores manuales percibían una *merces* (renta, que aquí sería el equivalente de un *salarium* o salario), en función de la forma contractual con la que se hubiese formalizado el acuerdo de trabajo. Por el hecho de recibir una *merces* en las fuentes los trabajadores aparecen denominados *mercennarii* (trabajadores manuales, no espe-

cializados, asalariados, de donde procede el vocablo 'mercenario')».
Hubo intentos de reformas sobre la tierra durante la república. Una fue la de los hermanos Graco, que en ocasiones ha sido erróneamente contemplada como un precedente de las sanguinarias revoluciones comunistas. Tiberio Sempronio Graco y Gayo Sempronio Graco plantearon una reforma agraria entre 133 y 123 a. C., mientras eran tribunos de la plebe, cargo elegido por el pueblo para defender sus intereses. Ellos eran, como en tantas y tantas revoluciones, patricios pudientes con las cuentas saneadas. El precio del trigo local se había desplomado. Salía más barato importarlo desde Hispania o Sicilia. Para afrontar esta crisis, parte de los pequeños agricultores se vieron abocados a vender sus posesiones. Muchos eran soldados que habían lidiado en las legiones que derrotaron a Cartago en la última guerra púnica. Los compradores fueron adinerados senadores latifundistas. Muchas parcelas que correspondían a conquistas de Roma habían acabado en manos de especuladores. La explotación era deficiente, casi siempre con esclavos.

La reforma propuesta por Tiberio Sempronio consistía básicamente en una distribución de tierras a la plebe urbana y los soldados, para lo que se eligió un colegio de triunviros –en el que se hallaban los dos hermanos– que se encargó de recuperar y repartir. Las heredades se devolvieron al Estado, que las troceó entre propietarios a cambio de emplear a hombres libres. Cada parcela que no se podía revender debía pagar un impuesto al Estado y su extensión quedaba limitada. Además se concedió la ciudadanía a los itálicos y a los denominados caballeros. La reforma, que vivió episodios impetuosos por parte del partido de los Graco –el partido popular; de ahí lo que hoy llamamos populismo–, no gustó a la aristocracia, que promovió su propio bando –los Optimate– y respondió con idéntica violencia. Una constante en esa época, donde las diferencias se solían resolver con derramamiento de sangre. Un escéptico Tito Livio, en *Historia* (circa 10 d. C.) ofrece pinceladas de estas metamorfosis que «permitían a los mismos triunviros decidir si tal o cual terreno pertenecía al dominio público o al particular. Después, como no había bastantes tierras para que se pudiese hacer distribución satisfactoria hasta para los extraordinariamente excitados, anunció que iba a promulgar una ley para distribuir el dinero procedente del rey Atalo a todos aquellos que, según la ley Sempronia, debían recibir tierras».

Junto a 200 seguidores, Tiberio fue asesinado en el Capitolio al presentarse a un nuevo mandato a manos de los mercenarios de Publio Escipión. Su hermano Cayo trató de sustituirlo y seguir hacia delante con una innovación que contaba con entusiasta apoyo de los desheredados. Profundizó más: diseñó un nuevo reparto de tierras, creando colonias en Cartago, lo cual desconcertó al Senado y a buena parte de los romanos. Transformó el ejército, dotó de equipamiento a las legiones y creó nuevas vías para facilitar sus marchas. La Ley Annona fue su alteración más audaz. Con ella fijó un precio fijo para el trigo, además de concederse una cantidad fija a los ciudadanos menos pudientes. Dicho de otro modo, el Estado otorgó, además de la realizada con las tierras, una retribución en especie. Una medida que recuperarían tanto Cayo Mario como Julio César, quien de hecho debió afrontar uno de esos problemas que tanto tienen que ver con la naturaleza humana: los amos menos acomodados liberaron a sus esclavos rurales y les concedieron la ciudadanía para que los mantuviera el Estado con el trigo, por lo que al final casi 1 ciudadano de cada 3 recibía trigo *bóbilis bóbilis*.

Cayo, que pretendió mantenerse a la fuerza en el cargo, tampoco acabó bien, en un clima de tremolinas y luchas constantes entre partidarios de la plebe y los patricios: miles de seguidores fueron asesinados y él también encontró la muerte, acuchillado o por suicidio. Un poco imparcial Tito Livio, propone: «Al terminar su sedicioso tribunado, C. Graco ocupa el Aventino con multitud armada. El cónsul L. Opimio, al frente del pueblo, llamado a las armas por un *senatus-consulto*, lo arroja y mata, así como a Fulvio Flaco, varón consular y cómplice de sus furores».

Cicerón, en sus *Catilinarias* (63 a. C.), no es tan duro con los Graco, sobre todo si se los compara con el infame Catilina: «Un ciudadano ilustre, P. Escipión, pontífice máximo, sin ser magistrado hizo matar a Tiberio Graco por intentar novedades que alteraban, aunque no gravemente, la constitución de la república (...); si a los grandes hombres y eminentes ciudadanos la sangre de Saturnino, de los Gracos, de Flaco y de otros muchos facciosos no les manchó, sino les honró, no había de temer que por la muerte de este asesino de ciudadanos me aborreciese la posteridad».

El comercio, unido a una sociedad agrícola, hizo que, entre otras razones para mantener la propiedad de las tierras y ofrecer suficientes garantías en cualquier transacción, surgieran distintas formas de préstamos, que estaban reguladas por el derecho. Theodor Mommsen explica en su *Historia de Roma*: «El sistema del crédito llama también la atención por caracteres no menos importantes. Si bien no está organizado el territorial, en vez de la hipoteca aparece el acto conclusivo del procedimiento de embargo inmobiliario: la propiedad se transfiere directamente del deudor al acreedor. Por otra parte, el crédito fiduciario o personal obtuvo las más extensas garantías, por no decir las más excesivas. La ley trata al insolvente como si fuera un ladrón (...). ¿Es posible explicar más claramente la voluntad de constituir una agricultura libre y exenta de deudas, y un crédito comercial rápido y fácil? El legislador proscribe al mismo tiempo, con una inflexible energía, toda propiedad que no sea más que aparente, toda falta a la palabra dada. Agréguese a esto el derecho de establecerse libremente, concedido desde un principio a los latinos y la validez de los matrimonios civiles».

En las *calendas* –el primer mes– vencían los pagarés de crédito. Como ocurre ahora con recibos de toda índole, una preocupación y un fastidio para los ciudadanos romanos, como demuestra este fragmento de un cínico epigrama de Marcial (siglo I d. C.). Recomienda despreocuparse, poniendo como ejemplo a un tal Título, ahorrador tacaño, además de probablemente corrupto: «Roba, acapara, llévate, aduéñate: todo hay que dejarlo. Que tu arca amarillee soberbia repleta de monedas, que se desplieguen 100 páginas de *calendas*, tu heredero jurará que no le has dejado nada y, cuando estés tendido encima del escaño o de la losa, mientras tu lecho fúnebre va creciendo harto de papiro, besará arrogante a tus eunucos deshechos en llanto; y tu desconsolado hijo, si quieres como si no, dormirá con tu concubino la primera noche».

Un hito del progresivo aumento del comercio durante la antigua Roma es el cambio de moneda que va produciéndose para hacer frente al incremento del volumen de transacciones. El numerario cumplía además una función propagandística –el rostro del emperador y sus logros–, por lo que las mudanzas eran constantes. Había muchísimas monedas en circulación y el cambio era en bastantes casos arbitrario, dado que en Roma jamás hubo una unidad entre provincias, sino economías asociadas. Durante el mandato de Nerón, sin ir más lejos, además de los denarios y los sestercios se acuñó nuevo metálico de oro, por lo que había 4 en circulación: el as de cobre, los sestercios de plata –2,5 ases–, el denario de plata –4 sestercios–, y el de oro: 25 denarios de plata. La inflación era un problema. Para hacerle frente se devaluaba la moneda, de tal forma que su aleación fuera inferior, reduciendo la cantidad de plata. Se conocía como el *señoraje* y solía ejecutarse en función de las necesidades militares. Explica en parte la decadencia del imperio. Alberto García, de la Universidad Complutense de Madrid, en «La inflación en el Imperio romano de Diocleciano a Teodosio» detalla que: «La manipulación de la moneda no era un capricho más de unos déspotas que no se conformaban con aplastar al pueblo romano bajo una fiscalidad insoportable, sino el resultado de unas acuciantes necesidades militares que se juzgaban mucho más importantes para la salvaguardia del imperio que las consecuencias que podía tener la inflación a medio o largo plazo. Se trataba de un medio cómodo de obtener fondos de forma que no pareciera que se extraían del bolsillo del contribuyente, sometido en época tardo imperial a unas cargas impositivas que, aun dando margen a la exageración de las fuentes, son descritas siempre como extremadamente gravosas y tremendamente impopulares. El Estado no solo se beneficiaba de un mayor 'señoraje', sino que con cada reacuñació, extraía la plata de las monedas y obtenía cuantiosas ganancias, devolviendo más y más cobre a los particulares, que lógicamente se resistían a esta práctica».

A lo largo de la historia muchos han seguido este perverso sendero de empobrecimientos de los ciudadanos. Destaca, entre otros, Felipe el Hermoso de Francia, que resolvió en parte su penosa gestión económica apropiándose de los bienes de la orden del Temple, tal como detallé en *2000 años liderando equipos* (Kolima, 2020).

Según fue creciendo el imperio, mayor y más compleja fue la burocracia, incluida la fiscalidad. Pierre Grimal ofrece en *La civilización romana* un resumen de la administración imperial y cómo se mantenía: «Esta pesada máquina, muy compleja desde su origen, porque no era una creación *ex nihilo* sino que yuxtaponía dos jerarquías distintas, los magistrados de rango senatorial y los prefectos y procuradores ecuestres, fue en su conjunto de una gran eficacia. Los gobernadores se sentían vigilados por las gentes del príncipe y esto en general estimulaba su celo e impedía en todo caso las malversaciones, con excesiva frecuencia toleradas bajo la república. Las antiguas compañías de publicanos no habían sobrevivido a la república, y no fue restablecido el monopolio de la percepción de los impuestos, que en otro tiempo había pertenecido a los caballeros. Lo más frecuente era que fuesen las colectividades locales las que tuviesen el cuidado de repartir la carga de los impuestos directos –contribución inmobiliaria o *stipendium* en las provincias senatoriales; impuesto personal o *tributum* en las provincias imperiales–, pero estos impuestos no eran pagados más que por las ciudades de estatuto provincial de fuera de Italia, la cual estaba exenta de ellos. La Administración imperial recaudaba los impuestos indirectos (tasa del 5 % sobre las sucesiones, del 1 % sobre las ventas, del 5 % sobre las exenciones, peajes o derechos de aduanas de tasas diversas). Estos procedimientos de recaudación, menos onerosos que los del arriendo, tenían sobre todo la ventaja de permitir una distribución más clara de los ingresos, que afectaban a diferentes cajas: el *aerarium Saturni* –tesoro guardado en los subterráneos del templo de Saturno– que reemplazaba al Tesoro público republicano; el *fiscus* (o *reanastas*), que era el tesoro particular de los emperadores, el *aerarium militar* –caja del ejército–, alimentado especialmente por la veinteava parte de las herencias».

Los inconvenientes se reiteraron ante la voracidad fiscal de los dirigentes, como he señalado. En la primavera del 387, el emperador Teodosio ordenó la implantación de tributos extraordinarios. El objetivo era doble: reforzar el erario, exhausto por el gasto en defensa del imperio frente a los bárbaros y las excesivas fiestas quinquenales de Arcadio, hijo de Teodosio. En esas celebraciones se entregaban generosos donativos a las tropas. Entonces y ahora, los responsables políticos son espléndidos con el dinero ajeno. Ante la nueva imposición tributaria estalló un motín. La algarada no fue pacífica. Pelladas de basura y fango ensuciaron las imágenes del emperador en la fachada de los monumentos públicos. Fue derribada la estatua ecuestre en la plaza principal de Antioquía. Las efigies de bronce de la esposa y los vástagos fueron arrojadas al río Orontes. Todo por defender lo propio frente al capricho de los autócratas.

Según escribe Elena Quintana en el artículo «En torno a la retribución de los funcionarios en Derecho Romano (siglos IV-VI d. C.)», en la Administración pasaba algo parecido al ejército: la paga *in natura* –*erogatio*– duró prácticamente hasta el final, por lo que, especialmente si el imperio sufría una crisis, solo se abonaba una parte en moneda, llamada, como hemos visto, *stipendium*. Al final del imperio se empezó a abonar definitivamente con dinero, denominado *adaeratio*. Con todo, los pagos durante el imperio estaban más o menos reglamentados, no como en la república, cuando los cargos no estaban gratificados. A propósito de los procuradores, que ocupaban un puesto administrativo, por lo general relacionado con las finanzas, cuenta Quintana: «A diferencia de las magistraturas republicanas (...), los funcionarios imperiales fueron desde el comienzo del principado retribuidos en función de la posición que ocupaban en la escala jerárquica de la Administración, y así vemos que en la época de Adriano los procuradores ecuestres eran clasificados según su salario en *trecenari* (300.000 sestercios), *ducenari* (200.000 sestercios), *centenari* (100.000 sestercios) y *sexagenari* (60.000 sestercios)».

El sestercio equivalía a un cuarto del denario. Su peso original eran 810 gramos, aunque en ocasiones se aproximaba a los 1.000. Se elaboraba generalmente con cobre, aunque en algunos casos estaba confeccionado con plata. Su equivalencia a euros es muy difícil de formular. Algunos autores aseguran que un denario serían 6,37 € actuales, aunque

también se proponen otros valores. El sestercio equivaldría
a 1,60 €. De ser acertadas esas cifras, las retribuciones eran
más generosas que las actuales en el entorno militar. Se ase-
mejarían más bien a la de los miembros del comité de direc-
ción en una multinacional. En una burocracia enorme, donde resultaba peliagudo
mantener controles en distancias que tardaban semanas en
recorrerse, se multiplicaron los casos de corrupción. Plinio
el joven, en sus *Cartas*, escritas durante el siglo I d. C., le
cuenta a su amigo Cornelio Miliciano su participación en el
proceso contra Cecilio Clásico, un deshonesto gobernador
de la Bética, provincia de Hispania, que fue juzgado in *ab-
sentia* –había muerto– en Roma: «El trabajo sobre Clásico
ciertamente fue corto y fácil. Había dejado escrito de su puño
y letra qué había recibido de cada acción y asunto judicial;
además había enviado a Roma, a cierta amiguita suya, una
carta vanidosa y jactanciosa en estos términos: 'Bien, bien,
regreso a ti exento de deudas; ya he conseguido 4 millones
de sestercios por la venta de una parte de los béticos'».

La sociedad romana se hallaba radicalmente estratificada. En el teatro había filas reservadas a los *equites*, que
constituían una clase social, según la *Lex Roscia Theatra-
lis*, promulgada en 67 a. C. por Publio Roscio Otón. Si no se
alcanzaba un patrimonio de 400.000 sestercios se perdía el
rango de caballero y el derecho a sentarse en esas bancadas.
El patrimonio mandaba, y en especial la apariencia de po-
seerlo, tal y como cuenta Juvenal en una de sus *Sátiras* –finales del siglo I d. C.–, en la que caricaturiza lo que costaba
hacerse con los servicios de un abogado: «La púrpura vende
a un leguleyo, le venden los trajes de amatista. Le sienta bien
vivir con estrépito y con cara de mayor capital, pero la pró-
diga Roma no guarda un límite en los gastos. ¿Confiamos en
la elocuencia? Nadie daría ahora a Cicerón 200 sestercios,
como no le brillase un enorme anillo. Esto es lo primero que

mira quien pleitea, si tienes 8 esclavos, 10 acompañantes, y si va detrás de ti una silla y ante tus pies gente de toga».

La maquinaria estatal era, como en el presente, poderosa a la hora de recaudar, aunque era imposible una centralización absoluta por las distancias geográficas. Se apalancaba en un Derecho que es seguramente una de las mayores aportaciones de Roma, aún presente en no pocos cuerpos legislativos. Sin atender a las diversas y complicadas etapas desde Rómulo, lo cierto es que el Derecho se cuidó de regular cualquier conflicto en la medida de lo posible, con códigos o edictos y no pocos tribunales. Por hacer un resumen de una materia que excede el propósito de estas páginas, pareció anhelar delimitar con precisión –*suum cuique tribuere*– ciertos palenques para equilibrar los intereses del Estado y los de los individuos. También, como era de esperar, en el comercio, que requiere de garantías para ser rentable. Según Mommsen: «El derecho público y el privado tienen sus límites distintos y precisos. Hay delitos contra el Estado que piden la acción del juez público y que traen siempre consigo la pena capital, y los hay también contra los ciudadanos y los huéspedes, que se arreglan por medio de acomodamientos, por una expiación o una satisfacción privada, y que solo entrañan, cuando más, la privación de la libertad. Al lado del comercio tan ampliamente abierto a todos existen medidas ejecutivas muy rigurosas, de la misma forma que en nuestros días se facilitan mucho los cambios en las ciudades comerciales cuando el procedimiento es rápido y severo. El ciudadano y el cliente son iguales en el terreno de los negocios; los tratados aseguran al huésped una igualdad casi completa. Las mujeres, en cuanto a sus derechos, se colocan en la misma línea que los hombres, excepto en lo de comerciar libremente, y el adolescente, en fin, es dueño de su fortuna en cuanto llega a la mayoría de edad. En suma, basta ser jurídicamente capaz para ser en su casa un soberano tan absoluto como el Estado mismo lo es en asuntos políticos».

Un interesante documento para conocer cómo eran los salarios en Roma y cuál el coste de la vida lo encontramos en el Edicto de precios máximos, promulgado por el citado Diocleciano en 301 d. C. para tratar de hacer frente a la magna crisis económica causada por diversos factores, desde epidemias hasta invasiones bárbaras. El edicto se promulgó en todo el imperio y fue de obligado cumplimiento. Es un revelador ejemplo de cómo para hacer frente a la crisis se interviene la economía. Los salarios y los precios se fijaron en denarios de plata. Adviértase, para saber qué trabajos se valoraban, cómo un agricultor ganaba lo mismo que un limpiador de cloacas, y cómo los soldados –y en especial la guardia pretoriana, a la que había que contentar más y mejor que a nadie, pues ponía o quitaba emperadores– estaban desproporcionadamente bien gratificados:

«Trabajador agrícola: 25 al día
Carpintero o albañil: 50 al día
Pintor: 75 al día
Pintor artístico: 150 al día
Tejedor de lana: 175 por manto
Panadero: 50 al día
Construcción de barcos, fluviales y marítimos: 50 y 60 al día respectivamente
Arriero: 25 al día
Barbero/peluquero: 2 por persona
Limpiador de cloacas: 25 al día
Escriba, para mejorar la escritura: 25 por cada 100 líneas
Redacción de peticiones o documentos públicos: 10 por cada 100 líneas

Maestro: desde 50 al mes por alumno para los de niños hasta 250 al mes por alumno para los de Retórica

Legionario medio: 15.400 al año incluido el valor del trigo que recibían al año

Guardia pretoriana: 19.000 al año incluido el trigo».

En cuanto a los precios, llama la atención el que la carne de cerdo costase más que la de vaca o que el aceite de oliva fuera proporcionalmente carísimo. Permite hacerse una idea de la que debía de ser la dieta habitual en el imperio, con una significativa abundancia de legumbres. Aclaro que un modio era una medida para áridos que emplearon los romanos y equivalía aproximadamente a 8,75 litros. El *sextarius* era la decimosexta parte de un *modio*:

«Trigo, 1 *modio* (8,75 kg.): 100

Cebada y centeno, 1 *modio*: 60

Lentejas, 1 *modio*: 100

Sal, 1 *modio*: 100

Judías, 1 *modio*: 100

Arroz, 1 *modio*: 200

Vino, un *sextarius* (1/2 litro): 30

Vino de mesa o de la casa, 1 *sextarius*: entre 8 y 16

Cerveza gala, 1 *sextarius*: 4

Cerveza egipcia, 1 *sextarius*: 2

Miel, 1 *sextarius*: 40.

Aceite de oliva, 1 *sextarius*: 40.

Carne de cerdo o de venado, 1 libra (326 gramos): 12

Pierna de cerdo, menápico o cerritano: 20

Carne de vaca, 1 libra: 8

Un pollo: 60

Un faisán: 250

Pescado de mar, 1 libra: entre 16 y 24

Para los de río, 1 libra: entre 8 y 12

Pescado salado, 1 libra: 6
Mantequilla, 1 libra: 16».

Si tratásemos de hacer una equivalencia con los precios actuales, según un discutible estudio de 2008, un denario de plata estaría en torno a 6,65 €, de modo que un sestercio valdría 1,33 €. Por lo tanto, una cerveza egipcia supondría 13,3 € y un pollo 399 €. Ahora bien, según esa dudosa equivalencia, un panadero ganaría 332,5 € al día y un soldado de la guardia pretoriana se embolsaría 126.350 € al año, lo que permite dar al menos cierta coherencia y proporción a los precios y al coste de vida. Es de suponer que este, en un periodo de crisis, era desmesuradamente elevado, con el agravante de una inflación que no dejaba de crecer, por mucho que se tratase de regular los precios, devaluar la moneda o disparar los impuestos. El comercio es como el agua: siempre encuentra una grieta por la que filtrarse. Por supuesto se aprecian las enormes diferencias, en este caso según cada profesión, que existían en una sociedad que estaba, no a punto de desaparecer pero sí de transformarse radicalmente, abriendo un nuevo período.

La Edad Media

La caída del Imperio romano de Occidente suele fecharse en el 476, cuando el general Odoacro depuso al supuesto usurpador Rómulo Augústulo. Más allá de fechas significativas para facilitar la memorización fue fruto maduro de complejos factores. Entre otros se cuenta un agudo y evidente declive económico y castrense. La batalla de Adrianópolis, en el 378, insinúa el final del poderío militar: las legiones del emperador Valente son arrasadas por las fuerzas tervingias al mando de Fritigerno. Un progresivo colapso mercantil y financiero, como se ha apuntado en el capítulo anterior, va horadando las estructuras imperiales. La milicia se barbariza. No significa que, en contra de lo que asegura el tópico, no hubiera riqueza y opulencia en el imperio entre algunas familias ricas de Roma y de provincias. José María Blázquez, en «Causas de la decadencia y hundimiento del Mundo Antiguo», asegura: «Creemos nosotros que las causas fueron múltiples y no una sola; fundamentalmente fueron económicas, pero, como todas las crisis, abarcaron a la cultura en toda su totalidad; hubo crisis, política, social, económica y religiosa, según señaló ya san Cipriano. La devaluación de la moneda en un 50 % en época de los Severos (193-235) y la aparición del gran latifundio, con todo lo que ello lleva de concentración de riqueza en pocas manos y explotación de las clases débiles, demuestran que el imperio en Occidente estaba económicamente podrido. Agravaron la situación las invasiones de francos y alamanes a partir de mediados del s. III. A finales de este siglo, la inflación era galopante y Diocleciano la quiso cortar con su Edicto sobre los precios, del año 303, sin conseguir nada. La decadencia es un proceso lento, que comienza con Cómodo (180-193) y que dio como resultado un tipo nuevo de cultura, muy parecido al mundo medieval. Vogt cree que lo que hubo fue una metamorfosis de la cultura».

Entre los factores suele citarse un declive moral que, en una interpretación espuria no exenta de afán apocalíptico, estaría relacionado con la cada vez más acusada hegemonía del cristianismo, tal y como propone Edward Gibbon en su exiguamente cimentada y visceralmente subjetiva «Decadencia y caída del Imperio romano»: «Los clérigos predicaban con gran éxito la doctrina de la paciencia y la pusilanimidad, se destruyeron las virtudes activas de la sociedad y las últimas huellas del espíritu militar se refugiaron en los conventos, gran parte de la riqueza pública y privada se dedicó a obras de caridad y devoción, la paga de los soldados se malgastó alegremente en mantener multitudes de gentes de ambos sexos, que eran inútiles para la sociedad, que solo valoraba la abstinencia y la castidad. La fe, el celo, la curiosidad y las pasiones de la ambición encendieron las discordias teológicas; la Iglesia y el mismo Estado se dividieron en grupos religiosos, cuyos conflictos a menudo acabaron en sangre, y siempre fueron implacables. La atención de los emperadores se centró en los sínodos. El mundo romano fue oprimido por una nueva tiranía y las sectas perseguidas se convirtieron en secretos enemigos de su propia patria... Los obispos inculcaban una obediencia pasiva al soberano ortodoxo».

Dejando aparte interpretaciones sectarias, seguramente lo que deba ser contemplado como el factor determinante que remata el Imperio romano de Occidente sea el aluvión de pueblos bárbaros –literalmente extranjeros– que van llegando en oleadas a las tierras del imperio desde distintas regiones de Europa y a veces más allá de la niebla de las Puertas de Hierro, como los hunos, los gépidos o los vándalos. El Imperio romano de Oriente permanecerá, con altibajos y en velada decadencia, hasta 1453. Diversos pueblos van asentándose en lo que han sido las fronteras del imperio, abandonadas por las legiones, convertidas en un recuerdo que se pierde en el olvido.

No ocurrió de la noche a la mañana. En 271 se produjo la retirada de las legiones por orden de Aureliano de las orillas del Danubio, en lo que hoy es Rumanía, tras un periodo en el que los dacios convivieron con los romanos. Eso explica que en la actualidad se hable una lengua romance en ese país. El prolongado proceso alumbra un periodo histórico, el de la Edad Media, al que algunos escasamente documentados o malintencionados han contemplado como 1.000 años de oscura barbarie, como una tenebrosa e interminable etapa inmóvil, de evidente retroceso en todos los ámbitos humanos, también el económico. Esta interpretación surge durante el llamado Renacimiento como oposición a la supuesta Arcadia del mundo clásico, y se asienta durante la Ilustración por su ideario anticatólico. Es errado que un periodo en el que surgen la escolástica, el parlamentarismo o el arte gótico sea una época de oscurantismo. No es casual el que la mayoría de las grandes universidades de Europa que aún perviven fueran erigidas precisamente entonces: Oxford, Salamanca o París, entre otras.

En el 568, Gregorio Magno tuvo que intervenir: la fiscalidad era tan alta que había gente que tenía que vender literalmente a los hijos para liquidar impuestos. El fisco devoraba más de la mitad de la cosecha. Había latinos que huían a tierra de los lombardos. El problema era el dinero que precisaba el imperio para abonar a los soldados y defenderse de la amenaza germánica (Carta V, 38, I, 20-22, de Gregorio Magno a Constantino Augusto en junio de 595). Como papa, por cierto, conoció 7 irrupciones de la peste. No solo eso. En el 580, el Ródano, el Po y otros ríos se desbordaron y devastaron los cultivos. En el 589 y 590 una tremenda sequía provocó una hambruna. En 593 y 594 Gregorio tuvo que afrontar una profunda crisis de aprovisionamiento de alimentos en Roma.

Con frecuencia los campesinos se veían forzados a tributar antes de la recogida de la cosecha. Algo parecido al abono anticipado del IVA en nuestros días. Gregorio Magno intermedió para que la Iglesia pagase el impuesto y luego lo reembolsase a medida que los campesinos fuesen vendiendo sus cosechas. Esto permitió la supervivencia económica de los colonos y la entrada del trigo en los graneros de la Iglesia.

Gregorio recordó a todos los empleados y funcionarios de los patrimonios eclesiásticos que «quien vive de las rentas de la Iglesia no debe aspirar a ganancias personales» (Carta I, 42, 1, 222-223). En Sicilia, Gregorio recurrió a incentivos fiscales para impulsar el acercamiento a la fe: los derechos de arriendo eran reducidos para los judíos conversos. Si alguno no disponía de dinero para pagar por ejemplo los vestidos del bautismo, Gregorio Magno se lo proporcionaba. Además, ordenó a su representante en Campania que entregase un subsidio a numerosos hebreos bautizados que subsistían en la miseria. Sus antiguos familiares no los ayudaban y la generosidad inter familia fue sustituida por la solicitud eclesial

San Gregorio tenía la ventaja de haber sido prefecto de Roma y entendía de administración. Ordenó un registro especial en el que figuraran las personas a las que se asistía, la cantidad entregada y la fecha en que se realizó la donación. Juan el Diácono asegura haber visto en los archivos del Laterano esta interesante auditoría que se conservaba aún en el siglo IX.

La reforma cluniacense, en el 910, tuvo un grandísimo influjo en el orden social y económico medieval. Esa fundación de inspiración benedictina sobresalió por sus obras de caridad y la beneficencia que desplegó con agricultores y colonos. Pusieron en marcha préstamos sin interés, seguros de vida, repoblaron zonas abandonadas, etc. A la vez despuntaron en el arte de la miniatura y el bosquejo de las vidrieras. Su mayor aporte artístico fue el románico, plasmado en incontables y majestuosos templos. Hasta el punto de que al románico se le denomina en ocasiones arte cluniacense. He analizado la cuestión con detalle en *2.000 años liderando equipos* (Kolima, 2020).

Un dicho de época rezaba: *claustrum sine armario cuasi castrum sine armamentario* (monasterio sin biblioteca es como un castillo sin armas). Cada monasterio disponía de numerosos libros gracias en buena medida al *Scriptorium*, sala bien situada junto a la iglesia y con copiosa luz. En torno a espaciosos tableros, bien provistos de pinceles, cálamos, plumas de aves, tinteros, colores, piedra pómez, greda, escalpelo o rascador se reclinaban los monjes *scriptores* en la reproducción de manuscritos, con hermosas letras carolingia, lombarda o visigótica. Muchas obras requerían también del esfuerzo de los miniaturistas o miniadores, que iluminaban aquellos textos con iniciales dotadas de lindura, dibujos geométricos o introducían entre el follaje lateral figuras de hombres y animales. Todo se ejecutaba con respetuoso silencio para evitar yerros y facilitar la oración.

Como detalla Jean Gimpel en su libro *La revolución industrial en la Edad Media*, fueron significativos los avances tecnológicos en la hidráulica, la metalurgia o la agricultura. Muchos impulsados por Cluny y posteriormente, a partir del s. XII, por el Císter, porque, al alborear ese siglo, la mala gestión de la riqueza y la ociosidad habían sumido a Cluny en el torpor espiritual y una indudable decadencia religiosa y cultural. La multiplicación de monasterios había dificultado las convenientes auditorías internas y externas, y había languidecido la observancia.

Las mejoras permitieron un crecimiento demográfico y una emigración hacia las ciudades. La mejoría del clima a partir del año 1000 propició una tímida división entre el capital y el trabajo, la aparición del tiempo como un valor –gracias a los aparatosos relojes astronómicos, como los de Giovannidi Dondi– o la paulatina creación de una conciencia individual a la hora de emprender aventuras económicas –lo que hoy conocemos como el *self made man*– desembocará en el Renacimiento. La Edad Media no fue un periodo estanco y lóbrego, sino un tiempo complejo y rico, cuyas consecuencias fueron el renacimiento y el dominio casi absoluto de Europa durante los siguientes siglos. Época repleta de complejidades y abusos por parte de autócratas sin conciencia como Enrique VIII, el monarca que traicionó a su esposa, Catalina de Aragón, para unirse a su consentida, Ana Bolena, a la vez que rompiendo con Roma se apropiaba de los bienes de la Iglesia católica para sanear las finanzas estatales. Lo mismo hicieron los príncipes alemanes escudándose en el luteranismo. La reforma en Inglaterra se transformó en un gran negocio. Los monasterios y las abadías, algunos muy saneados, saltaron por decreto a propiedad de los próceres. Había acaecido en Alemania, pero en Inglaterra tuvo una prerrogativa acrecentada: la designación de obispos. El monarca engrandeció formidablemente su patrimonio y rentas, y además situó a los clérigos a su servicio. La Iglesia quedó subordinada al rey y a los aristócratas que orbitaban en torno a él. Solo Tomás Moro, John Fisher, los cartujos y pocos más plantaron cara al déspota. Pagaron con su vida. Los tiranos no aceptan que se defienda la verdad.

Al margen de las debilidades rijosas de Enrique VIII y otros malhadados gobernantes, la prosperidad material de determinadas abadías las había llevado a convertirse en el centro de la vida económica, industrial, además de religiosa y nacional. Las originarias chozas de paja de los solitarios fueron reemplazadas por colosales construcciones con iglesia, claustro, capítulo, dormitorio, cuadras, talleres y otras dependencias. Para el servicio del monasterio se emplazaba a sastres, carpinteros, albañiles, zapateros, herreros, fundidores, bataneros, guarnicioneros, pergamineros, jardineros, cerveceros, etc. La disolución del propósito provocó que en algunos enclaves las laudables austeridades fundacionales fueron decayendo. Así se entiende que órdenes como los Agustinos Recoletos se disolvieran como un azucarillo en agua tras un vociferante Lutero.

Vuelvo a Gimpel: «La primera Revolución industrial data del Medioevo. Los siglos XI, XII y XIII crearon una tecnología sobre la que se apoyó la Revolución industrial para tomar impulso. Los descubrimientos del Renacimiento solo han desempeñado un limitado papel en la expansión de la industria en Inglaterra, en los siglos XVIII y XIX. En Europa, en todos los terrenos, el medioevo ha desarrollado el uso de las máquinas, mucho más que ninguna otra civilización. Es uno de los factores determinantes de la preponderancia del hemisferio occidental sobre el resto del mundo. Si la Antigüedad conocía las máquinas, solo hizo de ellas un uso limitado, utilizando el engranaje, sobre todo para animar juguetes y autómatas. La sociedad medieval reemplazó el trabajo manual y a veces el trabajo forzado de esclavos, por el trabajo de máquinas».

Añade el historiador protestante Rodney Stark, en *Falso testimonio. Denuncia de siglos de historia anticatólica*: «Durante mucho tiempo la opinión dominante ha sido que, tras la caída del Imperio romano, Europa pasó por un largo milenio de ignorancia que se ha dado en llamar la edad oscura y que el Renacimiento se produjo por un debilitamiento del control de la Iglesia sobre las grandes ciudades del norte de Italia (...). [Pero la Edad Media] fue una de las edades de la humanidad que destacó por su fuerte carácter innovador, en la que la tecnología se desarrolló y se puso al servicio del hombre en una medida que ninguna civilización había conocido antes (...). Fue cuando Europa dio el gran salto tecnológico adelante que la puso en vanguardia del mundo».

Con la caída del Imperio y la aparición de inestables y efímeros reinos germánicos, la economía abandonó parte del impulso comercial que había distinguido a Roma y se centró parcialmente en formas agrícolas autárquicas, de baja intensidad propias de un mundo donde no existía un poder centralizado y un ordenamiento jurídico que, al modo de Roma, ofreciera garantías para la economía. A la Iglesia católica cada vez más asentada no le tarda en surgir un rival monoteísta, el islam.

Parte de la riqueza de las familias de la sociedad tardo romana, como acabamos de mencionar, acabó en manos eclesiásticas, sin que la Iglesia pretendiera en todas las ocasiones mover ese dinero para crear una economía dinámica. Peter Brown, en *Por el ojo de una aguja*, narra el curioso proceso de las donaciones a la Iglesia por parte de los sectores más opulentos del Bajo Imperio. Supuso, a lo largo de los años, un descomunal cambio de mentalidad que explica al menos en parte la progresiva inmovilidad de la economía y el abandono de las ciudades.

En *Una nueva historia de la Alta Edad Media*, Chris Wickman ahonda en la desintegración: «Desde una perspectiva más general, lo que sucedió cuando el imperio se desmembró en sus distintos componentes fue que cada fragmento tomó los elementos de las estructuras sociales, económicas y políticas de Roma que lograron perdurar y los desarrolló a su propia manera. Las evoluciones paralelas de los Estados sucesores constituyen de este modo un laboratorio notablemente tosco para la investigación de las alternativas: ¿qué sucede con la forma en que tiene lugar el cambio social si en una región dada cualquiera –y teniendo en cuenta que todas ellas iniciaron su andadura desde un punto de partida cuando menos similar– encuentra uno más desarrollo urbano (como en Egipto, Palestina, y, hasta cierto punto, en Italia), más cambios internos (como en Egipto), unos aristócratas más ricos (como en la Galia), o un sistema fiscal más centralizado (como en Bizancio)?».

El breve Imperio carolingio (800-843) se erige como esbozo de lo que será el Renacimiento. Ahí queda la referencia, en lo intelectual, a la Escuela Palatina de Alcuino de York. Es una muestra de las dificultades de vertebrar una sociedad profundamente fraccionada en torno a un poder central. Pese a que bate a los ávaros en el Danubio y esboza algo parecido a un imperio, Carlomagno, un personaje que irá adquiriendo un toque legendario según pasen los siglos –a medio camino entre Alejandro Magno y el rey Arturo, según Patrick Leigh Fermor–, jamás consolida su poder militar. En el fondo, una consecuencia más de la caída de Roma, que había ido delegando sus competencias a las provincias y que progresivamente no pudo ser garante de orden alguno por carecer de estructuras sólidas.

Carlomagno y su heredero, Luis el Piadoso, son incapaces de erigir un ejército estable a causa de una nobleza que tiraba de levas para hacer frente a las campañas militares y que en realidad era cada vez más autónoma en sus condados o marcas y por tanto podía poner precio a su lealtad según sus intereses. Esto explica el que, tras la muerte de Carlomagno y la desaparición del imperio que lleva su nombre, Europa, siempre amenazada por invasiones –desde el islam a la Horda de Oro o los vikingos– acabe asumiendo el feudalismo, una estructura social jerarquizada basada en la relación entre dos hombres libres, el señor y el vasallo.

A grandes rasgos, el súbdito recibía un bien –el feudo– de su propietario, el señor, ante quien debía responder mediante obligaciones esencialmente políticas: el vasallaje, que implicaba, a través de la ceremonia del homenaje, prestar apoyo militar o político al dueño cuando fuera necesario. El feudatario, que poco a poco acabará siendo autónomo de su señor y en algunos casos incluso más poderoso por disfrutar de un verdadero rendimiento del trabajo y no de unos presuntos derechos, cuenta con siervos que trabajan las tierras y le entregan el excedente a cambio de protección y otros derechos que asimilaban la servidumbre a la esclavitud.

El cultivo de la tierra determina la vida de la Alta Edad Media en Europa. Escribe Carlos Estepa, en «Notas sobre el feudalismo castellano en el marco historiográfico general»: «No es tan difícil deducir que las relaciones entre los hombres en el feudalismo tienen una inevitable referencia a la tierra, pues esta es la primordial base de la riqueza y es la que genera rentas. Dominio sobre hombres y tierras expresado en el señorío, o si no en cualquier forma de participación de los poderes señoriales. Propiedad sobre la tierra, que constituye una forma específica de propiedad, en la que pueden darse distintos niveles de derechos sobre la misma. Participación de la clase aristocrática militar, esto es de la nobleza, con sus distintos niveles de estatus, poder y riqueza, en formas de gobierno y ejercicio de la justicia, desde los niveles locales a las más amplias circunscripciones administrativas, compartidos o no con los príncipes y los reyes. Que sean tenidos o no como feudos bienes, derechos, rentas, fortalezas o territorios no ha de ser lo sustancial para una definición de lo feudal, pero tampoco es irrelevante dado que puede reflejar unas determinadas relaciones de poder y clientela, una práctica política general o en una determinada coyuntura, o la propia articulación entre sí de las personas y grupos que ejercen el poder y el gobierno sobre los hombres en distintos niveles».

Marc Bloch, en su indispensable *La sociedad feudal*, distingue entre dos etapas en el feudalismo, divididas por el año 1000. En cuanto a sus relaciones económicas, escribe sobre la primera: «Seguramente, en el Occidente feudal, la moneda no llegó a faltar por completo en las transacciones, incluso entre las clases campesinas, y en particular siempre tuvo un papel de patrón para la realización de cambios. El deudor pagaba con frecuencia en géneros; pero en géneros apreciados de ordinario, uno a uno, de manera que el total de estas evaluaciones coincidiese con un precio estipulado en libras, sólidos y dineros. Por esta causa debemos evitar la expresión economía natural, demasiado vaga y sumaria; valdría más hablar de hambre monetaria. La penuria de metal amonedado estaba agravada por la anarquía de las acuñaciones, resultado a la vez del fraccionamiento político y de la dificultad de comunicaciones, pues en cada mercado importante era necesario un taller local, bajo pena de escasez.

Aparte la imitación de acuñaciones exóticas, y dejando de lado algunas ínfimas pequeñas piezas, no se fabricaba otra cosa que dineros, que eran piezas de plata de ley muy débil. El oro no circulaba más que bajo la forma de monedas árabes y bizantinas, o de sus copias. La libra y el sólido no eran más que múltiplos aritméticos, sin garantía material efectiva. Pero los diversos dineros, bajo un mismo nombre, tenían, según su procedencia, un valor metálico distinto; o lo que es peor, en un mismo lugar casi cada emisión ofrecía variantes en el peso y las aleaciones. A la vez rara e incómoda, la moneda circulaba muy lenta e irregularmente, sin que nadie tuviese la seguridad de podérsela procurar en caso de necesidad».

Y añade: «Guardémonos también de una fórmula demasiado rápida: la de economía cerrada, que no se podría aplicar exactamente a las pequeñas explotaciones campesinas. Conocemos la existencia de mercados, donde los labriegos vendían ciertamente algunos productos de sus campos o sus corrales a los habitantes de las ciudades, los clérigos y los hombres de armas. De esta forma se procuraban el dinero para el pago de los censos. Y tenía que ser muy pobre el que no comprara nunca un poco de sal o de hierro. En cuanto a la autarquía de los grandes señoríos, habría supuesto que sus dueños prescindieran de armas y joyas, no hubieran bebido nunca vino, si su tierra no lo producía, y se hubieran contentado para sus vestidos con groseros paños tejidos por las mujeres de sus colonos. Además, hasta las insuficiencias de la técnica agrícola, los disturbios sociales y las intemperies contribuían a la existencia de un cierto comercio interior: pues, cuando faltaba la cosecha, si muchos estaban condenados, literalmente, a morir de hambre, toda la población no quedaba reducida a este extremo, y sabemos que, desde los países más favorecidos a los afectados por la escasez, se establecía un tráfico de trigo que se prestaba a muchas especulaciones. Los cambios, pues, no faltaban, pero eran irregulares hasta un grado extremo. La sociedad de esa época no ignoraba en verdad la compra y la venta, pero no vivía de ellas».

Los censos, que eran el pago a los señores por su protección, tenían forma de especies, pero sobre todo de trabajo. La *corvea* –la prestación personal– era el motor de los campos, sin una retribución más allá de un amparo asociado a otros derechos. El siervo vivía por y para el trabajo. Los vasallos y los señores tampoco desarrollaban existencias realmente ricas tal y como hoy lo entendemos. En cualquier caso bien lejana de la opulencia de la nobleza en los tiempos del imperio. La ausencia de una moneda estable obligaba a guardar oro o plata y dificultaba el comercio.

Surgió otro problema, que detalla Bloch a propósito de las retribuciones: «La atonía de los cambios y la circulación monetaria tenía aún otra consecuencia, y de las más graves: reducía al extremo el papel social del salario. Este, en efecto, supone de parte del que facilita el trabajo un numerario suficientemente abundante y cuyo caudal no corra el riesgo de agotarse a cada momento; del lado del asalariado, la certidumbre de poder emplear la moneda así recibida para procurarse los artículos necesarios para la vida. Otras tantas condiciones que faltaban durante la primera edad feudal. En todos los grados de la jerarquía,tratará el rey de asegurarse los servicios de un gran oficial (...); el hidalgo de retener los de un seguidor armado o de un servidor campesino (...). Era forzoso recurrir a un sistema de remuneración que no estuviese basado en la entrega periódica de una suma de dinero. Dos alternativas se ofrecían: tomar al hombre en la propia casa, alimentarlo y vestirlo, suministrarle, como se decía, la *provende* (provisiones); o bien, cederle, en compensación por su trabajo, una tierra que, por explotación directa o bajo la forma de censos pagados por los cultivadores del suelo, le permitiese proveer por sí mismo su propia manutención».

En torno al año 1000 Europa empieza a cambiar. Puede calificarse como un lejano arranque del futuro Renacimiento. Confluyeron circunstancias diversas. Un período cálido que arranca hacia el año 900 trae consigo, en paralelo a una mejora de los rudimentos de la agricultura –desde el arado con rueda y vertedera hasta el sistema de barbecho con rotación trienal–, un crecimiento de la población. El declive de las violentas incursiones vikingas y el alejamiento de los musulmanes, unido a la creación de nuevos reinos como el de Kiev o Noruega y la aparición de dinastías reales más sólidas, como los Capeto en Francia o los Plantagenet en Inglaterra, consolida una relativa estabilidad. No es baladí el papel de Otón III (983-1002), que emprende una *Renovatio Imperii Romanorum* bajo los consejos del sagaz erudito Gerberto de Aurillac, el papa Silvestre II[1]. El arranque de las Cruzadas a finales del siglo XI impuso un cambio de mirada que, unida a los factores antes mencionados, empieza a apreciarse en todo lo humano. El arte románico, tan pegado a la tierra y tan rural, da paso al arte gótico, que aspira al cielo. Los campos se trabajan con mayor eficacia y se roturan nuevas tierras. Se genera un excedente cada vez mayor y el comercio vuelve a cobrar fuerza. Las viejas vías romanas se desbrozan y las ciudades acopian habitantes a los que el campo no puede asimilar. En 1150, Génova suma 100.000 almas.

---

1 Resulta inevitable mencionar la fascinante hipótesis del tiempo fantasma, propuesta en 1991 por Heribert Illig y luego ampliada en 1995 por Hans-Ulrich Niemitz en su artículo «*Did the Early Middle Ages Really Exist?*». Según esta teoría, el emperador y el papa se confabularon para añadir 300 años al calendario y hacerlo coincidir con el año 1000 para ganar legitimidad. De esta forma, Carlomagno habría sido una invención, al igual que la conquista árabe de la península ibérica. Casi un relato de Borges. Hay más teorías igual o más delirantes: el matemático soviético Anatoli Fomenko asegura en su libro *History: Fiction or Science? Chronology* que la historia escrita en realidad habría comenzado entre el año 800 y el 1000, por lo que toda la historia anterior habría sido una elaborada conspiración de monjes católicos para ocultar el único y verdadero imperio que había existido, obviamente el ruso.

En 1343, la reina Juana I sucede a Roberto de Anjou en el trono de Sicilia. El asesinato del consorte de Juana, Andrés de Hungría, acaecido en 1345, provocó una expedición de Luis I de Anjou-Hungría, quien, con el pretexto de vengar el fallecimiento de su hermano, trata en realidad de apoderarse del reino de su hermana. Clemente VI la protege desde Aviñón y la acoge en Provenza en 1348.

Estos desórdenes afectan a toda la península itálica. En Nápoles, entre 1342 y 1343 se produce el hundimiento de grandes compañías comerciales y bancarias norteñas, comenzadas con el asalto a las sucursales locales de los depositantes intranquilos por las noticias que llegaban de Flandes y Florencia. La mayoría de esas entidades financieras quebraron entre 1342 y 1346. La economía florentina se resintió de forma notable.

Años antes, san Bernardo de Claraval (1090-1153), el *coach* de referencia y hombre de confianza de casi cualquier poderoso en la Europa de siglo XII, recomendaba prudencia y austeridad, pronto olvidadas: «¿Con qué derecho malgastáis nuestra herencia en objetos de vanidad? Vuestros palafrenes van cargados de joyas, mientras que nosotros no tenemos con qué cubrir nuestros pies desnudos. Los cuellos de vuestras mulas se doblan bajo el peso de costosos adornos, mientras que vuestros hermanos no pueden ni siquiera encontrar harapos suficientes para orientar el frío. Esto es lo que dicen los pobres dentro de sus corazones a Dios, pues no se atreven todavía a decíroslo abiertamente a vosotros, de quienes dependen para lo más necesario de la vida. Pero llegará el día en que ellos 'se levantarán con gran energía contra los que les han afligido y arrebatado el fruto de su trabajo' (Sap., 5, 1); y con ellos estará el padre de los huérfanos y el protector de las viudas, pues es él quien ha dicho: 'Puesto que no se lo hicisteis a uno de esos humildes hermanos míos no me lo hicisteis a mí' (Mt., 25, 45)». Proporciono detallada información sobre san Bernardo en *2.000 años liderando equipos* (Kolima, 2020). Dos son los centros comerciales del renacimiento económico. Por un lado Italia, que vive una época de esplendor en diferentes industrias, desde la textil hasta la alimentaria –las ansiadas especias–, espoleada por el comercio del Mediterráneo, que se reactiva. Por otro lado Flandes, que apuesta por industrias como la textil o la maderera. La creación de la Liga Hanseática en torno al siglo XII, inspirada por los gremios de ciudades-Estado como Lübeck o Hamburgo –que hoy conserva ese estatus– para ganar privilegios comerciales y seguridad en la región del Báltico es un ejemplo de esa pujanza. El crecimiento económico, como siempre vinculado al comercio, con ferias como la de Troyes, en Francia, bosqueja con precisión un eje entre Venecia y Brujas y perfila la aparición de lo que será el capitalismo.

Alborea el Renacimiento, aunque aún no se le llame así. El cambio afecta a la manera de pensar. Surge de nuevo la ambición, pero también su enfermedad, la codicia. Escribe Juan Varela-Portas de Orduña, de la Universidad Complutense de Madrid, en «¿Por qué Dante y su influencia, setecientos años después?»: «Dante está diseccionando, por primera vez en la historia, cómo funciona el deseo en el Estado capitalista (que nace en Florencia y las otras ciudades comerciales de la Toscana justo en este período), en el cual las cosas y los seres pierden en la (sub)conciencia del ser humano su naturaleza de seres y de cosas y se vuelven mercancías, impidiéndole o dificultándole en grado sumo la percepción cabal de su valor de uso (su *utilitas* para la vida individual y colectiva), ahogado por su valor mercantil monetario».

Otro engranaje del cambio de mentalidad, de la progresiva conciencia de individuo que se emancipa del estado de las cosas sin darlas por hechas es el de las revueltas campesinas y urbanas en el siglo XIV. La más famosa es la

Jacquerie, entre mayo y junio de 1358, en Francia. Sus orígenes, además de catalizadores históricos tradicionales como
las malas cosechas, los estragos de la peste o un clima ad-
verso, hay que buscarlos en las desmesuradas subidas de impuestos para abonar los desastres militares de Francia. Fue
una medida aprobada por una nobleza derrotada continuamente en el campo de batalla y que no sufría cargas fiscales.
La rebelión fue yugulada con decenas de miles de muertos y
una represión brutal que tendría ecos y que bien puede ser
contemplada, al igual que las aludidas reformas de los Graco, como parte de la lucha de clases. Jean Froissart cuenta en
sus *Crónicas* el estallido, que trata de forma parcial: «Muchos aldeanos se reunieron y declararon que todos los nobles
del reino eran traidores merecedores de la muerte. Con pa-
los y cuchillos iban a la propiedad del caballero más cercano
y lo asesinaban junto a su mujer y sus hijos y destruían la
casa. Esa chusma miserable, unos 6.000 serían, saqueaba e
incendiaba, asesinaba a los nobles y violaba a las damas y
doncellas...».

A estas convulsiones hay que sumar los movimientos
heréticos que responden también a una etapa de transición
económica. Las desigualdades sociales, así como las plagas
y la preponderancia de las ciudades con respecto al campo,
influyeron en estos terremotos sociales de tintes apocalípti-
cos. Un ejemplo se encuentra en las herejías que surgieron
en el movimiento franciscano, algunos de cuyos seguidores
asumieron al pie de la letra las teorías de Joaquín de Fiore,
que había profetizado una nueva y final era del Espíritu Santo a partir del 1260. Algunos franciscanos se sintieron elegidos por Dios para predicar el fin del mundo y de la Iglesia.
La más famosas de estas herejías es la de los dulcinianos o
Fraticelli apostolici, que, siguiendo al peculiar fray Dulcino,
pretendían un Paraíso en la Tierra, promoviendo la igualdad
entre los hombres, la oposición a las formas feudales y a la

Iglesia, e incluso la libertad sexual, además de un salvaje antisemitismo.

En contra del tópico, las filas de estos movimientos tan contradictorios e invertebrados, y a menudo violentos, no solo las nutría el campesinado más miserable, sino también una población urbana que había acabado en la pobreza por no adaptarse a las transformaciones tecnológicos o no integrarse en los gremios. Un grupo heterogéneo, impulsado por el rencor y una anómala forma de esperanza, en el que se daban cita frailes ejemplares y místicos tronados, ciudadanos honestos y campesinos desarraigados y granujas dispuestos a buscar follón y quizá fortuna.

Norman Cohn, en su ensayo *En pos del milenio*, contempla en estos movimientos enemigos de toda forma de comercio un presagio de lo que será el socialismo a partir del siglo XIX. En cualquier caso ejemplifican la existencia de una honda mutación social que llegará hasta nuestros días: «Lo que Marx aportó al movimiento comunista no fue el fruto de sus largos años de estudio en los campos de la economía y la sociología, sino una fantasía casi apocalíptica que, siendo joven, casi imperceptible y seguramente de forma inconsciente, asimiló de un gran número de oscuros escritores y periodistas: el capitalismo como un perfecto infierno en el que un número cada vez menor de hombres enormemente ricos explotaban y tiranizaban a un número cada vez mayor de trabajadores pauperizados; como reino monstruoso cuyos amos eran tan crueles e hipócritas como el Anticristo; como Babilonia a punto de ser hundida en un mar de sangre y fuego que dejaría el camino libre para la llegada del Milenio igualitario (...). Al secularizar esta visión, incorporándola en una filosofía global de la historia, Marx aseguró su pervivencia hasta el siglo presente, si bien es cierto que en circunstancias claramente diferentes de las que él esperaba».

El ímpetu económico de las ciudades, que tan bien conocerá Dante, incluye, en una clara forma precapitalista, la evolución de los gremios. Suponen una reacción ante un nuevo mundo: regular la competencia y servir de freno al capitalismo. Esas corporaciones fijaban la producción, además de los salarios o la formación de los aprendices. Su esquema todavía se mantiene en no pocos oficios, como la albañilería, heredera de las agrupaciones de alarifes: maestro, oficial y aprendiz.

Ahí queda el vínculo entre los gremios y las catedrales góticas, que requerían un buen número de profesionales –albañiles, carpinteros, banqueros, etc.– para llegar a buen fin. En no pocas vidrieras, como en Chartres, quedan representadas las asociaciones. De carácter obligatorio en las ciudades, con un notable poder que anticipa lo que hoy conocemos como burguesía, los gremios pueden ser juzgados como una forma de sindicato o cooperativa, acaso como un intento más, deudor del pensamiento feudal, de regular la vida y el comercio, dada una demanda poco o nada elástica e incluso un afán religioso por establecer un precio justo.

Según Siro Villas, de la Universidad de Málaga, en su artículo «Los gremios: estructura y dinámica de un modelo gremial»: «El capital fijo era de escasísima cuantía (estando formado por las herramientas de trabajo, que en buena parte estaban fabricadas por el propio artesano) y la producción del taller dependía exclusivamente de la demanda (dada la imposibilidad económica de almacenar el producto), por lo cual las necesidades financieras se limitaban a lo preciso para adquirir la materia prima, pagar el salario de los oficiales y mantener la familia del maestro. Como a pesar de ello la carencia de capitales constituía un problema general, fue para afrontar esta cuestión para lo que apareció una primera función económica de la corporación, que podía adquirir materia prima en mayores cantidades, obteniendo precios más ventajosos, para distribuirla posteriormente en función de las necesidades de los talleres, e incluso demorar el cobro hasta que los maestros hiciesen su trabajo y les fuese pagado».

La consolidación de las ciudades-Estado en Italia, así como de otros reinos o principados en el norte de Europa, permitió una moneda más estable para los intercambios comerciales. Y para abonar los impuestos que debían mantener, por ejemplo, los ejércitos. Las monedas se acuñaban con metales como el oro y la plata y se devaluaban cuando era necesario. Además se robusteció una mayor seguridad jurídica, con tribunales aparentemente más imparciales, a lo que debe sumarse una legislación urbana que, en particular al definir la fiscalidad, giraba en torno al comercio.

El progreso hacia el capitalismo no fue lineal y constante, sino que experimentó obstáculos y retrocesos. Entre otros las plagas de peste, que, en el siglo XIV y en apenas 10 atroces años, mató nada menos que a 23.840.000 de europeos. Narra Julio A. Pérez Celada, de la Universidad de Burgos, en «La transición de la Edad Media a la Edad moderna: una perspectiva estructural»: «La economía urbana tropezó con graves obstáculos para su reproducción, ya que el medio fundamental para la circulación mercantil, la moneda, experimentó una carestía generalizada que afectó gravemente a la banca y el comercio. En la minería, al igual que había sucedido en la agricultura, se había alcanzado un límite de carácter tecnológico que hacía inviable o extremadamente costosa la explotación de los pozos más profundos o el refino de los minerales menos puros. Así, las principales minas europeas quedaron paralizadas o con la producción sumida en la atonía. La escasez de metal amonedable provocó reiteradas devaluaciones del numerario por parte de las monarquías, que habían de hacer frente a grandes gastos militares durante este periodo de crisis, lo que determinó graves desarreglos económicos a escala continental. En estos tiempos se producirá un efecto de tijera entre los precios de los productos de primera necesidad y los de las manufacturas urbanas y los bienes caros producidos para los señores. Mientras aquellos sufrieron un desplome paulatino a partir de 1320, tanto por efecto de la inseguridad generada por las alteraciones monetarias como por el abusivo drenaje fiscal y, sobre todo, por la contracción demográfica, estos, cuyo destinatario más significado era una nobleza que se erigía en demandante de los mismos como medio ineludible para hacer manifiesta su preeminencia –por lo que tal demanda tenía un carácter inelástico–, aumentaron sus precios, aparte de por los envilecimientos del numerario, por el incremento de los salarios en un contexto de escasez de mano de obra».

Una mejora en las retribuciones estrechamente vinculada con el fin de la servidumbre y que confirma Georges D'Avenel, en «*Paysans et ouvriers depuis sept cents ans*»: «De San Luis a Juan el Bueno (1226-1350), la población no cesó de progresar. La falta de brazos tuvo mucha influencia en la abolición de la servidumbre y la liberación ayudó a multiplicar los hombres. De una fecha a otra los precios de las mercancías y el nivel de los salarios aumentaron paralelamente».

La paulatina aparición de una clase burguesa, emancipada de la nobleza y el clero, inicia una metamorfosis que tardará siglos en consolidarse. Lo que Bloch, en la obra citada, denomina la «segunda etapa feudal», ofrece pistas del futuro. En especial en la creación de los Estados nación, vinculados a lo que en la actualidad llamaríamos la clase media. Según el autor francés, el burgués «se procura sus medios de vida con la diferencia entre el precio de compra y el de venta, o entre el capital prestado y el valor del reembolso. Y como la legitimidad de este provecho intermediario, al no tratarse de un simple salario de obrero o de transportista, es negado por los teólogos, y como los medios caballerescos no entienden bien su naturaleza, su código de conducta se encuentra así en antagonismo flagrante con la moral ambiente. Porque busca poder especular con los terrenos, las trabas señoriales sobre sus bienes le resultan insoportables. Porque siente la necesidad de tratar rápidamente sus negocios, y estos, al desarrollarse, no cesan de plantearle problemas jurídicos nuevos, las lentitudes, las complicaciones, el arcaísmo de las justicias tradicionales lo exasperan. La multiplicidad de dominaciones que dividen la misma ciudad choca como un obstáculo a la buena política de las transacciones y un insulto a la solidaridad de su clase. Las diversas inmunidades de que disfrutan sus vecinos de iglesia o de espada le parecen unos estorbos más para la libertad de sus ganancias. En los caminos que él frecuenta sin cesar aborrece con odio parecido las exacciones de los cobradores de peajes y los castillos en que se cimentan los señores que acometen a las caravanas. En una palabra, en las instituciones creadas por un mundo en el que apenas tenía un pequeño lugar, casi todo lo atormenta y contraría (...). Para escapar a las poco inteligentes sujeciones de las tiranías locales se ofrecía otro remedio, que, para no parecer tal vez sino un mal mayor, con la experiencia vino a afirmarse como lo más seguro: recurrir a los grandes gobiernos monárquicos o territoriales, guardianes del orden en vastos espacios y por el cuidado mismo de sus finanzas, interesados –como supieron entenderlo más y más– en la prosperidad de los ricos contribuyentes.

En la Edad Media, según cuenta Benedictow en su exhaustivo estudio *La peste negra*, los tripulantes de las naves afectadas hacían de todo para llegar a meta, porque además de salvar su vida se jugaban el cobro de sus salarios, que percibían en destino.

En ese mismo periodo (1346-1353), los libros de registro de las parroquias, que no eran obligatorios, servían para anotar los ingresos de los servicios sacerdotales. En el que se conserva del párroco de Givry se detalla el coste por familia y el abono correspondiente. A quienes no podían pagar se les realizaba el entierro de igual manera. La peste negra marcó una significativa reducción de la oferta de mano de obra que impulsó los salarios al alza. La situación fue tan compleja que no faltaron indigentes que se pusieron a trabajar como jornaleros para mantenerse con vida, ya que disminuyeron abismalmente las limosnas. Las rentas cayeron en picado mientras que los salarios reales alcanzaron altísimos niveles. Los comunistas, auténticos ñiquiñaques, dificultaron la realización de estudios sobre la demografía durante la peste negra y las posteriores epidemias pestilenciales, ya que consideraban que esos datos diferían de la ortodoxia marxista acerca de los acontecimientos históricos relevantes ocurridos en la Baja Edad Media. Por este motivo, tanto Marx como Engels o Lenin se equivocaron radicalmente en sus comentarios. El respeto a la verdad no ha sido el fuerte de los comunistoides.

La peste negra marcó también un movimiento poblacional en busca de mejores salarios. Se generó una migración laboral generalizada. La pandemia, al provocar un enorme déficit de mano de obra, impulsó la modernización económica tecnológica, social y administrativa. Se plasmó en los centros capitalistas del norte de Italia y también en Flandes en una cultura más secular y urbana asociada al Renacimiento. Fomentó la disolución de las estructuras y mentalidades económicas feudales y la aparición de una dinámica economía de mercado preponderantemente capitalista. Se mezcló una razonable obsesión por la muerte y la salvación con la fascinación por las oportunidades económicas y sociales, además de inducirse una secularización de la economía y del arte.

La aparición de un hombre presuntamente hecho a sí mismo, dispuesto para cualquier negocio, obligó a desarrollar, además de las monedas, nuevas formas de pago. Como explica Betsabé Caunedo del Potro, de la Universidad Autónoma de Madrid, en «El desarrollo del comercio medieval y su repercusión en las técnicas mercantiles. Ejemplos castellanos», a finales del siglo XV se empleaban en Castilla las letras de cambio –ideadas por los italianos en el siglo XIII–, billetes de obligación o títulos de crédito emitidos como deuda pública, o el dinero de libro, giros de cuenta a cuenta y otras formas de compensación mediante banqueros.

Nuevos formatos que según explica Jacques Le Goff en «Mercaderes y banqueros de la Edad Media» cambian por completo instituciones como la Iglesia, que, en contra de lo que suele suponerse, «acogió pronto al mercader y admitió rápidamente lo esencial de sus prácticas. Lejos de ser un obstáculo para el desarrollo del capitalismo, inclusive podemos preguntarnos si no lo sirvió involuntariamente con su hostilidad. La condena de la usura y de ciertas formas de préstamo con interés obligó a los mercaderes a perfeccionar métodos y recurrir a sutilezas. El desarrollo de la letra de cambio, pieza principal del auge de la clase mercantil, tiene origen en el deseo de obedecer a la Iglesia, al transformar una operación de crédito que ella reprueba en una operación de cambio que tolera».

La usura y el tipo de interés legal fue una cuestión cardinal en Italia al menos desde el s. XII. En Milán, en 1187, se estableció que el interés legal sobre el dinero prestado era el 15 %. Dos décadas después se redujo al 12 %. Para soslayar trabas, algunos prestatarios con urgencia de liquidez sortearon la normativa asumiendo la comercialización de sus tierras y la recompra en un plazo pactado por una cantidad superior. Santo Tomás de Aquino abordó la ética y el derecho del prestamista a percibir un interés. Dijese lo que dijese la doctrina, nada interrumpiría la usura cuando había necesidad de capital prestado y financieros dispuestos a facilitarlo.

Un autor anónimo del siglo XV formuló el dilema: «Quien practica la usura va al infierno, pero quien no la ejerce se encamina a la miseria».

Un mundo en evolución exige que, con mayor fluidez para el comercio y una mayor seguridad jurídica, ese empresario que no puede hacerlo todo por sí solo busque formas de asociación. Según Le Goff, «una forma fundamental de asociación fue el contrato de *commenda*, también llamado *societas maris* en Génova y *collegantia* en Venecia. En ella los contratantes se presentaban como asociados, en la medida en que había reparto de riesgos y beneficios; pero en lo demás sus relaciones eran las de prestamista y deudor. En el contrato de *commenda* pura y simple, un comanditario anticipa a un mercader errante el capital necesario para un viaje de negocios. Si hay pérdida, el prestamista corre con todo el peso financiero y el deudor no pierde otra cosa que su trabajo. Si hay ganancias, el prestamista, sin moverse de su domicilio, recobra su capital y recibe una parte de los beneficios, en general las tres cuartas partes de estos. En la *commenda* llamada específicamente *societas* o *collegantia*, el comanditario que no viaja anticipa los dos tercios del capital, en tanto que el deudor contribuye con el otro tercio y su trabajo. Si hay pérdidas se reparten proporcionalmente al capital invertido. Si hay ganancias se dividen a medias. En general, ese tipo de contrato se firmaba por un viaje. Podía especificar la naturaleza y el destino de la empresa a la vez que ciertas condiciones –por ejemplo, en qué moneda se pagarían los beneficios–, o bien dejar amplia libertad al deudor, quien con el tiempo fue ganando independencia».

Los bancos, que nacen como un gremio más, son indispensables para entender el cambio social. Los *bancheri* –nombre que deriva del lugar donde se sentaban para las transacciones– de Génova, con sus letras de cambio se asentaron como fuente de crédito, un modelo que se replicó a lo largo de toda Europa, en especial en el norte, como se puede apreciar en el famoso cuadro «El prestamista y su esposa», (1514) del flamenco Quentin Massys. Pese a precedentes como el de la Orden del Temple, que prestaba a los peregrinos que iban a Tierra Santa o a la nobleza, no es hasta el final de la Edad Media cuando se generalizan lo que hoy entendemos como banqueros. En algunos casos empezaron a formarse lentamente en torno a algunas familias, como los Medici en Florencia o los Fugger en Flandes.

Disponemos de bastante información sobre diversos aspectos de la gestión económica llevada a cabo por Julio II [Giuliano della Rovere, (1443-1513)]. Para su ceremonia de coronación empleó entre 50 y 60 mil ducados. El ducado del siglo XVI era equivalente, en la mejor de las valoraciones, a 195 € actuales, teniendo en cuenta el precio del oro en 2025: aproximadamente 54 € por gramo de 22 K. Estaríamos hablando de una inversión en torno a los 10 millones de euros. Suena colosal, algo superior a lo aplicado por otros monarcas renacentistas en esas circunstancias.

En cierta ocasión, el jefe de ceremonias de la Santa Sede le recriminó que hubiese encargado una nueva y costosísima tiara al afamado orfebre Cardoso Foppa. Julio II le habría respondido: «La he hecho construir para mí y no para ti. Me ha costado 200.000 ducados. La disfruto cuando me parece a mí y no cuando tú me indiques».

La cifra de casi 40 millones de euros parece excesiva. Quizá, como en múltiples ocasiones, a Julio II se le calentó la boca.

Los recursos del Estado procedían tanto del ámbito civil como del eclesiástico. La Iglesia aportaba a la Corona las tercias reales, es decir, la tercera parte de los diezmos que recaudaba, y el subsidio, impuesto sobre las rentas e ingresos eclesiásticos. La Corona se beneficiaba asimismo de los ingresos de las sedes vacantes y las tierras e ingresos de las órdenes militares que le fueron concedidas a perpetuidad en 1523 por Adriano VI y que pronto fueron cedidas a los banqueros como garantía de los copiosos préstamos. Otro gran impuesto era el de la cruzada, concedida por una bula pontificia que pagaban tanto laicos como clérigos al precio mínimo de 2 reales por bula. Proporcionó 150.000 ducados anuales. Suponían también un ingreso jugoso las alcabalas, impuesto sobre las ventas que en el siglo XVI constituía junto con las tercias reales un 90 % de los ingresos globales de la Corona.

Las concesiones votadas por las Cortes con el nombre de servicios eran un subsidio temporal para emergencia. La alcabala tenía la ventaja de ser un impuesto universal que afectaba a todos los estamentos, mientras que los servicios solo afectaban a los pecheros, quedando exentos nobles e hijosdalgo.

Para mejorar la balanza de pagos, el emperador impuso en 1538 la sisa, tasa sobre los artículos alimenticios que recaudaba anualmente 800.000 ducados. Afectaba tanto a pecheros como hidalgos. A pesar de todo, los gastos del Gobierno más que doblaban los ingresos. En 1534, por ejemplo, las entradas de la Corona fueron de 420.000 ducados y su presupuesto ¡de un millón! Esas malas costumbres las encontramos también en numerosos Gobiernos contemporáneos.

A aquel agobio se quiso poner remedio con el contingente de metales preciosos que llegaban de México y del Perú. En 1503 se creó en Sevilla la gran Casa de Contratación para ejercer supervisión sobre el comercio del Nuevo Mundo. En 1524, Carlos V permitió a los comerciantes extranjeros negociar con las Indias, pero sin establecerse en ellas. En 1526 se concedió a los súbditos de cualquier Estado del imperio el poder trasladarse a América.

En 1529 autorizó a 10 puertos castellanos mercadear directamente con las Indias, si bien al regreso todas las naos estaban obligadas a hacer escala forzosa en Sevilla para registrar su cargamento. Este decreto se convirtió casi desde el arranque en letra muerta y fue cancelado en 1573. La excesiva condescendencia del Gobierno era mirada con malos ojos por los españoles, que se sentían amenazados por la competencia extranjera. Por este motivo, en 1538 se prohibió la emigración de extranjeros a Indias, aunque muchos alcanzaban licencias subrepticias o lograban la ciudadanía castellana.

A partir de 1530 se concedió un monopolio a la Corona de Castilla con la primacía del puerto de Sevilla. Esa ciudad fue desde entonces la princesa del océano. La escasez de metales preciosos en Europa acrecentó la reputación del puerto andaluz. La población se dobló en 6 décadas, de 45.000 habitantes en 1530 a 90.000 en 1590. Como es obvio, junto a Sevilla se transformó todo el sur. Desde 1503 a 1660 pasaron por esa ciudad andaluza 16 millones de kilos de plata, casi el triple de las reservas europeas y 185.000 kilos de oro, cantidad que aumentaba en 1/5 la existencia de ese metal precioso en Europa

Espabilados mercaderes sevillanos sembraron cereales en el valle del Guadalquivir y también viñas y olivares para exportar al Nuevo Mundo y al norte de Europa. Además de por el resurgir agrario y textil, en Úbeda y Baeza fueron célebres las sederías granadinas, que gozaban de preferente demanda en Flandes, Francia e Italia. La mayor solicitud se centraba en la lana merina que iba a Flandes. En 1525 los rebaños de merinas sumaban 3,5 millones de reses y se exportaban variados productos industriales: cerámica, cuero repujado, seda, hojas toledanas, etc.

La reactivación mercantilista provocó un crecimiento de la población que constriñó a roturar con urgencia tierras de labor y erigir más industrias textiles. Las ventajas de la expansión agraria se deterioraron con la tasa sobre los precios del grano impuesta en 1539. La industria textil ante tanta demanda desmereció por su baja calidad y el gremio de tejedores manifestó su rechazo por las manufacturas realizadas en talleres domésticos con precipitación, también porque eran su directa competencia.

Ante la escasez de la mano de obra volvió a recurrirse a los indigentes. Se restableció la antigua Ley de vagos de 1387, que permitía a las autoridades locales proporcionar trabajo sin remuneración contractual a los vagabundos. La Ley de vagos de 1540 fue elogiada por el humanista Luis Vives, que en 1526 había formulado el veto a la mendicidad para reglamentar un tipo de caridad pública. Domingo de Soto, por el contrario, alegaba que limosnear era un derecho fundamental del que nadie puede ser desposeído. En cualquier caso, en 1540 la Ley de vagos quedó en letra muerta.

Los ociosos siguieron holgazaneando sin dar golpe mientras los precios se incrementaban. Cuando se quiso subsanar la insuficiente industria con la promoción de la agricultura sin contar con una suficiente organización agraria se tropezó con la escasez de aparceros. Conclusión: como la población crecía, los precios de los alimentos fundamentales se hicieron inasequibles para los menos pudientes.

Resulta relevante el texto escrito el 7 de febrero de 1525 por Juan Dantisco, embajador de Polonia en España. Aseguraba: «Nunca vi tan pobre a la Corte como ahora. Se reúnen dineros por medios nunca vistos y todo se envía al ejército de Italia». En aquel momento, en Valladolid la vida era más económica; en Madrid este embajador precisaba de grandes cantidades para mantener su casa. Informa al Gobierno polaco: «Ninguno de los criados que traje de Polonia quiere quedarse con el sueldo de allá y piden más ducados mensuales por estar aquí todo más caro y el doble de lo que antes en Valladolid y en Madrid. El verano pasado y en estos, no calores sino fuegos infernales, mi despensero gastaba 10 ducados en 3 días. En este otoño, con más abundancia de todo y mediante la venta de algunos caballos, con la misma cantidad tengo para 4 días. No sé cuánto durará».

La Taula de canvi fue una institución financiera surgida en el siglo XVI en distintas ciudades de la Corona de Aragón para complementar a la banca privada y financiar empresas comerciales y recibir depósitos. Puede ser calificado, con salvedades, como el primer banco público europeo. En el caso de España merece ser citado el caso de Simón Ruiz, sagaz mercader que acabaría como banquero de la nobleza y sobre todo del taciturno Felipe II y del que leemos, en la entrada del *Diccionario Biográfico de la Real Academia de la Historia*: «Sus primeros negocios se basaron en el comercio de lienzos de Nantes y mercancías de Bretaña y Aragón en las ferias más importantes de Castilla. Gracias a los grandes éxitos que lo acompañaron desde los comienzos de su actividad se convirtió en un hombre de considerable fortuna, circunstancia que le permitió iniciar una segunda etapa en su trayectoria profesional orientada al comercio del dinero. Ejerció también de hombre de finanzas interesado en el cambio de diferentes monedas y otras actividades de carácter dinerario, muchas de ellas relacionadas con préstamos a la Corona».

Ese entorno de profesionales nuevos se refleja en una de las obras más conocidas de William Shakespeare, *El mercader de Venecia* (1600), parcialmente basada, entre otros textos, en una de las historias de *Il Pecorone* (1378), escritas por Giovanni Fiorentino. Bassiano, noble endeudado y sin apenas recursos, precisa 3.000 ducados para cortejar a Porcia, rica heredera. Solicita un préstamo al judío Shylock, contando como fiador con su amigo Antonio, un marchante cuyo capital está empleado en sus barcos, que se hallan en misión comercial en las Indias, Trípoli o Inglaterra. Shylock acepta y solo pone como condición que, en el caso de que no se produzca el pago, sea retribuido con una libra de carne de Antonio. Llega noticia de que los navíos de Antonio se han hundido y la trama desemboca en un memorable juicio ante el *dux* de Venencia. Shylock pretende hacer valer sus derechos. Cabe citar el célebre monólogo de este ante Salarino, muestra de la ambigüedad e inteligencia de Shakespeare, que deja al lector la decisión de darle o no la razón. El texto puede ser leído como un alegato tanto en contra de la intolerancia como a su favor: «Él me ha deshonrado, me ha impedido ganar medio millón, se ha reído de mis pérdidas y burlado de mis ganancias; ha afrentado a mi nación, dificultado mis negocios, desalentado a mis amigos, azuzado a mis enemigos. Y ¿por qué razón? Porque soy judío. Un judío, ¿no tiene ojos, no tiene manos, órganos, dimensiones, sentidos, afectos, pasiones? ¿No se alimenta de lo mismo? ¿No lo hieren iguales armas? ¿Acaso no sufre de iguales males? ¿No se cura con iguales medios? ¿No tiene calor y frío en verano e invierno como los cristianos? Si nos pinchan, ¿no sangramos? Si nos hacen cosquillas, ¿no reímos? Si nos envenenan, ¿no morimos? Y si nos ofenden, ¿no nos vengaremos? ¡Si en todo somos semejantes, también lo seremos en esto! Si un judío ofende a un cristiano, ¿qué es lo que hará este? ¡Vengarse! Si un cristiano ofende a un judío, ¿qué es lo que debería hacer siguiendo el ejemplo cristiano? ¡La venganza, la villanía que me enseñaron yo la voy a ejecutar, y malo sería que no supere al instructor!».

Pese a que las formas de la economía ya son en esencia capitalistas, no existía, al menos nominalmente –aunque obviamente lo hacía necesariamente en las transacciones comerciales de cualquier puerto mediterráneo, desde Cádiz a Trípoli–, una ley de la oferta y la demanda, entre otras razones por el papel de los gremios.

¿Cómo se decidían los salarios? Un ejemplo lo hallamos en la industria murciana de la pañería durante la Baja Edad Media. Hablamos de una región no muy rica, pero dinámica, abierta al Mediterráneo, donde los prestamistas semitas realizaron una labor intensa hasta su expulsión en 1492. En ese momento, los genoveses –cuyos apellidos aún hoy se replican en la zona– pasaron a ser quienes movían el dinero en la región.

Aunque la legislación de Castilla había tratado de poner coto a las regulaciones de los gremios desde el reinado de Alfonso X, los concejos disponían de capacidad para decidir los precios, lo que suponía que también se fijaban los salarios según esas cantidades, tratando de encontrar un equilibrio justo. En el caso de Murcia, las distintas corporaciones relacionadas con la pañería negociaban con tenacidad –a veces individualmente– con el Consejo de la ciudad para pactar unos precios satisfactorios. Llegado el caso presionaban con la amenaza de abandonar su actividad si no se atendía a sus demandas.

El Consejo, por su parte, pretendía unos costes justos tanto para los consumidores como para los productores, en ese equilibrio tal vez utópico que siempre busca toda regulación y que, cuando tiende al exceso, aboca al fracaso. Dada la imperfección del modelo, las negociaciones en este caso concreto eran constantes. Leemos a Mauro Fazzini, de la Universidad de Buenos Aires, en su artículo «¿Cómo se fijan los precios y salarios? Poderes locales y gremios del textil en Murcia (1440-1500)»: «A contramano de lo señalado por buena parte del hispanismo, las autoridades locales tienden a perseguir el consenso de los gremios a la hora de tasar sus actividades. El acuerdo de las corporaciones con las tasas concejiles debe ser explicitado públicamente. Así lo procuran las autoridades locales a la hora de pregonar los importes establecidos para cada actividad. A la vez hemos demostrado que en numerosas ocasiones los colectivos artesanales son convocados para que participen de la tasación de sus actividades. De esta manera, si bien el objetivo último del Concejo es garantizar el consumo de los habitantes de la ciudad, se busca lograr cierto equilibrio con el interés de los productores (...). Se verifica que en diversas ocasiones son las corporaciones artesanales las que toman la iniciativa y demandan al Concejo nuevos valores al considerar que los vigentes no resultan satisfactorios. Es usual que presionen a las autoridades concejiles amenazando con abandonar los oficios en caso de no obtener una respuesta positiva. Por lo general, las autoridades locales conceden los aumentos solicitados. Sin embargo, se muestran implacables en las ocasiones en que los artesanos proceden de manera unilateral».

En este contexto encontramos que el jornal diario de un hilador de seda en 1474 y en la región de Murcia es de 45 maravedíes, según podemos comprobar en la edición de *Documentos relativos a los oficios artesanales en la Baja Edad Media*, recopilada por María Martínez para la Real Academia Alfonso X el Sabio: «*Por esta razón, los dichos señores conçejo, por remediar en ello, ordenaron e mandaron que de aqui adelante los fíladores de la dicha seda no la filen por libras, saluo a jornal; e que lleue cada filador de la dicha seda quarenta e ginco marauedis cada dia, e que destos pague el filador su jornal al menador; e que el señor de la seda gouierne cada dia al filador e menador, e que comiençen a fazer obra a la canpana de prima e se dexen de obra quando tanga el Ave María*».

Para estimar esos salarios con respecto al coste de la vida, hallamos, en 1468 y en la obra antes citada, el monto fijado para unos zapatos. Debemos tener en cuenta el aumento de precios por la devaluación del maravedí y la obligada correlación entre precios y salarios que explica por qué los gremios, en el momento en que la realidad se imponía a las intenciones, se pasaban el tiempo tratando de negociar con los consejos para subir los precios:

«Primeramente, que se venda el par de çapatos negros para muger, cerrados, diez e syete maraudies de dos blancas.

Yten, que se venda el par de los çapatos colorados para muger diezyocho marauedis.

E sy fueren de lazo para muger, que sean negros, diezeocho marauedis.

Un par de borzeguis, de qualquíer color que sean, çient marauedis.

Un par de chapines, todos de cordeuan, para onbre, quarenta e cinco maraudeis.

Un par el çapatos para onbre, veynte e çinco marauedís».

Los salarios tampoco eran altos en ciertos oficios, como en el servicio doméstico. Lo desgrana Ángel Luis Molina en «La vida en Murcia a finales de la Edad Media»: «Los documentos conservados de este tipo son solo 5 y corresponden uno a 1501 y los restantes a 1504. De ellos 2 se refieren al servicio doméstico, en los que se pone a 2 niñas a servir, especificando que transcurridos 8 y 13 años respectivamente deben percibir 3.000 maravedíes en dinero, ropas, joyas y preseas de casa (...). Tres son de aprendizaje y se refieren a los oficios de pintor, imaginero-carpintero y sastre, en los documentos se indica que al terminar el tiempo estipulado el maestro se compromete a 'vestirlo de nuevo', y en el de aprendiz de sastre se incluyen además 'unas tijeras para el dicho oficio'».

Esta ordenación de precios y salarios no era exclusiva de España. En Florencia, según leemos en «Sobre la burguesía y el florecimiento urbano en la plena Edad Media (siglos XI-XIII)», escrito por Reyna Pastor, de la Universidad Complutense de Madrid, verificamos que, como hemos avanzado, eran los gremios y no los concejos los que dictaban las condiciones laborales: «Las artes y las guildas se dieron ya en el siglo XII, estatutos que servían para ordenar su actividad y sus jerarquías. Conservamos muchos de estos estatutos de las ciudades italianas. Estas corporaciones ejercían varios controles sobre el oficio, control sobre la calidad del producto, la cantidad y control de precios (...). En Florencia, por ejemplo, para lograr ser maestro de un arte había que realizar un *cappo laboro*, es decir, una obra de gran perfección y categoría. Finalmente, también controlaban el número de aprendices y de oficiales que podían estar corporativizados y sus salarios. Es verdad que los gremios grandes podían ejercer un fuerte control sobre el oficio en las ciudades y que los maestros del oficio eran los que estaban al frente de esta especie de monopolio».

Las revueltas están intrínsecamente relacionadas con la aparición del proletariado urbano, asegura Pastor: «Ante la rigidez de las corporaciones surgió también rápidamente una capa de trabajadores urbanos que prestaban servicios en las artesanías, pero a quienes no les era permitido incorporarse a las corporaciones ni recibir sus beneficios y su protección (...), es decir, una plebe urbana, que tenía una condición inferior al asalariado de hoy, que no podía asociarse, ni pedir por su salario (...). A estos se les llamaba en Italia de diversas maneras según las ciudades: *ciompi* en Florencia, *sensabracchi* en Bolonia, *staccione* en Lucca, 'uñas azules' en las ciudades pañeras flamencas».

Otro inconveniente de la regulación era la necesidad de endeudarse para mantener la actividad. Pastor, de nuevo: «Aun los maestros, y principalmente ellos, solían estar faltos de capitales y endeudados con sus proveedores de materias primas para su 'arte', con los banqueros o con los mercaderes (que solían ser los mismos o estar emparentados). También podían estar endeudados con los judíos prestamistas o con la misma Iglesia que, aunque condenaba la usura, solía practicar el préstamo a interés».

Un nuevo ejemplo de retribuciones en España lo hallamos en el artículo «El ordenamiento de precios y salarios de Juan II en 1442», escrito por Tomás Puñal, de la Universidad de Extremadura. Con motivo de la devaluación de la moneda, ofrece un pormenorizado índice de costes y pagas. Dado que el artesano rara vez suele tener a nadie a su cargo, son en la práctica equivalentes. En cuanto al trabajo de los plateros: «Por labrar cada marco de plata blanca llana en plateles y platos y tazas y cucharas y escudillas y otros semejantes con sus menguas, 30 maravedís, tanto que las menguas sean de plata marcada. Por labrar cada marco de plata blanca llana de jarros y jarras y servillas y picheles y otros semejantes, 55 maravedís».

Por lo que hace referencia a los herreros: «Una herradura hechiza talla alta para caballo mayor, al herrero que la hiciere, 3 maravedís y al herrador por clavos y echarla, 2 maravedís, que son 5 maravedís».

Existe una leve correlación de los precios con los sueldos, si bien el coste de la vida es en cualquier caso alto, tal y como se aprecia al comparar los sueldos con esta detalladísima muestra sobre el calzado:

«Cada par de valvas de badanas, 21 maravedís.
Cada par de zapatos de cordobán para mujer, 8 maravedís.
Cada par de zapatos de cordobán para mozos de 8 años hasta 14 años, 6 maravedís.
Cada par de zuecos de valdrás para mujer, 10 maravedís.
Cada par de zuecos de cordobán para mozas de ocho hasta 14 años, 12 maravedís.
Zapatos de valdrés para mozas de 7 hasta 12 años, 7 maravedís».

Una última muestra sobre los salarios, algo más tardía, ofrecida por José Damián González Arce, de la Universidad de Murcia, en «Trabajar para el príncipe. Los salarios de los servidores de la casa del príncipe de Asturias y Gerona (Juan de Aragón y Castilla, 1478-1497)»: «Los mejor remunerados gozaron de sueldos alrededor de los 9.000 mrs., como los catarriberas y el platero, o los 8.000, como el panadero; todavía por encima de esas cantidades estuvieron el barbero, el zapatero y el bordador. En un segundo nivel se encontraron otros que percibieron en torno a los 4.000 mrs. o menos. Por salario y consideración, los oficios inferiores de la casa; caso de los mozos de espuela y ballesta, los de capilla, el albéitar o herrador, el brasero y los barrenderos. Con estos 4.000 mrs., que más o menos recibieron los sirvientes peor pagados, apenas se podían costear las libreas que algunos de ellos recibieron para servir al heredero, y en algún caso ni siquiera podrían haber aspirado a pagar las golosinas que este consumía en un año en forma de azúcar rosada, en la que en más de una anualidad se gastaron por encima de los citados 4.000 mrs. Si estos son los salarios de algunos de los trabajadores mejor remunerados del reino, que apenas pudieron aspirar con sus emolumentos a la enésima parte del gasto hecho para la sola persona del heredero, mucho peor lo tuvieron los restantes trabajadores del país. Así, por ejemplo, hacia 1478, año de nacimiento del príncipe Juan, un maestro albañil en Murcia cobraba un jornal de 35 mrs. diarios, con un horario laboral desde el amanecer (campana de prima) hasta la noche (tras el Avemaría), lo que multiplicado por 365 hace un total de 12.775 mrs. anuales; si a estos descontamos aproximadamente 1/3, los días del año no trabajados por ser festivos, quedan unos 8.500 mrs., lo que lo sitúa a la altura de los asalariados cortesanos mejor remunerados, y en torno al doble de los peor, pero, a diferencia de estos últimos, el albañil murciano no contaba con raciones, ayudas de costa ocasionales ni alojamiento como los cortesanos, y su oficio era de mayor complejidad técnica y exigencia física que el de estos».

La Baja Edad Media, donde el Imperio romano o la Grecia de Pericles son tan solo recuerdos y fantasmagorías que alimentarán los ideales renacentistas, es una etapa que no debe despacharse con clichés. Al comienzo de *El otoño de la Edad Media*», Johan Huizinga, tomando como paradigmas los Países Bajos y la Borgoña, habla sobre la mentalidad del final de ese periodo y la riqueza de una sociedad a la que es injusto y necio desdeñar: «Cuando el mundo era medio milenio más joven, tenían todos los sucesos formas externas mucho más pronunciadas que ahora. Entre el dolor y la alegría, entre la desgracia y la dicha, parecía la distancia mayor de lo que nos parece a nosotros. Todas las experiencias de la vida conservaban ese grado de espontaneidad y ese carácter absoluto que la alegría y el dolor tienen aún hoy en el espíritu del niño. Todo acontecimiento, todo acto, estaba rodeado de precisas y expresivas formas, estaba inserto en un estilo vital rígido, pero elevado. Las grandes contingencias de la vida —el nacimiento, el matrimonio, la muerte— tomaban con el sacramento respectivo el brillo de un misterio divino. Pero también los pequeños sucesos —un viaje, un trabajo, una visita— iban acompañados de 1.000 bendiciones, ceremonias, sentencias y formalidades».

Y añade: «Para la miseria y la necesidad había menos lenitivos que ahora. Resultaban pues más opresivas y dolorosas. El contraste entre la enfermedad y la salud era más señalado. El frío cortante y las noches pavorosas del invierno eran un mal mucho más grave. El honor y la riqueza eran gozados con más fruición y avidez, porque se distinguían con más intensidad que ahora de la lastimosa pobreza (...). Todas las clases, todos los órdenes, todos los oficios podían reconocerse por su traje. Los grandes señores no se ponían jamás en movimiento sin un pomposo despliegue de armas y libreas, infundiendo respeto y envidia. La administración de la justicia, la venta de mercancías, las bodas y los entierros, todo se anunciaba ruidosamente por medio de cortejos, gritos, lamentaciones y música. El enamorado llevaba la cifra de su dama; el compañero de armas o de religión, el signo de su hermandad; el súbdito, los colores y las armas de su señor. El mismo contraste y la misma policromía imperaban en el aspecto externo de la ciudad y del campo (...). Eran las iglesias las que dominaban con sus eminentes masas pétreas la silueta de la ciudad. Así como el contraste del verano y el invierno era entonces más fuerte que en nuestra vida actual, lo era también la diferencia entre la luz y la oscuridad, el silencio y el ruido. La ciudad moderna apenas conoce la oscuridad profunda y el silencio absoluto, el efecto que hace una sola antorcha o una aislada voz lejana. Por virtud de este universal contraste, de esas formas multicolores, con que todo se imponía al espíritu emergía de la vida diaria un incentivo, una sugestión apasionante, que se revela en los fluctuantes sentimientos de ruda turbulencia y áspera crueldad, pero también íntima emoción, entre los cuales oscila en la Edad Media la vida urbana. Había un sonido que dominaba una y otra vez el rumor de la vida cotidiana y que, por múltiple que fuese, no era nunca confuso y lo elevaba todo pasajeramente a una esfera de orden y armonía: las campanas. Las campanas eran en la vida diaria como unos buenos espíritus monitorios que anunciaban con su voz familiar ya el duelo, ya la alegría, ya el reposo, ya la agitación; que ya convocaban, ya exhortaban».

Más allá de las particularidades de cada lugar y de las herencias regulatorias de lo feudal, en la Baja Edad Media se establecen las bases para una economía más libre y dinámica, que dará paso a unos sueldos mejor definidos por la oferta y la demanda. El moderno mercader que va a jugarse todo por una empresa incierta es una realidad. Antes de entrar en el mundo moderno, en un incipiente capitalismo que, como veremos, no dejará de mutar, recordemos las palabras de Jacques Le Goff sobre el nuevo hombre que ha surgido de la no tan tenebrosa Edad Media, a la que debemos una mirada más desprejuiciada, pues en ella se encuentran las profundas raíces de nuestra sociedad: «Ahí, en ese escenario urbano que ha llegado hasta nosotros, es donde tenemos que representarnos al gran mercader de la Edad Media. Despidámonos de él viéndole atravesar una plaza de Florencia en el célebre fresco de la capilla Brancacci. Vestido con suntuosidad se adelanta orgullosamente entre el monumental decorado de la Florencia del *Quattrocento* que tanto le debe y el edificante grupo de san Pedro curando a Tabitha. Ahí es donde tenemos que saludarlo por última vez, entre su gloria y su vanidad».

Unos últimos apuntes. Los Reyes Católicos unificaron la moneda en Castilla, objetivo harto complejo debido a la circulación de diversos numerarios como el florín de los Países Bajos o el ducado italiano. Resultaba infrecuente, por lo demás, el pago en moneda. Muchas transacciones se realizaban por trueque con productos como el paño o el trigo. En Castilla, la moneda más habitual era el maravedí. En Aragón, la pieza conocida como dinero. Estas monedas podrían ser de vellón, es decir, cobre, plata u oro. En Castilla circulaban piezas de rango inferior al maravedí, como la blanca, el ochavo y el cuarto, o de valor superior como el real de plata, que equivalía a 34 maravedís. Un escudo se cambiaba por 350 maravedís y un ducado por 375. Disponer de un doblón suponía estar en posesión de 700 maravedís. De esta época hemos heredado expresiones como estar sin blanca o no tener un chavo.

¿Cuánto valía un maravedí si lo comparamos con los euros? No es sencillo aclararlo a causa de las diferencias económicas entre una época y otra, sin soslayar la inflación. Un maravedí equivalía a unos 20 o 30 céntimos de euro en la España de 2025. Como es obvio, algunos productos de primera necesidad eran más baratos que cuando se escriben estas líneas mientras otros se disparaban.

Conocemos documentalmente el salario de determinados oficios a mediados del siglo XVI. Un peón de albañil recibía 50 maravedís diarios. Al cambio unos 15 €. Apenas daban para vivir teniendo en cuenta que solo se cobraban los días laborables y se multiplicaban los festivos. Un maestro albañil doblaba esta cantidad, conformando un sueldo que se juzgaba pasable. Un portero de la Cancillería de Valladolid percibía 20.000 maravedís anualmente, algo más de 5.000 €. Esa cifra se incrementaba notabilísimamente cuando se ascendía. Así, el presidente de la Cancillería de la ciudad del Pisuerga cobraba 600.000 maravedís al año, unos 150.000 €.

En 1546, el marqués de Mondéjar, presidente del Consejo de Indias, se embolsaba 1.200.000 maravedís en el mismo periodo, cantidad cercana al medio millón de euros. Un obispado de pequeñas dimensiones, como el de Tui, rentaba cada 12 meses 1.500.000 maravedís, mientras que el arzobispado de Toledo, el más rico de Castilla, se disparaba a los 100.000.000 anuales, unos 25.000.000 de euros. Las rentas anuales de la alta nobleza se cifraban en torno a 37.000.000 de maravedís. Es conveniente detallar que 1.000.000 de maravedís se consideraba una pequeña fortuna.

Un cirujano asentado en la isla de La Española ganaba unos 300.00 maravedís anuales, poco menos de 10.000 €, mientras que un boticario cobraba 20.000 €. Un capitán de infantería recibía 50.000 maravedís al año, unos 12.000 € actuales. Tiziano, al servicio de Carlos V y de Felipe II recibió 75.000 maravedís anuales por sus encargos, casi 20.000 €.

Por un kilo de pan había que desembolsar 10 maravedís, 203 €. Por medio kilo de cordero se abonaban 17 maravedís unos 405 €. Un libro de leche costaba 9 maravedís, unos 2 €. Carlos V adquirió un caballo por el precio de 28.375 maravedís, unos 7.500€. El presupuesto de la Casa Real ascendía a 135.750.000 maravedís, unos 34.000.000 de euros. En esa cifra quedaban englobadas las Casas de Carlos V, doña Juana, Felipe II, la princesa María Manuela, junto a las infantas María y Juana.

El descubrimiento de América

Muy interesantes fueron las políticas retributivas en la llegada de los españoles a América. He tratado de ellas en *El encuentro de cuatro imperios. El management de españoles, aztecas, incas y mayas* (Kolima, 2022). Sigo ahora, en algunos detalles, a Esteban Mira en su obra *Hernán Cortés: una biografía para el siglo XXI*. Empiezo por mencionar que los de Cortés, llegados a la capital, Tenochtitlan, decidieron no tocar nada del tesoro oculto por Moctezuma por ellos descubierto. Para que el *tlatoani* (el máximo responsable azteca) no se enterase repararon las paredes. Más adelante se apropiaron del impresionante caudal, reduciéndolo a lingotes antes de la salida en la Noche Triste, para facilitar su transporte.

Según fray Bernardino de Sahagún, en el palacio del tlatoani había una sala entera dedicada a ricos plumajes que fueron fragmentados para extraer las piezas de metales preciosos. La mayor parte de la riqueza fue abandonada por los españoles en la precipitada huida de la Noche Triste. Retomada la ciudad, Cuauhtemoc fue torturado para que confesase dónde lo había escondido. Se le suspendió el castigo momentáneamente cuando declaró que lo había arrojado a la laguna. Mentía para salvar el gaznate: no existía tal fortuna, pues la había dilapidado en tratar de conseguir adhesiones en las tribus en la rezaga de Cortés antes del cerco de Tenochtitlan. Los españoles lo buscaron con tesón, pero apenas aparecieron piececillas de nimio valor. El batacazo era grave, debido a que las huestes no llevaban soldada, sino que se habían jugado la vida a cambio del botín. Para la mayoría no hubo ganancias de consideración; una parte de lo obtenido fue enviado a España para doblegar voluntades y contentar al emperador, gran cantidad se perdió en la Noche Triste y el resto fue saqueado durante el asedio de la urbe. Los vencedores se tuvieron que conformar con migajas.

Los datos de los que disponemos son que, tras la caída de Tenochtitlan, el monto del botín se estimó en una cifra moderada: 130.000 pesos de oro, equivalentes a unos 20 millones de euros actuales, además de objetos de plumería y esclavos. Extraído el quinto real, apenas cupo a los de a caballo 80 pesos, cuando el precio de un équido rondaba los 600, y 50 a los de a pie, unas cantidades que muchos, por un arranque de dignidad, ni siquiera aceptaron. La cuantía era tan ridícula que ni siquiera les alcanzó para comprarse medicinas.

Muchos se sintieron justamente agraviados, chasqueados por las promesas reiteradas por Cortés, ahora incumplidas. Se habían jugado la vida, habían sufrido cualquier tipo de calamidades a cambio de un resultado de chichinabo. Todos murmuraban siquiera con el barboquejo e incluso algunas mañanas aparecían grafitis en las paredes encaladas en la residencia cortesiana de Coyoacán. Para más inri, el metelinense había remitido en concepto de quinto real, además de los metales, piezas de plumería y otras muestras de la cultura mexica, para tratar de sorprender al emperador.

La desgracia se volvió a cebar con él y una parte del caudal remitido a la patria fue hurtado por el pirata galo Jean Fleury. La flotilla de las Indias que portaba las alhajas tuvo que refugiarse en las islas Terceras (Azores), pues Alonso

Dávila, el capitán, recibió la orden de esperar la llegada de refuerzos antes de partir rumbo a Sanlúcar de Barrameda. La Armada guardacostas de Andalucía, compuesta por 3 navíos al mando de Domingo Alonso de Amilibia, alcanzó las Azores el 15 de mayo de 1522 con la intención de escoltarlos hasta Sevilla. Ante el riesgo de agresión, Carlos V ordenó que se botasen 2 naos gruesas. Como no era suficiente lo recaudado por el impuesto conocido como de avería permitió que las autoridades tomasen prestados 4.000 pesos de oro propiedad de la Corona que se encontraban en las arcas de la Casa de la Contratación. Con ese impulso fueron alzadas en tiempo récord 2 naos de 400 toneladas.

La decisión de no paralizar la flota desde las Azores hasta que llegasen las 2 naos a cargo de Pedro Manrique fue nefasta. La impaciencia del emperador produjo malas consecuencias. Navegando la Armada de Amilibia en dirección a Portugal, a unas 10 leguas del cabo San Vicente, barcos franceses salieron al paso. Los galos contaban con 3 naos por encima de las 100 toneladas y con 3 galeones de entre 40 y 70 toneladas. La Armada guardacostas solo disponía de 3 carabelas de exiguo porte. Además, únicamente 2, la de Amilibia y la de Antón Sánchez, presentaron combate, mientras que la carabela bajo el mando de Martín del Cantón se dio a la fuga. De la flota de Indias se salvó 1 de las 3 carabelas que transportaban el tesoro, al refugiarse en el Puerto de Santa María. Para colmo, parte de lo desembarcado fue incautado por las autoridades. El resto, 62.000 ducados de oro, 600 marcos de perlas y 2.000 arrobas de azúcar fueron robados y trasladados a Francia. En el enfrentamiento murieron numerosos españoles, entre ellos Antonio de Quiñones, el custodio de Cortés, y un hijo del capitán Amilibia, mientras que este quedó lisiado de ambos brazos. Fue ubicado, junto a Alonso Dávila, capitán de la flota, en una cárcel en Francia. Años después, el filibustero Jean Fleury fue justamente apresado y ajusticiado. La fortuna ansiada por los de Cortés no fue ni para ellos ni para la Corona, ni siquiera para el corsario francés. El de Medellín culpó del suceso a los funcionarios de la Casa de la Contratación por no poner los medios adecuados. Consta en el libro de actas del cabildo de la ciudad de México que el 20 de septiembre de 1529 se hizo donación de una huerta a doña Antonia, hija de Cristóbal de Olid, muerto por haberse levantado contra Hernán Cortés. Había sido ajusticiado por Francisco de las Casas, enviado por Cortes tras sus huellas. Se trataba de la huérfana de quien fue el maestre de campo del mismísimo Cortés, con quien había quedado en mala situación tras haberse alzado contra él al haber sido enviado para conquistar las Hibuelas. Nada diferente por lo demás a lo ejecutado por el ahora encrespado Cortés contra Velázquez. En general hubo escaso compañerismo en lo tocante a ayudas para los familiares de los caídos o de quienes quedaban inválidos.

Por otro lado Cortés desacató la orden de un vidrioso Carlos V emitida en Valladolid el 26 de junio de 1522 que prohibía las encomiendas. Asumiendo el espíritu, pero no la letra, Cortés publicó una ordenanza fijando a los encomenderos los límites en los que podrían servirse de los indios. Es un documento breve que comienza señalando a quienes poseyeran aborígenes la obligación de instruirlos en la fe, porque por este motivo el sumo pontífice había consentido que se pudiesen servir de ellos. Quedó establecido el título legal y una vez se sentó este procedimiento enumeró las limitaciones para reducir el maltrato. La primera era la prohibición de que se hiciera trabajar en labranza a mujeres y niños menores de 12 años.

A quienes contraviniesen esta disposición les serían retirados los nativos y si los encargados de velar por el cumplimiento no la observaban recaería sobre ellos una multa de 200 pesos de oro. Sobre las condiciones laborales disponía que el español a quien sirvieren no los obligase a trabajar hasta que hubiese salido el sol y no los tuviese en el campo más tiempo de hasta una hora antes de que se pusiese.

Reiterar 3 veces la desobediencia a esas normas implicaba, como digo, perder a los indios encomendados.

Tal como detallo en *El encuentro de cuatro imperios* (Kolima), Hernán Cortés aplicaba una política retributiva presuntamente adecuada a cada estamento. En concreto, a los marineros les adjudicaba un fijo ajustado. A los soldados les correspondía un variable sobre lo conseguido. Como acabamos de ver, en ocasiones esa cantidad fue desproporcionadamente exigua, también porque, entre los impuestos pagados al rey y su excesiva indulgencia consigo mismo y sus allegados, poco restaba.

Semejante política retributiva seguía Francisco Pizarro con los suyos. Narra María del Carmen Rubio en *Francisco Pizarro. El hombre desconocido*, que el de Trujillo, deseando ir a Cusco para conocer sus grandezas, el 17 de junio de 1533 indicó que se fundiera y repartiera el oro y la plata recaudados. El auto dado el día sucesivo con la lista de los soldados que recibieron metales y las cantidades adjudicadas a cada uno según méritos fue redactado por el escribano Pedro Sancho de la Hoz y posteriormente recopilado por López de Caravantes. En él se registran 168 nombres, soldados que había intervenido en la captura del Inca. Aparecen reflejados 90 marcos de plata y 2.220 pesos que se entregan a la Iglesia; sigue «el señor gobernador, por su persona, lenguas y caballos» con 2.350 marcos de plata y 57.220 pesos de oro, después Hernando Pizarro con 1.267 marcos de plata y 31.000 pesos de oro y Hernando de Soto con 724 marcos de plata y 17.740 pesos de oro. Juan Pizarro recibió 407 marcos de plata y 11.100 pesos de oro y Gonzalo Pizarro 384 marcos de plata y 9.909 pesos de oro.

A Francisco Martín de Alcántara, hermano materno del gobernador, se le abonaron 135 marcos de plata y 3.330 pesos de oro, y al traductor Martín Pizarro, 135 marcos de plata y 2.330 pesos de oro. El cronista oficial de la Conquista y secretario de Pizarro, Francisco de Jerez, percibió 362 marcos de plata y 8.880 pesos de oro; el veedor Miguel de Estete 362 marcos de plata y 8.980 pesos de oro y el escribano Pedro Sancho de la Hoz 181 marcos de plata y 4.540 pesos de oro. ¡Pizarro concedía valor a los hombres preparados intelectualmente!

En la lista no figuran dos principales narradores de aquellos sucesos: Diego Trujillo y Pedro Pizarro, quizá porque no participaron en la captura de Atahualpa por haber permanecido en San Miguel. Otros datos anotados en el auto son la entrega de 20.000 pesos a Diego de Almagro y su hueste –aunque se explicita que no tenían derecho a percibir nada– con el fin de que cubrieran sus necesidades, pagaran deudas y se resarcieran del coste de los fletes. Se separaron 15.000 pesos para prorratear entre 30 ciudadanos de San Miguel, por hallarse enfermos o avecindados en la ciudad, y 8.000 pesos a la Compañía de Levante para que pudiera devolver el dinero entregado a Hernando Pizarro cuando fue a explorar la tierra y también para cubrir los gastos del barbero, del cirujano y de algunos obsequios entregados a caciques.

El 15 de julio, el escribano Pedro Sancho dio fe de que se habían fundido «1.326.539 pesos de buen oro, cada peso de 250 maravedís, de los cuales, sacados 2.245 pesos de los derechos del fundidor, perteneció a Su Majestad por sus reales quintos 264.859 pesos y quedaron líquidos para la Compañía 1.059.435 pesos».

Ese día, de los quintos correspondientes al emperador Carlos V entregaron a Hernando Pizarro 1.448 pesos para que los transportara a España y al día siguiente le facilitaron piezas de oro valoradas en 164.411 pesos, más 5.048 mil marcos de plata, con los que se completaron los derechos del emperador.

El oro y la plata corrían sin medida porque, como los expatriados ansiaban los productos peninsulares, no les importaba comprarlos a precios desmedidos y ello provocó una elevada inflación. Francisco de Jerez detalla que un caballo valía 3.500 pesos, una botija de vino de 2 azumbres (algo más de 4 litros) 40 pesos, unas calzas 30 o 40 pesos, una capa 100 pesos, una espada 51 y una cabeza de ajos medio peso. Quienes acopiaban deudas pagaban a bulto con trozos de oro, sin pesarlos. Aquellos hombres habían adquirido de golpe una fortuna nunca imaginada y la mayoría no sabían valorarla. Algunos, conscientes de su gran suerte, pidieron permiso para regresar a España con Hernando Pizarro, pues anhelaban inaugurar una nueva etapa respaldados por el oro peruano.

Con su empresa denominada de Levante, Pizarro y Almagro debían mantener a su costa las tropas, preparar nuevas exploraciones y realizar obras públicas. En el libro *Becerro del Archivo de la Nación de Lima* se conservan documentos en los que constan las cantidades de pesos que la gente abonaba por viajar en el navío San Cristóbal, propiedad de dicha compañía, por transportar en él caballos, esclavos, etc., o cifras por la transmisión mercantil de caballos y armas. La rentabilidad del navío y otros negocios que la empresa realizaba, junto con los de la Compañía de Bienes que ambos socios tenían en Panamá, no era suficiente para cubrir gastos; sobre todo después de haber entregado 100.000 pesos de oro a Pedro de Alvarado, gobernador de Guatemala.

Almagro aclaró en su testamento que poseía un millón de pesos de oro entre haciendas, granjerías, navíos, piedras preciosas, oro y plata, pero no contaba con liquidez para iniciar exploraciones. A finales de 1535, el capital de la Compañía de Bienes estaría prácticamente a cero. Ante las perentorias necesidades económicas, Pizarro, que mantenía en Sevilla otros negocios, el 12 y 13 de diciembre de ese mismo año otorgó dos poderes a Francisco Zavala, uno para que cobrase ciertas cantidades y otro para la compra de cautivos.

Como aparece reflejado en el *corpus* documental de Lhomann Villena, el de Trujillo autorizó la adquisición y el envío de un centenar de esclavos negros: *«Sepan cuantos esta carta vieren, cómo yo, don Francisco Pizarro gobernador y capitán general en las provincias de la Nueva Castilla por Su Majestad, otorgo e conozco que doy y otorgo todo mi poder cumplido libre e lleno bastante e según que lo yo he e tengo e según qué mejor e más cumplidamente lo puedo e debo dar e otorgar e de derecho más puede y debe valer a vos Francisco de Zavala residente en la ciudad de Sevilla que estáis ausente especialmente que para que por mi e en mi nombre e por mí y conforme a una licencia de Su Majestad que para ello tengo podáis comprar e compréis 100 negros esclavos por el precio o precios que vos pareciere e bien visto sea (entre renglones: e para los traer a estos reinos) o ceder e traspasar licencia de Su Majestad a otra persona o personas (...), e sobre ello de hacer cualesquier traspaso e acciones que sean necesarias e para que si os pareciere podáis enviarme los dichos negros por míos...».*

Almagro se apoderó de lo destinado a los quintos del emperador, del procedente de los bienes de difuntos y también de los depósitos de los ausentes. Entre los almagristas comenzaron a surgir disensiones pues, aunque Diego ostentaba el título de gobernador y capitán general, en realidad quien mandaba era Juan de Rada; de ahí que tramaran un complot para finiquitar al carcamal, pero no lo consiguieron, porque los implicados fueron descubiertos y prestamente ejecutados.

Una muestra de la sensibilidad humanitaria que Pizarro sentía por los nativos se pone de manifiesto en las leyes promulgadas el 20 de abril de 1540. Recuerda en ese texto que el emperador Carlos V había decretado ordenanzas para el buen tratamiento y libertad de los naturales y que él las había hecho pregonar en los pueblos y ciudades de su gobernación. Ordenó: «*Otrosí: mando que ningún español esté fuera de los dichos pueblos de cristianos para ninguna parte 4 leguas del tal pueblo sin mi licencia o de mi teniente que es o fuere en el tal lugar para que se sepa e se vea que se le debe dar la tal licencia, lo cual así se cumpla so pena de 200 pesos aplicados según dicho es y en defecto 100 azotes e que de la tal licencia el juez ni escribano no lleven derechos algunos*». Pizarro intentó proteger siempre a los nativos mediante una avanzada legislación, vigente en Perú durante largo tiempo.

Garcilaso de la Vega Inca, testigo presencial, cuenta que antes de la llegada del oro de Perú los sueldos eran muy exiguos en la península y que se produjo una enorme revolución en los precios. El cronista especifica que quien había tenido una renta de 100 reales se le había convertido en 1.000 y que las posesiones valían 20 veces más. También señala que en Europa había sucedido lo mismo, dado que al pagar Carlos V sus deudas a los financieros de países vecinos con el oro y la plata de Perú comenzaron a circular enormes cantidades de estos metales. Por tanto, a consecuencia de los tesoros enviados, se produjo una inflación del 20 % en los precios.

Una pincelada rápida, en fin, sobre la situación de los salarios en los arranques del siglo XIX en las provincias americanas de España. Los donativos al rey de España para poner precio a la cabeza de Simón Bolívar fungieron así. 519 personas contribuyeron y recaudaron 19.850 pesos. Esa cantidad fue depositada en el Ayuntamiento de Caracas el 21 de junio de 1806. El monto no era despreciable. El capitán general de esa provincia recibía un sueldo de 4.000 pesos al año. Por tanto, con la cifra alcanzada podrían abonársele 5 años. La diferencia con otros estratos sociales es llamativa, como en la actualidad. Un esclavo varón de 25 años en su edad más productiva suponía 300 pesos. Por tanto se hubieran podido adquirir 66 siervos de la mejor categoría. Es muy llamativa la comparación con el salario de un peón. Alcanzaba a recibir la suma de un peso trabajando 15 días de sol a sol. Por tanto, la cifra mencionada le supondría un trabajo ininterrumpido durante ¡816 años!

Los detractores de Simón Bolívar incidirían en la perversidad del personaje y su desprecio hacia los negros y las clases inferiores. A decir de esas maledicencias, desde su tierna infancia el muchacho habría mostrado crueldad extrema. Simón Rodríguez, su mentor intelectual, recogió como esperpéntico lo que se escribió de Simón Bolívar: «Se divertía en matar negritos con un cortaplumas y que su madre le daba gusto en ello; que cuando el niño lloraba salía al balcón y gritaba a sus esclavos: 'Este niño no tiene con qué jugar, ya se le acabaron los negritos. Vayan a la hacienda a traerle más'». Su hermana María Antonia habría escuchado con estupor estas afirmaciones. Más aun porque implicaban a su madre, Concepción Palacios y Blanco. Aseguró con convencimiento que todo aquello era falso de toda falsedad. ¿A quién podría ocurrírsele cosa semejante, clamó la criolla principal, cuando un niño esclavo podía alcanzar un valor superior a los 100 pesos? Y es que, María Antonia, a pesar de ser inmensamente rica por la multitud de haciendas que había heredado y también por la propiedad de las minas de Aroa (valorada en más de 400 millones de euros contemporáneos), era desproporcionadamente detallista en los gastos. Su hermano, dilapilador desde su adolescencia, no descuidaba, sin embargo, los aspectos secundarios. Así, cuando se hizo el inventario de las propiedades con las que había huido, la cifra de los objetos de oro y plata que acopiaba sumaban cientos de miles de euros contemporáneos. Eran por lo demás muchos y creativos los enemigos de Bolívar. A manos de María Antonia llegó un libelo que contenía una estrofa proferida a voz en cuello en Bogotá por uno de los miembros de la Sociedad de salud pública, Luis Vargas Tejada. Incitaba a acabar con el libertador:

«Si de Bolívar, la letra que empieza
y aquella con que acaba, le quitamos,
Oliva de la paz símbolo hallamos.
Esto quiere decir que la cabeza
al tirano y los pies cortar debemos
Si es que una paz durable apetecemos».

No faltaron improperios para la hermana. He aquí una estrofa escrita con carbón, que quedó estampada frente a su casa, en Caracas:

«María Antonia, no seas tonta
y si lo eres, no seas tanto:
si quieres ver a Bolívar
anda, vete al Camposanto».

Conocemos los sueldos de la Administración pública en Venezuela en torno a 1830. No eran elevados. Un escribano ganaba aproximadamente 360 pesos al año; un portero, 300; un ministro de la Corte, 2400. Un gobernador, 3.000. Estos datos son relevantes porque uno de los amantes de María Antonia Bolívar, José Ignacio Padrón, cobraba el salario aproximado de un escribano. Quien, como él, recibía 30 pesos mensuales no podía permitirse muchos lujos. Una mula tenía entonces un precio de 200 pesos, a los que había que sumar el coste de los aperos y la manutención. Un esclavo, porque siguió habiéndolos tras la independencia, costaba, como he mencionado hace un momento, 300 pesos.

Algunos, de buena calidad, llegaban a los 350. Un inmueble muy modesto podía rentarse por entre 8 y 12 pesos mensuales. Un par de zapatos costaba entre 1 y 2,50 pesos. Un burro, 25 pesos.

Para lograr mejores ingresos, Padrón, gigoló de la hermana de Bolívar, aprendió el oficio de peinetero, es decir, de fabricante, reparador y vendedor de peinetas. ¿Quién ha dicho que el pluriempleo es reciente? El segundo oficio del amante de la hermana de El Libertador era muy exigente, porque modelar el carey resultaba caro y arduo. Las vendía a través de la peinetería de Aveledo, en el negocio de Manuel Betancourt y la tienda de Manuel María Izaguirre, todas en Caracas. Una peineta de buena calidad alcanzaba un precio de 80 pesos. Era por tanto un lujo que pocas féminas podían permitirse. Una mujer libre que trabajase como asistenta recibía apenas 1 peso semanal. Con suerte 2. Las clientas de Padrón pertenecían a alta sociedad. Entre ellas María Antonia Bolívar, que le encargó varias en la época de su enamoramiento. Hacía 1835, José Ignacio Padrón trabajó en exclusiva para María Antonia Bolívar como dependiente y agente de sus negocios. Lo hizo durante 4 meses hasta que un convenio privado entre los dos puso fin a esa colaboración y también a su relación afectiva.

Los interesados en el personaje y la época pueden leer *Entrevista a Simón Bolívar* (Kolima).

Más allá de Europa: China y las dinastía Han y Ming

El Imperio chino se prolonga desde la dinastía Qin –221 a. C.– hasta la dinastía Qing, 1912 d. C. Se trata de una de las estructuras políticas más longevas. Sin entrar en detalles sobre los sucesivos conflictos, China, una vez que el emperador Qin Shi Huang unificó el país en el 221 a. C., empezó a crear sólidas estructuras imperiales, sustentadas en una vigorosísima clase funcionarial que contribuyó a la pervivencia del imperio. Una vez abolido el feudalismo, el país quedó dividido en 36 provincias. El esfuerzo del nuevo emperador fue más allá: unificó la lengua y los códigos legales, trazó nuevas carreteras e infraestructuras y agrupó el sistema de medidas, incluida la moneda. Como era previsible, creó nuevos impuestos para soportar la descomunal burocracia.

La muerte de Qin provocó una serie de bretes que no se resolvieron hasta la llegada de la dinastía Han –206 a. C.-220 d. C.–, la más larga y poderosa. Fue un periodo de particular florecimiento en China, tal y como se explica en la *Dinastía Han*, de Flora Botton Beja y John Page, a propósito de la cultura: «Se combinaron en forma nueva una variedad de elementos tales que permitieron el surgimiento de una cultura nunca antes vista. Esos elementos incluían, entre otros, una espléndida Corte imperial que brindó gran apoyo a las artes; la elevación del confucianismo al rango de filosofía oficial, que dio enorme estímulo al estudio de las letras; y numerosos contactos con los pueblos de Asia Central y del Norte, que introdujeron innovaciones en la música (inclusive en la canción) y la danza. De menor importancia fueron la introducción del budismo, que tuvo sus primeros grandes éxitos en el período inmediatamente posterior (220-589 d. C.), y el descubrimiento en forma fragmentaria de los antiguos textos (*guwen*) de varios de los clásicos confucianos que dio ímpetu a los estudios sistemáticos de la literatura tradicional».

Durante la dinastía Han se reforzó el poder de la clase funcionarial. Eran los mandarines, que, de origen más o menos noble, debían superar unos durísimos exámenes para ocupar los cargos, en una búsqueda de la excelencia algo idealizada. Según Omar Martínez en «El servicio civil en la China imperial»: «La clase de los eruditos-funcionarios (o mandarines), que era numéricamente pequeña pero omnipotente a causa de su fuerza, influencia, posición y prestigio, ejercía el poder y poseía la mayor extensión de tierra. Esa clase tenía todos los privilegios, en especial el de reproducirse, porque se fundaba en el monopolio de la educación. Esa élite improductiva derivaba su fuerza de la labor que desempeñaba, la función socialmente necesaria e indispensable de coordinar y supervisar el trabajo productivo de otros a fin de hacer funcionar todo el organismo social (...). Ellos confeccionaban el calendario, organizaban el transporte y el intercambio, supervisaban la construcción de caminos, canales, diques, represas, y estaban a cargo de todas las obras públicas, especialmente aquellas destinadas a prevenir las sequías e inundaciones; construían las reservas contra el hambre y alentaban todo tipo de proyectos de irrigación. Eran arquitectos, ingenieros, maestros, administradores y gobernantes a un mismo tiempo. Sin embargo, estaban en contra de toda clase de especialización. Solamente reconocían una profesión: la de gobernar».

Como es habitual en los sistemas de gobierno altamente burocratizados, el Estado Han, pese a una etapa más liberal y confucionista en sus comienzos −la acuñación de monedas llegó a estar privatizada−, acabaría por monopolizar parte de la producción, desde el hierro y la sal hasta el licor. Se añadió un ambicioso programa de obras públicas para vertebrar el país y para que sus ejércitos se desplazaran con facilidad por las provincias. Ese periodo de estabilidad permitió que, pese a la regulación, el comercio creciera. Desde el siglo I a. C. −quizá incluso antes−, la ruta de la seda, que incluía varias alternativas, conectó comercialmente a Asia con África y Europa en un intercambio que aún sigue vivo y ha modificado poco su trazado. La expresión «ruta de la seda» se debe al geógrafo alemán Ferdinand Freiherr von Richthofen, que la empleó en 1877 para describir un intercambio comercial cuyos orígenes se pierden en el tiempo. Como explica Nelson Pierrotti, de la Universidad Católica del Uruguay, en «Pasado y presente de las rutas de la seda, Asia Central y el comercio internacional euroasiático», las palabras seda y China mantienen un estrecho vínculo. «Considerando que la palabra '*si*' significa 'seda' en chino, es probable que de allí proceda la palabra persa '*chin*' así como la hebrea 'sin' y la griega '*Sinae*' que pasó al latín como '*Sinus*'. Teniendo en cuenta que los persas fueron durante siglos los intermediarios entre el Lejano Oriente y el Mediterráneo es de suponer que la palabra 'China' fuera tomada del idioma farsí al sustituirse '*si*' por '*chi*', de lo que se derivarían las pronunciaciones '*chinae*' y '*chinus*' (*sinus*). Es de notar que el término 'China' no denominó oficialmente al país hasta la creación de la república en 1912 por el líder Sun Yat-sen. Hasta entonces los chinos llamaron a sus tierras '*Zhongguo*' (Estado del centro). Debido al impacto de la dinastía Han y de las rutas de la seda, el chino fue conocido en Occidente como hombre Han».

Primordialmente agrícola, la sociedad Han se hallaba enormemente jerarquizada, con terratenientes que poseían espaciosos latifundios. Sin embargo es probable que, aun existiendo un trabajo obligatorio que en poco o nada se diferenciaba de la sociedad feudal, surgieran relaciones contractuales. En *Una historia de riqueza y pobreza*, de John P. Powelson, leemos: «La indocilidad de las relaciones jerárquicas hizo que los contratos verticales (aquellos entre clases sociales) fueran difíciles. Sin embargo los contratos existieron desde los primeros días. Al estudiar las inscripciones de bronce, Creel descubrió contratos tan antiguos como desde los comienzos de la dinastía Zhou en el año 1028 a. C.: «Ya desde hace 3.000 años, los chinos estaban celebrando contratos, litigando disputas y consiguiendo defensores de sus causa» (...). Pero los casos que él reporta se refieren únicamente a las disputas entre los oficiales reales sobre las ventas y entre los nobles sobre las tierras. Es posible que algunos contratos verticales hayan existido durante el comienzo de la dinastía Han: «Todas las familias nobles tenían propiedades importantes en las provincias, las cuales arrendaban sobre una clase de base contractual. Las rentas eran aproximadamente la mitad de la producción. Sin embargo no está claro que estos eran contratos verdaderos en los cuales los arrendatarios negociaban frente a los señores sobre su estatus político o personal, tal como lo hacían en los feudos europeos y japoneses. Dadas las altas rentas puede dudarse que hayan actuado desde alguna posición fuerte».

Y puntualiza: «Los trabajadores del rango inferior estuvieron sujetos a muchos tipos de trabajo obligatorio requerido por los funcionarios locales, terratenientes o el Gobierno imperial. Algunas veces se requería una cantidad específica por año y otras veces las demandas eran particulares. Los que poseían un rango superior estaban exentos». En el Gobierno Qin, la fuerza laboral contenía «2 grupos diferentes de gente: trabajadores por ley, por una parte; y los condenados al trabajo forzado por la otra. El trabajo por ley fue desempeñado por todos los hombres entre las edades de 15 y 70; no se impuso ningún servicio a los rangos aristócratas superiores».

Según detalla el sinólogo Hans Bielenstein en *The Bureaucracy of Han Times*, la categoría de cada funcionario estaba asociada a su sueldo anual. El salario se pagaba inicialmente en forma de grano. Más adelante en moneda. La medida de unidad era el *dan*, que equivalía a 35 litros. Más tarde se empleó el *Hu*, unos 20 litros. La moneda empleada era el *wushu*. Un *hu* de grano sin descascar correspondía a 100 monedas *wushu* y un *hu* descascado a 160. Bielenstien pormenoriza que los funcionarios más altos del Gobierno central ganaban un salario de 10.000 *dan* al año, mientras que, por ejemplo, el magistrado de una provincia podía embolsarse 600 *dan* en el mismo periodo. A todo ello hay que sumar que el emperador hacía regalos a los funcionarios más capaces, como tejidos de seda. El funcionariado era el verdadero gobernante de China.

Omar Martínez detalla en el artículo mencionado: «El Estado de los eruditos-funcionarios era tan fuerte que la clase mercantil nunca se atrevió a desafiarlo plenamente a fin de obtener leyes, libertades y autonomía para sí. Los empresarios chinos preferían llegar a un acuerdo antes que pelear, preferían imitar antes que innovar, invertir dinero sin riesgos en la tierra antes que arriesgarse a colocarlo en empresas industriales. Por ello su ideal era transformarse en parte del Estado, tornarse en eruditos-funcionarios ellos mismos, o bien sus hijos o nietos, lo cual podía lograrse con pagar la educación que impartían preceptores particulares, eruditos que no eran funcionarios, o a través de la compra de puestos cuando se ponían en venta, o la obtención de un nombramiento para los hijos o los parientes que se hubieran educado adecuadamente. La burocracia de los funcionarios oficiales que estaba a cargo de la construcción de las obras públicas administraba los ingresos y decidía sobre la guerra y la paz provenía de un sector de la población pequeño, pero educado, el cual estaba al frente de los asuntos públicos por medio del sistema de escritura ideográfica del idioma chino, hermosa estéticamente pero difícil. Puesto que llevaba muchos años de estudio dominar el idioma escrito y la numerosa literatura de los clásicos y sus comentarios, era lógico que solo los hijos de familias ricas podían tener una educación clásica. De esa forma fueron los grandes terratenientes quienes educaron hijos eruditos y llegaron a ser funcionarios que gobernaban el imperio e invertían su riqueza, bien o mal habida, en adquirir tierras. Como resultado, el ideal de un hombre líder en la China antigua no era devenir en comerciante, vendedor, general o sacerdote, sino en terrateniente-erudito-funcionario».

Junto a las dinastías Han y Tang, la Ming (1368-1644) constituye una de las edades de oro de la China imperial. Fue un periodo en el que el Estado chino perdió una relativa presencia en la economía, como acaeció en la primera etapa de la dinastía Han. El Estado, que debía hacer frente a las tentativas de los Yuan –mongoles– por regresar al poder, invirtió en la agricultura, con nuevos métodos como el barbecho o nuevos canales de irrigación y una radical bajada de impuestos para una actividad rural cuya producción, no obstante, estaba fijada. Abandonó a la vez el monopolio de la sal o los metales. El comercio, aun restringido al exterior, fue incrementándose, mediando crisis económicas que obligaron a devaluar la moneda en el siglo XV. El papel moneda, ya común, apenas tuvo fuerza ante los pagos en plata. No tardó en escasear ese metal.

Se trató de una economía compleja, llena de altibajos, presa de sus propias contradicciones. Tal y como desgrana José Ramón Vicente Echagüe en una entrada de su blog *Numismática digital*: «Económicamente el siglo XVI chino presenta luces y sombras. Por un lado se experimentó un considerable aumento de la población (llegando a aproximadamente 100 millones de habitantes a finales de siglo) gracias a las medidas puestas en marcha por los primeros soberanos de la dinastía Ming, concretamente en el terreno agrícola. Es una época en que a los cereales tradicionalmente cultivados (arroz, sorgo y mijo) se unieron cultivos de tipo industrial (algodón, tabaco, té) y las nuevas plantas traídas del continente americano como la batata o el cacahuete. Industrias como el textil o la porcelana conocieron un momento de auge y los comerciantes supieron en muchos casos burlar las restricciones estatales al comercio exterior. No obstante, durante esta etapa China volvió a caer en antiguos vicios que mermarían considerablemente su crecimiento. En la Corte el poder de los eunucos, más interesados en su propia posición que en asuntos de Estado, fue acrecentándose mientras se disparaban sin control los gastos suntuarios. Las tierras bajo la propiedad de los nobles crecieron en detrimento de los campesinos, con la desventaja añadida de que los que poseían tierras veían aumentadas sus cargas tributarias. Los gastos militares aumentaron también considerablemente para hacer frente a la amenaza mongola en el norte y a las actividades de piratería en las costas, sin que ello se tradujera en avances significativos. Y al mismo tiempo, los europeos fueron tomando posiciones progresivamente en la esfera de influencia china en el Océano Índico y el Sureste Asiático: los portugueses obtuvieron permiso para establecerse en Macao en 1557, los españoles se asentaron en Filipinas en 1564-65, mientras los holandeses llegaban a las costas de Taiwán en 1624 y los ingleses a Cantón en 1637».

Se trató, no obstante, de una época de crecimiento, como consta María Fernanda Justiniano, de la Universidad Nacional de Salta, en «Las vías occidental y oriental de la revolución industriosa y la plata americana»: «Las plantaciones de mora, algodón y de arroz se extendieron. Durante los años de la dinastía Ming ya se habían introducido lentamente adelantos tecnológicos en el proceso agrícola en toda la región, tales como la doble cosecha, el uso de fertilizantes, mejoras en los capullos de seda y en las semillas de mora, así como el uso de carbón para la cría y el devanado de los gusanos de seda. El resultado de estos procesos fue una mejora sostenida de los niveles de vida, observable en el conjunto de la población de Jiangnan, en los salarios, la alimentación. La ingesta de los obreros campesinos/campesinos obreros podía abarcar pescado, carne y tofu, acompañada de bebidas como té y vino, pero también de sustancias adictivas como azúcar, tabaco y opio».

El comercio, como sostiene Flora Bottom Beja en «China, su historia y cultura hasta 1800», también creció, incluso en el exterior, «a pesar de la falta de interés, y a veces de la hostilidad del Gobierno. Mientras que se toleraba el comercio por tierra a Asia Central y a Birmania, el comercio marítimo que se realizaba con Japón, Corea, el sudeste y el sur de Asia en cierto momento fue prohibido. Se exportaba té, jade, seda y se importaban marfiles, metales, piedras preciosas. Los chinos habían establecido colonias y contactos comerciales en toda la zona costera, pero con la prohibición del comercio marítimo (hasta 1567), y a pesar de no haberlo abandonado completamente, perdieron terreno ante los comerciantes europeos. En el siglo XVI hubo un intenso intercambio con los españoles a través de Manila, localidad a la que llegaban la plata de las minas de América y los productos de China. También llegaba plata de Japón, traída por comerciantes chinos, portugueses y holandeses. Hacia fines del siglo XVI comenzaron a llegar a China el opio y el tabaco».

Los funcionarios no perdieron poder durante la dinastía Ming, aunque se permitió que accedieran a los exámenes los hijos de los artesanos o los comerciantes. El sistema siguió fuertemente burocratizado, lo que provocaba por un lado fricciones con el emperador, y por otro corrupción, que trató de evitarse aumentando el sueldo de los funcionarios de menor rango. Abonar los salarios de los empleados de la Administración pública y las necesidades del ejército exigía una carga fiscal elevada, cuya recaudación animaba a la corrupción, tal y como detalla Bruno Liso Ezquerra, de la Universidad de Zaragoza, en «La conquista del Cielo: de los Ming a los Qing»: «Los dos sistemas de recaudación, monetaria y de mano de obra, están basados en los 'Registros Amarillos' que estableció Hongwu al inicio de la dinastía. Para la recaudación monetaria se recuperará el conocido 'sistema de vecinos', que dividía a la población en grupos de 10 familias (*chia*) que se estructuraban a su vez en grupos más amplios de 110 familias. Las 10 familias más ricas de este grupo actuaban como 'administradores comunales' encargados de la recaudación de impuestos de manera rotativa durante 10 años, teniendo este cargo una familia cada año hasta completar los 10 (...). Sobre los trabajos serviles o servicios regulares, cada familia propietaria debía proveer al Estado de una persona con capacidad de trabajar por cada cierta cantidad de tierra que poseyese, aunque quedaban exentas las familias que no podían enviar a nadie, efectuando un pago en contraprestación. También podían evitar este servicio ciertos funcionarios y estudiantes, lo que generó oposición, pues las familias adineradas educaban a sus hijos con este propósito y mucha gente lo entendía como un medio de explotación del pueblo. Las tareas que realizaban eran trabajos en el Ministerio de Obras como fabricar armas, recoger leña o carbón (...). Diferentes eran los llamados servicios mixtos, que trataban de aliviar la carga de la Administración pública en ciertos lugares, enviando población a actuar de policías, carceleros o alguaciles. Curiosamente, en estos servicios se contemplaba la cancelación de los mismos mediante pagos para las familias más pobres, mientras que los ricos no podían evadirse; esto, sumado a la baja cantidad de dinero requerido para su exención, hizo que los servicios mixtos gozasen de cierta popularidad entre el pueblo (...). Este sistema de impuestos se vio afectado durante el reinado del emperador Jianjing (1522-1566) con la reforma conocida como *yitaobian* o 'látigo único', que trató de unificar todos los impuestos para evitar irregularidades».

En una sociedad tan estratificada, los castigos para sostener el orden eran durísimos y a veces servían para hacer negocio a los más pobres, como cuenta Carlos-Luis de la Vega y de Luque, de la Universidad Autónoma de Madrid, en «La administración de justicia durante la dinastía Ming, según los textos españoles»: «El castigo más común, aplicado a las faltas livianas, eran los azotes. Se daban con cañas tan anchas como la palma de la mano y del grosor de un dedo, humedecidas para darles mayor peso y flexibilidad (...). Era común que algunas personas se comprometieran por dinero a recibir los azotes en lugar de los verdaderos culpados. Para evitarlo, en los delitos graves se tomaba puntual nota de las señas particulares del rostro del delincuente. En otras ocasiones (especialmente en las cárceles) el reo se hacía pasar por muerto para escapar al castigo. Las medidas conducentes a cortar tales abusos eran tajantes: arrojar al presunto muerto a las letrinas, donde en breve era comido por las ratas y aun por los propios reclusos».

Para hacer frente a los ataques de los mongoles, los Ming levantaron lo que hoy contemplamos como la Gran Muralla, retomando el proyecto del primer emperador de China y dotándola de infraestructuras más modernas y sólidas. Lo que pareció más efectivo para atenuar las incursiones de los mongoles fue sobornar a su aristocracia y abrir rutas comerciales con ellos. La Gran Muralla siguió siendo vital, con tropas acantonadas que, como suele ser norma en los grandes ejércitos, no lo pasaban bien. Un documento del Ministerio del Ejército reconocía en 1443 que «los soldados en la frontera noroccidental están expuestos al viento y el frío. Ya sirvan como vigías en las torres de señales o como guardias en los pasos (...) pueden estar fuera durante meses o años sin regresar a su base, y sus familias e hijos, careciendo de ropa y comida, están en una situación desesperada. Ciertamente, reciben un salario mensual, pero muy a menudo tienen que gastarlo en armas o caballos y sus sufrimientos por el hambre y el frío son indescriptibles».

Pese a que empezaron a abonarse salarios a los campesinos, aboliendo unas estructuras feudales que en muchos lugares nunca se llegarían a abandonar hasta la revolución, se trataba de retribuciones ajustadas. Aparecieron pequeños propietarios que pudieron vender su excedente en los mercados urbanos, lo que supuso además el crecimiento de las ciudades, que también aumentaron por las migraciones forzosas decretadas por los Ming. Los estipendios de los funcio narios más bajos eran exiguos.

En «*High Corruption Income in Ming and Qing China*», de los investigadores Shawn Ni y Pham Hoang Van, ambos de la Universidad de Misuri, leemos: «Fijado en 1392, el programa salarial vigente durante todo el Ming no era generoso (...). En el siglo XV, aproximadamente la mitad de los salarios se pagaban con cereales y la otra mitad con productos básicos como telas de seda, telas de algodón, pimienta y madera de albura (...). En 1432, algunos funcionarios fueron pagados con prendas confiscadas y materiales rescatados, y en 1472 se utilizaron guisantes como pago. Al año siguiente, en Nanking, se descubrió que los guisantes 'eran adecuados solo para alimentar a los caballos'. A partir de este relato es evidente que los salarios cayeron constantemente a lo largo de la dinastía Ming (...) en 1392 [el salario fijado era de] 60 *piculs* [un *picul* equivale a 60 kilos] de grano para los funcionarios de bajo rango a 1.044 *piculs* para los funcionarios de alto rango».

La depreciación de los billetes con el que pagaban los salarios en beneficio de la plata provocó que los sueldos descendieran. Lo cuenta Yan Huang, de la School of Wealth Management de Shandon, en «*Analysis on the Wealth Structure of Chinese Traditional Society from the Perspective of Social Class in Ming Dynasty*»: «Debido a la depreciación gradual de los billetes en la dinastía Ming, era como si el mercado abandonara el papel usado, y la gente tomó la plata como moneda. Sin embargo, el salario oficial todavía se emitía con billetes, lo que significa que el salario se redujo. Según la investigación de Wan Qi, en comparación con el ingreso promedio de otras clases de la dinastía Ming, el ingreso anual de los campesinos terratenientes que poseían un área de 50 *mu* durante el período Wanli de la dinastía Ming era de aproximadamente 70 *dan* [un *dan* equivale a 70,8 kilos] de arroz, y el arrendamiento anual de tierras para el propietario pequeño y mediano que poseía 100 *mu* [un *mu* son 666,7 m2] de aproximadamente 100 *dan* de arroz, los trabajadores no calificados de bajo nivel podían comprar alrededor de 12-13 *dan* de arroz y los trabajadores calificados alrededor de 36. Los funcionarios del nivel más bajo podían ganar alrededor de 60 *dan* de arroz al año, que todavía estaba por encima del nivel medio en ese momento. Sin embargo, este era solo el salario oficial. Según los cálculos de Wan Qi, «la tasa general de los salarios oficiales cayó un 42 % después de la depreciación, y el salario promedio general de 18 niveles antes de ella era de 307,6 *dan* de arroz. Sin embargo después el salario promedio era solo de 177,7 *dan* de arroz».

Durante la dinastía Ming se consolida, tras haberlo hecho en Europa, la figura del hombre de negocios, del mercader que incluso se agrupa en forma de gremios y acaba en el sector financiero. De nuevo Yan: «Alrededor del siglo XVI, el capital comercial privado de China ya era bastante abundante. Algunos de los comerciantes mantuvieron la relación con la sociedad rural mediante la compra de tierras y algunos de ellos se separaron por completo de la agricultura a través del crédito financiero e incluso del comercio internacional. Sin embargo, sin importar en qué industria estuvieran, estos comerciantes tenían una gran capacidad de comportamiento. En la dinastía Ming, comerciantes en forma de grupos comerciales regionales (...) establecieron gremios y oficinas en todo el país para proteger los intereses de sus compatriotas y organizaciones en forma de sindicatos para acurrucar los derechos e intereses de sus pares. Los dos a veces se cruzaban. Por ejemplo, los comerciantes Hui tenían capital en todo el país y eran dueños de las industrias, como la industria de la sal, granos, madera, materiales medicinales, té, papelería, etc. Además estaban involucrados en el comercio exterior. Con base en la región norte, los comerciantes de Shanxi inicialmente se dedicaron al grano y la sal relacionados con el cultivo de tierras agrícolas en el noroeste de China. Posteriormente abrieron el campo financiero y comenzaron a operar el Shanxi Bank».

El mismo autor aporta el ejemplo de cómo esos nuevos hombres van haciéndose progresivamente dueños de la tierra y creando lentamente las condiciones para la aparición de lo que hoy denominamos burguesía: «En Dongting, condado de Wuxi, prefectura de Changzhou, el alquiler de la familia Hua podría llegar a 480.000 por año, de acuerdo con 'el desarrollo de la familia He', He Tuyuan, un hombre rico en el condado de Zhongshan, provincia de Guangdong, compró más de 20.000 *mu* de tierra con una gran cantidad de plata acumulada durante mucho tiempo (...), ganando decenas de miles de *danes* de arroz cada año. En la dinastía Ming era un fenómeno común el que los ricos tuvieran la doble condición de comerciantes y terratenientes. Después de obtener ganancias comerciales, los comerciantes tendían a comprar tierras y cobrar la renta de la tierra».

La Edad moderna

Una de las fuentes más fiables a la hora de conocer las retribuciones al comienzo de la Edad moderna, en un tiempo preestadístico, se halla en las soldadas de los ejércitos, de las que hay registros. En la Ordenanza de Génova de 1536, en la que se define lo que hoy conocemos como los Tercios, se fijan los sueldos de las distintas unidades de ese cuerpo militar. Leemos en el clásico *De Pavía a Rocroi. Los tercios españoles*, de Julio Albi de la Cuesta: «Los sueldos que percibían las distintas categorías de oficiales y soldados eran los siguientes, expresados en escudos mensuales:

- Maestre de Campo: 40, más otros 40 como capitán de su compañía.
- Sargento Mayor: 25, aumentados luego a 40.
- Capitán barrachel: 25
- Furriel Mayor: 15
- Tambor Mayor: 12
- Médico: 15
- Cirujano: 12
- Capitán: 40
- Alférez: 15, a los que se añadirían 3 para su abanderado
- Sargento: 8
- Cabo: 6
- Capellán: 6
- Barbero: 6
- Tambor: 6
- Furriel: 6
- Mosquetero: 6
- Arcabucero: 4, más 1 tostón si llevaba morrión
- Coselete: 4
- Pica seca: 3
- Alabardero de la guardia del maestre: 3, luego subidos a 4
- Ayudante del barrachel y verdugo: 4

Estos sueldos, correspondientes al reinado de Felipe II, no cambiaron en largo tiempo».

Había además una retribución en especie, como explican Fernando Martínez Laínez y Víctor Javier Sánchez Tarradellas en «El camino español y la logística en la época de los Tercios. Aportación de Calatayud y Comarca»: «El Estado tomaba a su cargo el suministro de todo lo preciso, recuperando su importe deduciéndolo de los sueldos. El abastecimiento se realizaba mediante empresarios privados, conocidos como asentistas. El abastecimiento, originalmente gestionado directamente por los oficiales administrativos de la Corona, fue pasando a manos de asentistas. Estos podían hacer un suculento negocio y obtener pingües beneficios al monopolizar un suministro de gran envergadura, generalmente por un periodo de un año (...). Así, a partir de 1601, la provisión de vituallas para todo el ejército quedó centralizada. Fue confiada a un solo oficial, el proveedor de víveres, que era en realidad un asentista que se comprometía a proporcionar el pan del año a las tropas en las mejores condiciones de precio. Normalmente los proveedores adelantaban 2 meses de provisiones sin recibir ningún tipo de remuneración, poniendo su infraestructura y su crédito al servicio del Tesoro. Otra ventaja es que quedaba cerrado de antemano el precio en caso de que hubiera campaña, así el proveedor no podía aprovecharse de la situación imponiendo un importe abusivo. La competitividad y la alternancia de proveedores facilitaban la obtención de condiciones más favorables. En 1643 se intentó diversificar la adjudicación entre varios proveedores, pero resultó insatisfactorio y hubo de volverse al sistema de asiento único». A todo ello había que añadir el botín en los saqueos.

En ocasiones,las pagas se desembolsaban con retraso. Era la principal razón de descontento entre la milicia, que llegaba a sublevarse. Es comprensible, porque lo normal era que los soldados, dada su forma de vida, se endeudaran rápidamente. En cuanto a las retribuciones en especie, añaden Martínez Laínez y Sánchez Tarradellas: «Se garantizaba la subsistencia, se reducía el descontento, se mantenía la obediencia. Los soldados, escribía un inspector general, 'con alimentos y un poco de dinero de vez en cuando se las arreglan para vivir'. Los comerciantes, a su vez, resultaban beneficiados al no tener que vender directamente sus productos a una soldadesca a menudo soliviantada y proclive al desorden y la violencia. Por otra parte, para el Estado era más fácil y mucho más seguro contraer deudas con los comerciantes que abastecían de víveres y otras provisiones al ejército que permitir que los furibundos soldados quedaran sin cobrar y desabastecidos».

En cuanto a la Armada de la Monarquía Hispánica, Ángel Guirao de Vierna, en «El profesional del mar: reclutamiento, nivel social, formación», señala que «en la Armada del Mar del Sur, y debido a la gran escasez de pilotos, los sueldos correspondientes a capitán general y piloto eran, respectivamente en los años 1616 y 1650, de 810 y 900 reales de plata para el primer año, y 720 y 800 para el segundo».

Y añade: «Otra forma de obtener un buen sobresueldo era encargarse de la manutención de los pasajeros que viajaban a bordo de los navíos de guerra. Aquellos pagaban al rey el pasaje, pero su alimentación corría a cargo de los oficiales, que realizaban así cierto papel de hosteleros».

Guirao pone el ejemplo de los pasajeros que en 1713 hicieron el viaje desde Veracruz a Cádiz en la «Capitana» de la Armada de Barlovento. El comandante del buque se llevó 5.950 pesos por 11 pasajeros y el contramaestre 1.200 pesos por 4 pasajeros. Una situación que se explica, también según Guirao, por «una oficialidad cuya profesionalidad militar y náutica se veía mermada por sus intereses económicos. La Corona era muchas veces culpable de esta situación, al nombrar capitanes de mar y guerra a los dueños de los navíos que requisaba para escoltar a las flotas. Estos hombres seguían siendo armadores, aunque se viesen convertidos en militares, y no exponían su barco, que era muchas veces toda su fortuna. Pero es que además la actitud de estos oficiales al usar sus navíos para hacer comercio, olvidando o rehuyendo al enemigo, tenía como consecuencia el que quitaban los fletes a las embarcaciones estrictamente comerciales, sin abonar los derechos que estas no tenían más remedio que pagar».

Podemos informarnos de lo que pagaba el Gobierno inglés a sus funcionarios en el siglo XVIII, según los datos ofrecidos por Shawn Ni y Pham Hoang Van en artículo ya citado, gracias a un documento publicado por el Gobierno de Inglaterra (1774) titulado «El verdadero estado de Inglaterra», que enumera los salarios de todos los oficiales, civiles y militares, en todas las oficinas públicas de Gran Bretaña.

«La mayoría de los funcionarios del Gobierno inglés ganaba varios cientos de libras al año en comparación con las 20 libras de los vigilantes y jardineros en la nómina del Gobierno. Los salarios de los altos funcionarios eran mucho más altos. Por ejemplo, el salario del secretario de Estado (incluidos los incentivos legales) era de 8.000 libras esterlinas; el Tribunal Superior *of Chancery* (principal funcionario de la ley) ganaba 2.100 £; el receptor general (a cargo de los ingresos recogidos en las aduanas de Inglaterra y Escocia) se llevaba 1.000 £. Para tener una idea de cómo esto se compara con el resto de la población en ese momento, los ingresos familiares en la 'alta' categoría estaban por encima de 150 £; la 'clase media' entre 30 £ y 150 £; y el 'bajo' grupo de ingresos por debajo de 30 £».

Otra fuente para conocer las retribuciones de la primera fase de la Edad moderna, antes de la Revolución industrial, se halla en el destacable trabajo «Precios y salarios en Madrid, 1680-1800», elaborado por Enrique Llopis Agelán y Héctor García Montero, ambos de la Universidad Pompeu Fabra. Los autores muestran que a partir del siglo XVIII el coste de la vida evolucionó en Madrid y en la mayor parte de ciudades europeas de forma parecida. En cuanto a los precios, explican que, en el periodo analizado, «las medidas estabilizadoras adoptadas por Medinaceli en 1680 y Oropesa en 1686 acabaron con el desorden monetario que venía aquejando a la Corona de Castilla desde la década de 1620 (...). Tras la deflación subsiguiente a la aplicación del programa estabilizador, los precios (...) tendieron a estancarse hasta la 2ª mitad de la década de 1740, de hecho, el índice del coste de la vida en Madrid creció a una modesta tasa del 0,09 % entre 1691-1699 y 1742-1750. Esa estabilidad de precios en el largo plazo coexistió con oscilaciones cíclicas y con fluctuaciones interanuales de notable intensidad. El panorama se modificó a partir de los años finales de la década de 1740: de 1742- 1750 a 1792-1800, el índice del coste de la vida en Madrid creció al 1,19 %. Por tanto, la 2ª mitad del siglo XVIII fue un período inflacionista, si bien los precios crecieron en esas décadas algo más lentamente de lo que lo habían hecho en el XVI».

En cuanto a los salarios, detallan que «la fortuna de los trabajadores cualificados fue bastante distinta de la de los no cualificados a partir de 1715. Después de la Guerra de Sucesión, los salarios reales de los trabajadores cualificados crecieron fuertemente, alcanzándose los máximos absolutos en la primera mitad de la década de 1730, luego tendieron a descender, pero en toda la segunda mitad del siglo XVIII se mantuvieron en niveles bastante superiores a los de finales del siglo XVII: en 1790-1799 fueron un 24 % más elevados que en 1680-1689. En cambio, los salarios reales de los trabajadores no cualificados del sector servicios no se incrementaron después de 1715 y tendieron a descender desde 1733, acelerándose dicha caída a partir de 1760, de modo que la capacidad adquisitiva de los trabajadores no cualificados de este sector era en 1790-1799 un 43 % inferior a la de 1680-1689. La práctica desaparición de la parte del salario percibida en especie y su sustitución por una retribución en metálico contribuyó, en el largo plazo, a ese fuerte descenso».

En comparación con otros países, «entre 1680-1699 y 1780-1799, los salarios reales de los peones de albañil disminuyeron un 6,5 % en Londres, un 11,6 % en Amberes, un 13,7 % en Ámsterdam, un 19,5 % en Barcelona, un 20,3 % en Viena, un 21,5 % en Gdansk, un 31,4 % en Madrid y un 38,2 % en Milán. Se confirma pues el intenso abaratamiento del factor trabajo en la Europa del Sur durante el siglo XVIII».

Y concluyen: «En síntesis, la evolución de la capacidad adquisitiva de los jornales de los madrileños en el siglo XVIII no se apartó completamente del patrón general de las urbes europeas: estancamiento o suave tendencia ascendente en las 4 o 5 primeras décadas de dicha centuria y movimiento a la baja después de 1740 o 1750. La singularidad de Madrid estribó en que la tendencia descendente de los salarios reales de la segunda mitad del siglo XVIII fue de las más intensas del continente europeo y que aquellos ya habían disminuido fuertemente en la centuria precedente».

Los dignatarios, como suele suceder en cualquier régimen, no reparaban en gastos. Así sucedió con Carlos III al ser enviado a Italia para gobernar Nápoles y otros territorios en la península itálica como soberano a las órdenes más explícitas que implícitas de sus progenitores. Timonear aquellas posesiones no fue económico. Su padre, Felipe V, le concedió 150.000 ducados anuales (a 37,5 € el ducado, 5.625.000 €), y su madre Isabel decidió y compuso la Corte de Carlos abonando por adelantado varios meses de salarios. Además de la pensión paterna para gastos personales y de alimentación, Carlos se llevó consigo 3.095 marcos de plata, es decir, unos 246.298 reales. Teniendo en cuenta que el cambio aproximado era de 3,4 € contemporáneos, hablamos de casi 850.000 €.

El futuro gobernante, y sigo aquí algunas aproximaciones de Roberto Fernández en su biografía del soberano, se puso en marcha el 20 de octubre de 1731. El traslado duró más de 2 meses y supuso 786.112 reales (casi 2.700.000 €), solo para el trayecto de Sevilla a la frontera gala. Era invertir en marketing a costa de los súbditos, porque los viajes eran una oportunidad de lucimiento y su coste era en buena medida distribuido entre las poblaciones que se atravesaban. Para esposa de Carlos III se optó por la candidata sugerida por la emperatriz Guillerma Amalia de Brunswick, viuda de José I y abuela de María Amalia, y que a Carlos no le había parecido inicialmente la mejor opción porque solo sumaba 12 años. Fuera como fuese, el 27 de agosto de 1737, el rey de Nápoles tenía prometida. Por parentesco de cuarto grado, hubo de solicitarse dispensa papal. Una vez firmada la autorización por Clemente XII, el sendero quedó expedito para abordar las negociaciones matrimoniales. El 31 de octubre se celebraba en Viena el acto de promesa y el 16 de diciembre se rubricaban las capitulaciones. El 11 de abril de ese mismo año, las majestades sajonas revalidaban el acuerdo entre su sucesora y Carlos. La prometida contribuía con una dote de 90.000 florines alemanes, garantizados por las rentas reales. Si la muchacha fallecía antes que el rey, la dote quedaría para disfrute de este último; si moría sin descendencia, la herencia tornaría al progenitor. El novio le aseguraba una pensión anual de 150.000 escudos de vellón (a 40 € el escudo, 6.000.000 €) en concepto de gastos de cámara y un regalo nupcial de 50.000 ducados (1.875.000 €). En el caso de que la reina quedase viuda podría elegir residencia, ser regente durante la minoría de edad de sus retoños y percibir una renta anual de 150.000 mil ducados (5.625.000 €).

El napolitano marqués de Gamoneda fue durante un periodo el secretario de la reina madre, con quien la nuera –María Amalia– no se llevaba nada bien. Carlos le abonaba 2.400 ducados mensuales (8.160 € mensuales) por indicación expresa de Isabel. A la consorte de Carlos III le resultaba excesivo. La animadversión personal contribuía decisivamente al desagrado por la retribución adjudicada.

La reforma de la Casa Real que realizó Carlos en 1761 después de enviudar, y que reunió a las Casas de la reina y del rey en una sola, no evitó que más de 2,500 servidores siguiesen atendiendo las necesidades de la familia real y sus allegados. El gasto anual representaba un 10 % de los ingresos de la Hacienda pública. Hay que tener en cuenta que con parte de esas cantidades se afrontaban infraestructuras públicas por el bien del pueblo, comenzando, obviamente, por el de los miembros de la Casa Real.

La intentona más seria de organizar la fiscalidad para los napolitanos tuvo lugar entre 1741 y 1742. ¡Había que mantener una magna estructura, incluidos innumerables salarios funcionariales! La Cámara de la Sumaria, responsable de asuntos fiscales, remitió a unos 2.000 municipios las indicaciones para alzar el Catastro de Onzas, así calificado porque se expresaba en onzas, una moneda nominal cuyo valor se fijaba en 6 ducados. La meta era conocer la riqueza de sus clases sociales para obtener los mejores provechos fiscales para el Estado. La primera meta era facilitar una mejor distribución de las cargas. La segunda, establecer un régimen fiscal uniforme.

A pesar de las medidas llevadas a cabo bajo la dirección de Giovanni Brancaccio, primero, y del marqués de Esquilache más tarde, la reforma fiscal fue un fiasco. Una política más decidida hubiera sacado adelante el Catastro como medio de disciplinar la imposición fiscal sobre los inmuebles, aligerar cargas a las clases sociales más bajas y verificar la legitimidad de las exenciones. Las normativas del modernizador Catastro estuvieron siempre vigentes, pero cuando Carlos abandonó el reino seguían sin aplicarse por la resistencia de los opulentos. Como detallaría Giuseppe María Galanti: los bienes feudales y eclesiásticos eran inmunes.

No pudiendo tasar a los ricos, el Tribunal de la Sommaria siguió recargando a los menos pudientes. Matteo Egizio, personaje conservador afín a la Curia, bibliotecario real, secretario de embajada en París y agente de familias de la nobleza, en una carta dirigida en 1739 a Montealegre para explicarle las causas del desigual reparto de las cargas afirmaba que «los acomodados [eran quienes] con su autoridad y bajo varios pretextos pagan poquísimo, cargando todo el peso sobre los pobres campesinos, además de ordeñarlos y chuparlos con la usura: por lo que al final estos acaban abandonando su país, donde no hay nada que los retenga y que por lo general vienen a poblar extraordinariamente esta capital [Nápoles], a la que no aportan ni oficio ni habilidad alguna, sino solo dientes para roer».

Los grandes propietarios hubieran podido aportar más, pero terminó recaudándose de los comerciantes, los artesanos y los campesinos. ¡Como casi siempre! Que los adinerados obtuviesen relevantes rentas de la deuda pública provocada por las urgencias de la Hacienda Real no estimulaba a invertir en la industria.

Al poco de regresar a España, en 1761, la contrata diaria para la cocina responsable de atender a la familia real ascendía a 2.309 reales de vellón (7.850 €). Un almuerzo regio solía incluir 3 sopas, 10 trincheros, 2 entradas (1 pecho de vaca y 3 pollos con jamón), 2 asados y 4 postres. Una cena constaba de ¡3 sopas, 8 trincheros, 1 entrada de lomo de ternera asado, 2 asados y 3 dulces! El boato público totalizaba enormes dispendios.

La obsesiva afición cazadora suponía colosales costes. Carlos adquirió el monte de El Pardo por 6 millones de reales (20.400.000 €) para dedicarse a su afición cinegética. Las cacerías más espectaculares podían suponer desembolsos de 30.000 reales (1.020.000 €). Carlos III siempre adujo que era su modo de blindarse frente al riesgo de sufrir psicopatías como las que padecía la práctica totalidad de sus ancestros y consanguíneos. No faltaron los conflictos que, como casi siempre, mezclaron ideología con economía. Así fue con el calificado como motín de Esquilache, por el nombre del ministro italiano en que se focalizó. A muchos enardeció la intención de Esquilache de gestionar directamente el excusado, impuesto consistente en la entrega al Estado del diezmo más rico de cada parroquia. Los derroches provocados por la guerra de España con Gran Bretaña habían dejado exhausta a la Hacienda. El descontento se incrementó al trascender los comportamientos del italiano y su mujer, con un enriquecimiento desproporcionado, porque, como reza el refrán, «en el arca abierta, el justo peca».

Acusado de provocar carestía de productos agrarios, el motín se substanció en el ataque a Esquilache. Unos versos atestiguan la animadversión popular: «*Yo, el gran Leopoldo primero / marqués de Esquilache augusto, / a España rijo a mi gusto / y a su rey Carlos Tercero. / Entre todos me prefiero, / ni lo consulto ni informo, / al que obra bien le reformo, / a los pueblos aniquilo, / y el buen Carlos, mi pupilo, / dice a todo: 'Me conformo'*».

Los alaridos de «danos pan y muera Esquilache» reemplazaron a los vivas a los reyes. Que el precio de 2 libras de pan subiera a 48 maravedíes, siendo el sueldo de un peón de 136 al día provocó una iracunda desazón en los menos favorecidos. La propuesta de agrandar la libertad comercial para evitar la especulación fue contestada por los consumidores, que reivindicaban medidas proteccionistas.

En el caso de las revueltas de 1766 coincidieron sucesivas malas cosechas que doblaron el precio del pan, del tocino y el aceite, con la medida gubernamental de abolir en 1765 la tasa del precio del grano y autorizar su comercio libre. En diciembre de 1765 el embajador inglés en Madrid informaba: «Como el precio del pan se ha elevado considerablemente, se han dejado oír grandes clamores por parte del pueblo de Madrid; y el día que la Corte regresó aquí [desde El Escorial], la multitud se arremolinó en torno al carruaje de la reina [Isabel] con gritos de que estaba hambrienta. Su Majestad comunicó esto al rey al día siguiente y este envío a buscar a Esquilache, reprochándole que en cierta medida era la causa de ese disturbio; y me ha comunicado alguien que escuchó la conversación que Esquilache replicó que era imposible conciliar la guerra con los ahorros que exigía la situación económica».

La maquinaria hacendística de Carlos III procuró recaudar prescindiendo en la medida de lo posible de los intermediarios. Por este motivo, alcabalas y cecas fueron más controladas por el Estado. En el virreinato de Nueva España, sin ir más lejos, se pasó de 6 millones de pesos en 1765 a casi 20 en 1782. Si América se enriquecía, más se podría obtener de ella. Esto difícilmente lo entendería un socialistoide...

En cuanto a los estancos estatales, se hizo hincapié en extender el monopolio del tabaco, que llegó a contar con más de 17.000 empleados y a facturar 8 millones de pesos. Las minas de Nueva España, Potosí y la plata mexicana generaron sus mayores frutos merced a las ventajas otorgadas por el Tribunal de la Minería, creado en 1777, a las técnicas implementadas por el Colegio de Minería desde su fundación en 1783 y las Ordenanzas promulgadas en ese mismo año. La mina La Valenciana, situada en Guanajuato, llegó, con sus 3.000 empleados, a ser una de las entidades industriales más grandes del planeta.

Sin embargo no todo fue agradable. En 1765, ciudadanos de Quito protagonizaron la «Revuelta de los estancos», desatada por la implantación del monopolio del aguardiente. Puso de manifiesto el resentimiento de algunos mestizos. Relevante fue también la sublevación de los comuneros de Socorro (Nueva Granada), que en 1781 movilizó a más de 20.000 hombres que se opusieron a las nuevas contribuciones y al monopolio del cultivo del tabaco por parte de la metrópolis. Solo por la mediación del arzobispo y virrey Antonio Caballero se desactivó. La rebelión más significativa del siglo fue la protagonizada por el mestizo de noble estirpe José Gabriel Condorcanqui, que adoptó el nombre inca de Túpac Amaru. Ajustició al corregidor de Tinta, Antonio de Arriaga, poniendo en aprietos durante meses a las tropas reales hasta llegar a las puertas de Cuzco, donde traicionado por sus huestes fue cedido por los indígenas a los españoles y ajusticiado junto a su familia. He detallado estos sucesos en *El encuentro de cuatro imperios. El management de españoles, aztecas, incas y mayas* (Kolima). Estas asonadas no se postularon como vestigios secesionistas, sino esencialmente como protestas sociales.

Carlos III apostó seriamente por América como prueba la fundación de las Sociedades Económicas de Amigos del País de Nueva Granada (1784), Lima y La Habana (1787), la erección de la Academia de Bellas Artes de San Carlos (1785) o la creación del Jardín Botánico de México (1789). La Universidad de Asunción fue alumbrada en 1779 a la zaga de universidades como la de San Carlos de Lima, la Pontificia de México o Santa Fe de Bogotá. Para el desarrollo de la ciencia se multiplicaron los Convictorios, fundados en Buenos Aires o Lima; la Escuela de Cirugía de México; la Academia Carolina de Charcas, para la formación de abogados; o la Escuela de Minería de México. Se crearon jardines botánicos en México, Lima y Guatemala, y observatorios astronómicos, como los de Montevideo, para apoyar a la expedición de Malaspina, o el de Santa Fe de Bogotá promovido por Celestino Mutis. Aquellas tierras no eran tratadas como hetairas, tal como tantas veces hicieron los belgas o germanos con sus colonias, sino como objeto de atención y cuidado.

Las Fuerzas Armadas acopiaron notables recursos como insoslayable broquel protector que debían ser. Y gallardearon. No eran en balde. Tres quintas partes de los desembolsos tuvieron como destinatario el Ejército y la Armada. El primero ocupó la posición estelar con casi un 36 % del total, la segunda recibió un 24 %. Galos y británicos invertían cantidades mayores. A principios del siglo, los ingleses dedicaban a estos efectos casi el 75 % de sus gastos. En 1770 la inversión francesa en cuestiones navales duplicaba a la española. Carlos III pretendía el desarrollo económico a partir de la mejor gestión de sus territorios de ultramar. Eso implicaba defenderlos de los corsarios británicos y galos. Por lo demás, esas inversiones implicaban mejoras en la industria textil, siderúrgica, maderera, etc. La ecuación era clara: invertir en defensa para mejorar la economía, pues se evitaban los desafueros de los filibusteros y matarifes avalados por las monarquías británica y francesa que querían atraillar a los demás y quedarse con el esfuerzo español mediante el robo.

Los ingresos procedentes de América, con profundas oscilaciones en periodos bélicos, supusieron una significativa ayuda. Durante la última etapa de Fernando VI representaron el 20 % del presupuesto; entre 1762 y 1779 decrecieron hasta al 15 % de los ingresos netos de la Corona. Uno de los motivos fue el empeño de Carlos III de invertir en ultramar una proporción elevada de los recursos conseguidos para que nadie hambrease en la América española.

Paralelamente, en la península la reforma fijó diversos objetivos: mejor funcionamiento de la Administración, menos trabas a la circulación de mercancías y más relevancia de la imposición directa procurando una mayor equidad fiscal entre los súbditos, tratando de poner coto a los chalanes que deseaban evitar tributación en sus negocios. Como no alcanzaban los impuestos, la deuda pública se incrementó. Se ejecutaron inversiones estatales en sectores industriales. Surgieron las Manufacturas Reales, inauguradas por Felipe V a la zaga de las erigidas por Colbert en Francia. Se buscaba satisfacer la demanda de lujo y la generada por la propia Administración. Servían, por lo demás, como palanca para el desarrollo. Además de la Real Fábrica de Porcelana del Buen Retiro, por traslado de la que Carlos III había erigido en Capodimonte, se crearon la Real Fábrica de Paños Superfinos de Segovia en 1763 y la Real Fábrica de Vidrio de La Granja en 1773. La Real Fábrica de Tabacos de Sevilla empleó a 2.000 personas. Cuando la rentabilidad resultaba escasa y la financiación precaria, los Gobiernos se aprestaron a reclamar asistencia al capital privado, como ocurrió en la Fábrica de Paños de Guadalajara, la Fábrica de Paños de Santa Bárbara y San Carlos de Ezcaray, la Fábrica de Paños Superfinos de Segovia o en la Fábrica de Talavera de la Reina dedicada a los tejidos de seda.

Especial papel tuvo la institución en Madrid de los Cinco Gremios Mayores, que se dedicó a gestionar fábricas reales o establecer estructuras empresariales mixtas. Económicamente no siempre fueron rentables. La fábrica de Guadalajara, por ejemplo, costaba anualmente al erario unos 5,5 millones de reales. Los ministros carolinos prefirieron asumir los costes que ocasionaban con el objetivo de asegurar puestos de trabajo. Nada diferente a la proliferación en la actualidad de funcionarios y parafuncionarios por motivos más políticos que económicos, sobre todo cerca de las elecciones.

En Cataluña, la industria algodonera de las indianas disponía en 1784 de 80 fábricas con 2.102 telares y 8.600 trabajadores. Fue como si las palabras del abate de la Gándara, en sus *Apuntes sobre el bien y el mal de España*, publicados en 1762, empezaran a ser oídas por Carlos y su camarilla:

«La libertad es el alma del comercio; es el riego universal de todo. Su contrario son los estancos, murallas y tasas». Orear es siempre positivo.

Se aplicaron ciclópeos esfuerzos en la construcción de una red viaria que, siguiendo las indicaciones expuestas por Bernardo Ward en su Proyecto económico de 1762, ansiaba comunicar Madrid con las principales ciudades de Andalucía, Cataluña, Galicia y Valencia. En 1763 se instauró la Diligencia General de Coches, para unir Madrid con puntos de la península. Ese servicio tuvo que dotarse de escoltas para protegerse de bandoleros como Diego Corrientes, el Chato de Talavera o los Siete Niños de Écija. También se alentó el medio fluvial. El objetivo final era en el fondo quimérico: unir los 3 mares mediante la canalización de los ríos interiores. Carlos puso especial empeño en estas necesidades. El Canal de Castilla, navegable hoy en día, es un lúdico memento de aquellos proyectos.

Según el *Diccionario de Hacienda* de José Canga Argüelles, entre 1786 y 1796 el déficit de la balanza comercial ascendió a 3.877 millones de reales, un promedio de 352 millones anuales. Un quebranto acumulado por la necesidad de trigo, bacalao y manufacturas para el consumo y tener que importar productos para las colonias. La economía había mejorado, pero estaba lejos de competir con sus rivales europeas.

Al inicio del reinado de Carlos padecían pauperismo 100.000 españoles. Al concluir, las cosas no habían mejorado notablemente, pues en 1786 se recogió a más de 3.300 indigentes en las calles madrileñas. Se trataba de una masa inquietante y económicamente aprovechable. Alarmante por su capacidad de promover algaradas y su condición de potenciales malhechores. Después de los motines de 1766, muchos acabaron en prisión. Por otro lado sumaba un potencial de mano de obra barata.

Se multiplicaron los hospicios, asilos y casas de expósitos, instituciones que trataban de mutar a zarramplines y zarrapastrosos en útiles para ellos mismos y para el Estado. Desafortunadamente las coordenadas fueron cuartelarias, como denunció Ignacio de Asso refiriéndose al hospicio de Zaragoza, o Jovellanos respecto al de León. 12.000 niños eran incorporados cada año a las inclusas. Infra financiadas, a los pocos meses fallecía el 90 % de los ingresados. La obsesión con los vagabundos fue proporcionarles un empleo que tuviera utilidad para la sociedad. Unos accedieron a las Fuerzas Armadas a través de levas forzosas.

Los hubo que acabaron trabajando en fábricas organizadas por la Iglesia, como la del cardenal Lorenzana en el viejo alcázar toledano, que llegó a acoger a más de 700 indigentes. Cuando no, las cárceles resultaban el domicilio de esta gente. Por lo demás fueron numerosas las ocasiones en que se dieron abruptos enfrentamientos de las autoridades reformistas, a veces estancados en los sargazos de la negligencia burocrática, con una caridad religiosa que contemplaba a los pobres como la manifestación de una voluntad arcana y que cabía atender mediante la piedad de los opulentos.

Las contradicciones eran patentes. Jovellanos, alto funcionario, contaba con 8 almas de servicio para su única persona: un mayordomo, un ayudante de cámara, un cocinero, un cochero, 2 lacayos, un paje y un portero. Frente a este dispendio, que recuerda el de Lenin una vez culminada la revolución bolchevique, la mayoría de las familias tenían que sobrevivir con 1.400 reales al año para alimentación, vivienda y vestido. En Madrid, esa cantidad la lograba solo un tercio de los núcleos familiares.

En su *Memoria sobre la Educación Pública*, Jovellanos, en un alarde de incongruencia tan propio de políticos que han perdido el norte −¡cuántos cuando se escriben estas líneas!−, denuncia que el «lujo insensato, azote de las naciones cultas devora la fortuna pública y privada. Él es quien, a falta de prendas y mérito real, busca la superioridad y la gloria en la vana ostentación de galas y trenes, ricas preses y muebles exquisitos».

Pocas semanas antes la muerte del rey, en su *Elogio de Carlos III*, leído en la Sociedad Económica Matritense, Jovellanos proclamó ante una abarrotada sala en la que se hallaban presentes Campomanes y Floridablanca: «La erección de nuevas colonias agrícolas, el repartimiento de las tierras comunales, la reducción de los privilegios de la ganadería, la abolición de la tasa y la libre circulación de los granos, con que mejoró la agricultura; la propagación de la enseñanza fabril, la reforma de la policía gremial, la multiplicación de los establecimientos industriales, y la generosa profusión de gracias y franquicias sobre las artes en beneficio de la industria; la rotura de las antiguas cadenas del tráfico nacional, la abertura de nuevos puntos de consumo exterior, la paz del Mediterráneo, la periódica correspondencia y la libre comunicación con nuestras colonias ultramarinas en obsequio del comercio; restablecidas la representación del pueblo para perfeccionar el Gobierno municipal y la sagrada potestad de los padres para mejorar el doméstico; los objetos de beneficencia pública distinguidos en odio de la voluntaria ociosidad y abiertos en 1.000 partes los senos de la caridad en gracia a la aplicación indigente, y sobre todo levantados en medio de los pueblos estos cuerpos patrióticos [se refiere a las Sociedades Económicas de Amigos del País] dechado de instituciones políticas y sometidos a la especulación de su celo todos los objetos del provecho común. ¡Qué materia tan amplia y gloriosa para elogiar a Carlos III y asegurarle el título de padre de sus vasallos!». Un ditirambo que reflejaba aspectos ciertos y muchos anhelos de incensar al poderoso, como en cualquier época.

En Inglaterra estalla, a mediados del siglo XVIII, la Revolución industrial, que cambia el mundo. El actual es un heredero más o menos directo de aquel, en el mismo sentido que, sin el hombre de negocios que alumbró la Baja Edad Media –y en especial la cada vez más profunda división capital-trabajo–, probablemente jamás hubiera estallado la Revolución industrial. El hilo de la historia a veces se retuerce, pero siempre se mantiene entero y constante. Los orígenes de esta revuelta que transformó a la humanidad se hallan, según las conclusiones de Julián Chaves Palacios, de la Universidad de Extremadura, en «Desarrollo tecnológico en la primera Revolución industrial», en «una sucesión interrelacionada de cambios tecnológicos que sustituyeron la capacidad humana por instrumentos mecánicos, y la energía humana y animal por la energía inanimada. Cambios en equipos y en métodos que trajeron consigo nuevas formas de organización industrial. La utilización de máquinas, que pasó de la producción inicial de hilaza y tejidos a su utilización en las minas de carbón y de hierro, para continuar, ya en el siglo XIX, con su aplicación a los buques de vapor y el ferrocarril, originó un cambio sustancial en el tamaño de la unidad productiva. De forma que la unidad de trabajo familiar fue sustituida por la nave industrial y la fábrica se convirtió en un sistema de producción en sí mismo, basado en una clara definición de las funciones y responsabilidades de sus principales miembros: burguesía y obreros».

A este factor hay que sumar otros como el geográfico o la forma de gobierno inglesa, basada en la costumbre, la estabilidad y no husmear demasiado en los asuntos de sus ciudadanos, para bien o para mal. A diferencia de Francia, donde la turbulencia de 1789 había creado no poca inseguridad jurídica, además de un nuevo Estado que en lo esencial aspiraba a ser tan o más absoluto que aquel que aspiraba a derribar, Inglaterra ofrecía un entorno casi ideal para hacer negocios.

Escribe Joel Mokyr, de la Universidad de Northwestern, en «La Revolución industrial y la nueva historia económica»: «Las regulaciones y las normas, la mayor parte de ellas reliquias de los tiempos de los Tudor y los Estuardo, permanecían vigentes, pero el consenso general entre los historiadores actuales es que esta rara vez se hacían respetar. A medida que la economía se hacía más refinada y los mercados más complejos, la capacidad del Gobierno para regular y controlar asuntos tales como la calidad del pan o la duración de los contratos de los aprendices desapareció de forma efectiva. El Gobierno central controlaba el comercio exterior, pero la mayor parte de la Administración interna se dejó en manos de las autoridades locales. Los magistrados locales se ocupaban del comercio interior, de la regulación de los mercados de trabajo y tierras, de la justicia, la Policía, la conservación de los caminos rurales y la beneficencia».

En cualquier caso, de lo que no hay duda es del cambio que supuso la Revolución industrial y que Eric Hobsbawm, en *Las revoluciones burguesas*, ejemplifica con elegancia a través del lenguaje: «Las palabras son testigos que a menudo hablan más alto que los documentos. Consideremos algunos vocablos que fueron inventados o adquirieron su significado moderno en el período analizado. Entre ellos están: 'industria', 'industrial', 'fábrica', 'clase media', 'clase trabajadora', 'capitalismo' y 'socialismo'. Lo mismo podemos decir de 'aristocracia' y 'ferrocarril', de 'liberal' y 'conservador' como términos políticos, de 'nacionalismo', 'científico', 'ingeniero', 'proletariado' y 'crisis' (económica). 'Utilitario' y 'estadística', 'sociología' y otros muchos nombres de ciencias modernas... Imaginar el mundo moderno sin estas palabras (es decir, sin las cosas y conceptos a las que dan nombre) es medir la profundidad de la revolución producida entre 1789 y

1848, que supuso la mayor transformación en la historia humana desde los remotos tiempos en que los hombres inventaron la agricultura y la metalurgia, la escritura, la ciudad y el Estado. Esta revolución transformó y sigue transformando al mundo entero».

La Revolución industrial supuso la sustitución de una economía esencialmente agrícola por otra fabril y trajo consigo, al crearse industrias o centros de trabajo en que el individuo pasa a ser parte decisiva de la producción, una absoluta división entre capital y trabajo, que dio lugar a la consolidación de una clase. La burguesía, dueña del capital y las rentas, se convirtió en hegemónica. Se consolidó un proletariado que solo podía ofrecer su brega. Se crearon así a la vez las condiciones para una lucha de clases que, a través del movimiento obrero, acabaría marcando dramáticamente el siglo XX. Esa disputa serviría, con los costes terribles que implicó, para lograr mejores condiciones de vida.

La decadencia de una aristocracia improductiva y rural, cuya última etapa de esplendor en Inglaterra fue prácticamente la eduardiana, constituyó el pórtico a una nueva clase de capitalistas que arrancaron aventuras empresariales en un contexto tecnológico favorable y que vería su momento de mayor brillo en Estados Unidos durante la primera mitad del siglo XX. Hacia 1800, la riqueza, medida en PIB o renta per cápita, se disparó y creció sostenidamente, permitiendo de paso la aparición de una clase media esencialmente urbana. Al mismo tiempo, las condiciones de vida, desde el alcantarillado hasta avances médicos como las vacunas, mejoraron notablemente, lo que produjo, a partir de mediados del siglo XVIII, un aumento demográfico que supuso contar con una mano de obra más numerosa. Al mismo tiempo creó problemas de salubridad en los hacinamientos urbanos, sobre todo entre la clase proletaria. El comercio internacional, gracias al Tratado de Utrecht (1713), se liberalizó. En paralelo a unas

mejores y más rápidas comunicaciones –el papel del ferrocarril o el barco de vapor fue esencial–, los intercambios
comerciales entre naciones permitieron que a mediados del
siglo XIX otras regiones de Europa, como Sajonia o el valle
del Loira, comenzaran su industrialización y asentaran una
suerte de globalización que llevaba en marcha desde el siglo
XV. La creación de una sociedad liberal involucró asimismo
la paulatina abolición y desaparición de los gremios. En España ocurrió en 1834. Francia, durante la revolución abrió
el camino a la prohibición de uno de los actores económicos
más relevantes durante los siglos precedentes. Promulgada
en 1791, la Ley Le Chapelier decretó:

«Art 1. El desmantelamiento de toda clase de corporaciones de ciudadanos del mismo oficio y profesión es una de
las bases fundamentales de la Constitución francesa, y se
prohíbe totalmente volver a crearlas bajo cualquier forma.

Art 2. Los ciudadanos del mismo oficio o profesión, empresarios, comerciantes, artesanos, obreros y artesanos de
cualquier ramo, no pueden, cuando están juntos, nombrar
presidente, secretario o síndico, llevar registros, promulgar
estatutos u ordenanzas ni tomar decisiones, ni imponer normas en su interés común».

En cuanto a las retribuciones, la aparición de un nutri-
do proletariado urbano facilitó, gracias al exceso de mano
de obra, salarios miserables, además de unas condiciones
laborales y vitales penosas: enfermedades infecciosas en entornos de hacinamiento, además de patologías como el alco-
holismo y la promiscuidad, de la que tenemos ejemplo en el
mismísimo Karl Marx, y más aún en Engels. La esperanza de
vida bajó en las ciudades inglesas a mediados del siglo XIX.
Crecimiento económico no significa necesariamente distribución de rentas.

Tal y como detalla Antonio Escudero, de la Universidad de Alicante, en «Salarios y nivel de vida en los barrios

obreros británicos durante la Revolución industrial», la esperanza de vida «pasó de 37 años en 1790 a 41 en 1810 y se estancó en esta cifra hasta 1850. Sin embargo, en las grandes ciudades descendió, situándose entre 28 y 31 años, esto es, de 10 a 13 años por debajo de la media del país y siendo todavía mayor esa diferencia con respecto a las zonas rurales. En la década de 1840, la esperanza de vida en el campo era de 45 años y en los barrios obreros de Manchester, Liverpool y Glasgow de 26, es decir, 19 años menos. En cuanto a la estatura media de los varones, existe acuerdo en que disminuyó, aunque las estimaciones oscilan entre una caída de 3 y otra de 5,4 cm. También existe consenso en que la talla en las ciudades descendió más que en el campo yen que la estatura de los obreros de las grandes ciudades fue la que más disminuyó. No en vano, en la década de 1840, los cadetes de la academia de Sandhurst medían 20 cm más que los jóvenes de la misma edad reclutados en los barrios proletarios por la *Marine Society* y un inspector de fábricas textiles escribió en 1840 sobre los tejedores: 'Sus cuerpos se están deteriorando y su raza desciende con rapidez al tamaño de los liliputienses'».

La intervención del Estado, fuera en campañas de higienización, la restricción del trabajo infantil a partir de los 12 años con la ley de 1833 o reformas urbanas por decreto, y las reivindicaciones del movimiento obrero permitieron que a mediados del siglo XIX la esperanza de vida empezara lentamente a aumentar. El comunista-potentado Friedrich Engels ofrece una detallada descripción de un barrio proletario en «La condición de la clase obrera en Inglaterra en 1844»: «St. Giles se halla situado en la parte más poblada de la ciudad, rodeado de calles anchas y luminosas, donde bulle el mundo elegante londinense, muy cerca de Oxford Street, de Regent Street, de Trafalgar Square y del Strand. Es una masa de casas de 3 o 4 plantas, construidas sin plan, con calles estrechas, tortuosas y sucias, donde reina una animación tan intensa como en las calles principales que atraviesan la ciudad, excepto que en St. Giles solo se ve gente de la clase obrera. Las calles sirven de mercado: cestas de legumbres y de frutas, naturalmente todas de mala calidad y apenas comestibles, dificultan mucho más el tránsito, y de ellas emana, como de las carnicerías, un olor nauseabundo. Las casas están habitadas desde el sótano hasta el techo, tan sucias en el exterior como en el interior, y tienen un aspecto tal que nadie tendría deseos de vivir en ellas. Pero eso no es nada comparado con los alojamientos en los patios y las callejuelas transversales a donde se llega por pasajes cubiertos, y donde la inmundicia y el deterioro por vejez exceden la imaginación. No se ve, por decirlo así, un solo vidrio intacto, los muros están destrozados, las guarniciones de las puertas y los marcos de las ventanas rotos o desempotrados, las puertas –si hay– hechas de viejas planchas clavadas juntas; aquí, incluso en este barrio de ladrones, las puertas son inútiles porque no hay nada que robar. Por todas partes los montones de detritos y cenizas y las aguas usadas vertidas delante de las puertas terminan por formar charcas nauseabundas. Aquí es donde viven los más pobres de los pobres, los trabajadores peor pagados, con los jayanes, los estafadores y las víctimas de la prostitución, todos mezclados».

A esas condiciones había que sumar el papel de usureros y prestamistas, como aboceta John K. Walton, de la Universidad de Lancanshire Central, en «Aproximaciones a la historia de la vida cotidiana en Inglaterra, 1850-1940»: «Otras reacciones a problemas derivados de los ingresos bajos e inestables incluían la concesión de un crédito a través de usureros, que a juicio de comentaristas externos cobraban excesivas sumas de interés sobre pequeñas cantidades a corto plazo, además del recurso a los tenderos locales, que solían tener verdaderos problemas para cobrar deudas irrecuperables. Los vendedores ambulantes, conocidos como *scotch drapers*, vendían patrones y cortes de tela a plazos, y también solían tener dificultades para recuperar lo que se les debía. El pago atrasado pasó a ser no-pagado. El uso sensato de un prestamista tenía su razón de ser: permitía a la gente almacenar bienes durante la semana, como un buen traje, y recuperarlos una vez que el sobre de la paga del fin de semana les proporcionaba una solvencia temporal, ayudándolos también a equilibrar la disponibilidad de dinero en efectivo».

Según los datos ofrecidos por Gertrude Himmelfarb en «Pobreza: Inglaterra a principios de la era industrial», los trabajadores destinaban de media el 40 % del salario en harina y pan, el 20 % en productos cárnicos, el 9 % en té, azúcar, cerveza, el 4 % en jabón o velas, el 15 % en alquiler y combustible y 8 % en ropa. ¿Cuáles eran entonces los salarios de los trabajadores, entre los que se encontraban los menores? Lo detalla Samantha Herman en «Salarios mínimos de la clase trabajadora durante la Revolución industrial»: «En los primeros años de la Revolución industrial, antes de la creación de la máquina de vapor, los huérfanos constituían buena parte de la fuerza de trabajo, de acuerdo con Carolyn Tuttle, profesora de Economía en el colegio Lake Forest (...). Cuando la máquina de vapor ingresó en la ecuación, las fábricas comenzaron a aparecer en las principales ciudades (...) familias pobres que luchaban por sobrevivir en estas áreas urbanas mandaron a sus hijos a trabajar en estas fábricas. Aunque los niños trabajaban muchas horas, ganaban muy poco dinero. Jason Long, profesor asociado de Economía en el colegio Colby, dice que los niños trabajando en las fábricas en la década de 1850 ganaban entre 2 y 4 chelines por semana».

Añade, en cuanto al salario de las mujeres: «Joyce Burnet, profesora de Economía en el colegio Wabash, asegura que, aunque los niños, tanto varones como niñas, ganaban la misma cantidad de dinero, aparecía una brecha en los salarios según el género a partir de los 16 años. El salario promedio para las mujeres trabajando en fábricas en 1833 era de unos 7 chelines por semana. Es decir, que las mujeres obreras durante la Revolución industrial solo ganaban un tercio de lo que ganaban los hombres. En una columna escrita en abril de 2008, Jane Humphries, profesora de Historia Económica en la Universidad de Oxford, afirmó que era común que los varones adolescentes que trabajaban en las fábricas ganaran más dinero que sus madres».

La situación con los hombres tampoco era para tirar cohetes: «Long afirma que los trabajadores calificados ganaban un promedio de entre 20 y 30 chelines por semana. Aunque esto parece mucho en comparación con los salarios de mujeres y niños, no era ni remotamente suficiente para hacer rica a una familia. De hecho, el autor G.T. Griffith asegura que un quinto de las familias viviendo en Liverpool a mediados del siglo XIX rentaban unidades en áticos, en lugar de pisos comunes. Incluso cuando todos los miembros de la familia trabajaban, pagar los altos costos de la renta, alimentos y vestimenta en un área metropolitana a menudo era un enorme desafío».

En *Tiempos difíciles* (1854) –título de por sí significativo–, Charles Dickens, uno de los narradores más perspicaces de la Revolución industrial –entre otras razones porque la sufrió durante su infancia, en jornadas de 10 horas en la *Warren's boot-blacking factory*, una fábrica de betún–, describe el ambiente de los entornos fabriles: «Era una ciudad de ladrillo rojo, es decir, de ladrillo que había sido rojo si el humo y la ceniza se lo hubiesen consentido; si no era así, la ciudad tenía un extraño color rojinegro, parecido a lo que usaban los salvajes para embadurnarse la cara. Era una ciudad de máquinas y de altas chimeneas, por las cuales salían interminables serpientes de humo que no acababan nunca de desenroscarse, a pesar de salir y salir sin interrupción».

La novela, ambientada en la ficticia localidad de Coketown, se estructura según la mirada de 2 clases enfrentadas, la burguesa y la proletaria, en la que no hay el habitual sentimentalismo de Dickens, sino más bien una suave y demoledora ironía. «Cualquiera de sus capitalistas, de los que habían llegado a reunir 60.000 libras esterlinas empezando con medio penique, salía de pronto y en cualquier ocasión preguntando asombrado por qué los 60.000 obreros manuales que, más o menos, había en Coketown no se las arreglaban para convertir, todos y cada uno de ellos, su medio penique en 60.000 millibras, viniendo a reprocharles que no fuesen capaces de llevar a cabo una cosa tan sencilla».

En la literatura de época hay sobrados ejemplos de la atroz situación laboral del periodo. Por ejemplo, en *Sybil* (1845), de Benjamín Disraeli, se retrata el trabajo infantil en los filones. «De la mina sale su mineral y del pozo sus siervos (...). Desnuda hasta la cintura, una muchacha inglesa, durante 12 y a veces 17 horas diarias, tira ayudándose de manos y pies de una cadena de hierro que, sujeta a un cinturón de cuero, se arrastra entre sus piernas enfundadas en pantalones de lona, para transportar cubetas de carbón que salen de los caminos subterráneos, oscuros tortuosos y enfangados (...). Niños de 4 y 5 años –muchas niñas también– lindos y todavía dulces y tímidos; se les han confiado las funciones de más responsabilidad, cuya índole los obliga a ser los primeros en entrar en la mina y los últimos en abandonarla. Su trabajo en verdad no es severo, pues eso sería imposible, pero transcurre en la oscuridad y la soledad. Pasan horas y horas, y todo lo que trae a los pequeños *trappers* el recuerdo del mundo que han dejado y del mundo en que se han sumergido es el paso de las vagonetas de carbón para las que abren los portillos de las galerías que impiden las corrientes de aire, y de cuyo mantenimiento, constantemente cerrados excepto en ese momento de paso, dependen enteramente la seguridad de la mina y la vida de las personas empleadas en ella».

En esa Inglaterra a caballo entre la primera y la segunda Revolución industrial se consolida, como se mencionó, la clase media, una etiqueta maleable e imprecisa. Categoriza a un nuevo nivel que no es burgués ni proletario y que punteará el siguiente siglo. En el caso de Inglaterra, donde los marcadores de clase están más presentes que en cualquier otra nación occidental, esas distinciones podían ser sutiles y complejas, como puede comprobarse una y otra vez en la literatura de la época. Entre otras muchas novelas, merece la pena mencionar la magistral *Middlemarch* (1874), de George Eliot. En paralelo a la industrialización surge un escalón social, que es el que sustentará las democracias liberales. John K. Walton, en «La clase media en la Gran Bretaña victoriana: identidad, poder y cultura, 1837-1901», explicita: «Entre 1851 y 1881 el número de oficinistas, contables y banqueros en Inglaterra y Gales pasó de 45.000 a 225.000, y de un 0,5 % de la población ocupada a un 1,9 %. El porcentaje relacionado con el comercio al por mayor o con la venta al por menor creció de un 6,5 a un 7,8 %. Las viejas profesiones (la medicina, la Iglesia, el Derecho) apenas corrieron parejas con el crecimiento demográfico, aunque el pequeño grupo dedicado a la literatura o las investigaciones científicas se triplicó».

Una clase que era sobre todo urbana y creó urbes menos inhóspitas y más saludables. Walton, de nuevo: «Cuando las ciudades crecieron y los sistemas de gobierno urbanos se hicieron cada vez más complejos y sofisticados, los funcionarios locales (desde ingenieros del gas y directores del tranvía a empleados de las oficinas locales de impuestos) hicieron sus propias contribuciones a la identidad y estructura de las clases medias. Y las urbes fueron casi repúblicas independientes, imponiendo impuestos más altos a las propiedades de bienes raíces que las del Gobierno nacional, y sujetas a una interferencia desde el centro muy limitada, excepto cuando los proyectos irritaban a la oposición local o buscaban extender su poder local más allá de las convenciones corrientes. En este ámbito fue donde las clases medias ejercieron el poder y mejoraron enormemente, y de manera acumulativa, la calidad de vida del pueblo».

Frente a la imagen de una clase media sobria y respetable, que se refugia en lo doméstico del trabajo y mantiene hábitos saludables, Walton deja claro que el ocio, en sus diversas modalidades —desde las dignas a las deleznables— entra en las ocupaciones de quienes pertenecen a este nivel social. Es fácil deducir que sus retribuciones eran al menos lo suficientemente justas para mantener una vida sin sobresaltos, no muy disímil de la actualidad. Investigaciones recientes han cambiado tales suposiciones (las más ingenuas) llamando la atención sobre la participación burguesa en las apuestas, especialmente en el mundo de las carreras de caballos; en el consumo y ostentación visibles, sea en la playa o las calles y plazas de los pueblos industriales; y en el disfrute/placer de comportamientos clara y directamente sexuales. El deporte fue una de las mayores preocupaciones del tardío periodo victoriano, con sus propios debates sobre género, profesionalismo, espectadores y «bien hacer».

Detengámonos un momento en algunos aspectos de la política retributiva llevada a cabo por un personaje desastroso tanto en lo personal como en lo profesional, pero relevante por el momento histórico en el que vivió: Fernando VII, el rey felón. En algunos detalles sigo a Emilio La Parra en su monumental obra *Fernando VII. Un rey deseado y detestado.*

Al poco de llegar al poder dictaminó publicar un decreto de fecha 22 de marzo de 1808. Ordenó la disminución de los cotos de caza en los reales sitios, promoviendo que se le presentaran propuestas para cultivar tierras estériles para sacar fruto de los pastos para el ganado de Madrid. También para optimizar el abastecimiento de leña y carbón a la capital de España. El texto tenía retranca, porque implicaba la descalificación de lo ejecutado por Carlos IV, su padre y antecesor en el cargo. Se trataba de una decisión populista, como las siguientes. Fernando VII canceló a la vez un impuesto extraordinario al vino e impulsó el abono de retribuciones atrasadas a los servidores de la Casa real. Ese retraso había sido uno de los detonantes del conocido como motín de Aranjuez. En otro gesto a uno de los estamentos en los que deseaba apoyar su régimen, anuló la desamortización de bienes eclesiásticos y organismos dependientes de la Iglesia católica. Habían sido expropiados en 1798 por sugerencia del deplorable valido de su padre, Godoy. Es uno de los motivos por los que historiador Federico Suárez tenía en tanto aprecio, de manera injustificada aunque comprensible, a Fernando VII.

Como siempre que se dispara con pólvora del rey, valga la chanza, Fernando VII dilapidó enormes cantidades para su capricho. Durante su tiempo de prisión en el palacio de Valençay derrochó cuantías ingentes. Consta, por ejemplo, que en diciembre de 1811 adquirió aparatos mecánicos y joyas por un monto de 40.000 francos, relojes por 12.000 y una vajilla de plata valorada en 9.000.

En los libros de contabilidad constan abonos colosales por joyas. Por ejemplo, a un tal Petiteau, se le entregaron 29.000 francos en octubre de 1813 y dos meses después 51.500. La financiación procedía en buena medida de Napoleón, de quien recibía 400.000 francos el infante Carlos y 500.000 Fernando. Este medio millón eran renta alimenticia. Napoleón le escamoteó la vitalicia que había tasado en el Tratado de Bayona en 600.000 francos. El perjuro dictador corso también engañó a los miembros de la Casa real española en lo que hacía referencia al alquiler del palacio de Valençay, que ascendía a 50.000 francos anuales. A partir de

1813 ordenó que esa cantidad fuese abonada por los españoles y no por él, como inicialmente se había comprometido. Los gastos mensuales ascendieron a 150.000 francos entre 1811 y 1813. Aun así la contabilidad registró superávit. Algunos meses de hasta 200.000 francos. En febrero de 1814, víspera de la salida de los príncipes, solo en metálico acopiaban 32.564 francos. Los franceses se vieron obligados a financiar parte de sus entregas a los miembros de la Casa real española. Así, en mayo de 1808, Maret, ministro de Estado, ordenó a la Casa Cabarrús de Bayona el libramiento de 300.000 francos para atender los gastos de los príncipes. Napoleón no había previsto ninguna partida al efecto. En cualquier caso, tanto antes como después de su estancia en Francia, Fernando VII solicitó contribución económica de instituciones públicas y privadas y de innumerables ciudadanos pudientes. Cuando se analiza con detalle se concluye que ese elenco de despropósitos, pues en muchos casos se trataba de financiar antojos, solo puede explicarse porque su cabeza coronada carecía de empatía y sentido común. Solo en la plaza de toros de Aranjuez, inaugurada en 1829, se emplearon 750.000 reales. Hasta 1833 se invirtieron 30 millones de reales en la adquisición de fincas y ornato con jardines y edificios de Vista Alegre, dedicada al uso y disfrute de la reina María Cristina.

He aquí un documento espeluznante en forma de carta de Fernando VII a su ministro Grijalva, en 1828, en un momento en que parte de la población padecía de hambre y otras necesidades básicas:

«Está por llegar, como tú sabes, a Madrid, la conducta del dinero de mi empréstito, y quiero que se coloque, por lo pronto, en el entresuelo de mi cuarto.

Ya ves que ver entrar en Madrid una conducta de dinero, y de América, en estos tiempos que está tan escaso, sería dar una campanada, mucho más viéndolo llegar a palacio, y cuando las viudas, los militares y todas las clases del Estado creen que es para pagarles (pues ya sabes lo que se habla), quisiera yo que entre Ballesteros, Hurtado y tú tratasen, del modo como había de entrar en Madrid y llevarlo a palacio, sin que chocara y sin que metiera ruido, pues bueno es precaver todo: no creas que digo esto por tener algunos antecedentes; no tengo ninguno, pero porque no suceda algo. Respóndeme».

Sigamos adelante por veredas más sensatas. Habían existido precedentes en el Imperio romano de los planes de pensiones: la concesión a los veteranos de la Legión de tierras y varias pagas acumuladas al retirarse. Sin embargo, en el siglo XIX se articula este mecanismo para sustentar la vejez sin necesidad de trabajar. El primer paradigma de lo que hoy entendemos como Seguridad Social —un sistema de ahorro controlado por el Estado para asegurar la ancianidad— fue diseñado por Otto von Bismarck en 1881. En buena medida por el interés de la clase media y para contener las aspiraciones del movimiento obrero, pujante en Alemania. Leemos en «Modelo de pensiones europeo: ¿Bismarck o Beveridge?», escrito por J. Ignacio Conde-Ruiz, de Fedea y la Universidad Complutense de Madrid, y Clara I. González, del Banco de España: «Una de las principales funciones que desarrollaba este sistema era proporcionar un seguro en forma de rentas que se pagaban en determinadas contingencias como la vejez o la incapacidad. El sistema introducido por Von Bismarck era uno de reparto con pensiones contributivas, es decir, un sistema en el que existía una relación directa entre las contribuciones de los trabajadores y sus pensiones».

En España, los orígenes de estas retribuciones pueden datarse en la Comisión de Reformas Sociales (1883), dedicada a la mejora de las condiciones de la clase obrera. En 1900 se creó el primer seguro social, La Ley de Accidentes de Trabajo, y en 1908 apareció el Instituto Nacional de Previsión para integrar en él las cajas de los seguros sociales. En *2000 años liderando equipos* (Kolima) pormenorizo la relevancia de los católicos en el desarrollo de estos servicios, que culminaron, entre otras metas, en la puesta en marcha –gracias a Francesc Moragas– de lo que hoy en día es Caixabank.

Escribe Juan Velarde Fuentes en «La cuestión de las pensiones»: «La Ley del Retiro Obrero, de 1919, instauró, de manera modesta pero con un ámbito muy general, estas prestaciones. En los años 40 existió entre nosotros una mejora notable enlazada con un sistema de tipo corporativo, bajo la denominación de mutualismo laboral. Por otro lado, se fueron adoptando medidas para atender, además de a los pensionistas, a sus viudas y sus huérfanos, los inválidos por motivos diversos –el movimiento se inició a partir de los que sufrían accidentes de trabajo– y los parados. Poco a poco, esto que se relacionaba esencialmente con los trabajadores de la industria y los servicios se amplió a la agricultura, a los trabajadores autónomos, los empresarios pequeños y medios, profesionales de todo tipo, dentro del movimiento general de auge del llamado Estado del bienestar».

Según fueron creciendo las complejidades en la producción en serie, las formas societarias –en el caso inglés a imagen y semejanza de la Compañía Británica de las Indias Orientales– fueron cada vez más frecuentes. Se crearon las bases, definidas por un comercio internacional y la necesidad acuciante de bienes de consumo por parte de la clase media, de un capitalismo financiero y global que alcanzaría su cumbre en los Estados Unidos. Según leemos en el artículo «La estructura económica internacional del siglo XIX», aparecido en la revista *Estudios Internacionales de la Complutense*: «En 1825 Inglaterra derogaba la legislación que prohibía las sociedades por acciones, potenciándolas con la incorporación de la responsabilidad limitada y las acciones preferentes. El desarrollo de las sociedades anónimas impulsó a su vez las Bolsas de valores para facilitar los intercambios de las acciones y las obligaciones, permitiendo así que los ahorradores pudiesen invertir sus capitales a través de los corredores de Bolsa que operaban como intermediarios financieros. Junto a ellas adquirieron también un creciente protagonismo las transacciones de mercancías, generalmente de productos importados de las colonias, con sus respectivos agentes comerciales. En Londres se constituyó, en 1773, el *Stock Exchange Coffee House* (Café de la Bolsa) que en 1802 se convirtió en el *Stock Exchange* (Bolsa) con 500 agentes de Bolsa. Análogamente, la primera Bolsa se constituyó en Francia en 1724, pero en 1816 sufriría una profunda reorganización para adecuarla a las nacientes relaciones comerciales y financieras».

No solo los muy acaudalados invertían en las sociedades anónimas. Jesús María Valdaliso, de la Universidad del País Vasco, cuenta en «Los orígenes del capital invertido en la industrialización de Vizcaya, 1879-1913» un caso español de ahorradores que, desde la clase altas a las medias, invierten: «El capital comercial y los capitales procedentes de la tierra o el suelo urbano proporcionaron una parte fundamental de los capitales invertidos en las nuevas actividades de industria y servicios que se desarrollan con la Revolución industrial. Junto a ellos el capital indiano, cuya presencia en Bilbao es destacada desde mediados del siglo XIX, tuvo una notoria importancia en las dos últimas décadas del siglo, especialmente en sectores como la minería, el transporte marítimo y los bancos. Por otro lado, el proceso de industrialización se autoalimenta en la medida que las inversiones de ingenieros, abogados, corredores, empleados y marinos proceden de sus ganancias como 'asalariados' en sectores que están surgiendo en la provincia».

Estados Unidos, durante la Segunda Revolución industrial, sustituye al Reino Unido en la primacía empresarial.

Las razones son múltiples, desde una mayor cultura de emprendimiento hasta un desarrollo tecnológico más profundo gracias también a la veloz expansión de la electricidad o la existencia de recursos como el petróleo, pasando por el declive del Imperio británico. Un ejemplo de esa nueva forma de organizar la empresa y el trabajo se encuentra en el fordismo –heredero del deshumanizado taylorismo–, que mecaniza el trabajo en serie –caricaturizado por el genial e incoherente Charles Chaplin en *Tiempos modernos* (1936)–, gracias a un empleado con una cualificación mínima que debe ejecutar un trabajo pautado. Como si fuera un engranaje más de una maquinaria. Ford, al contrario de las propuestas de Taylor, comprendió que la sociedad de consumo estaba estrechamente ligada a las retribuciones. En «Taylorismo, Fordismo y administración científica en la industria automotriz», de José Othón Quiroz Trejo, leemos: «A diferencia de Taylor, Henry Ford fundó su sistema en el de pago de altos salarios y *scotch drapers* la producción masiva. Los altos salarios tenían para él dos finalidades: la adecuación de los trabajadores a la nueva organización del trabajo –menos calificado, monótono y repetitivo–, y, al mismo tiempo, la ampliación del mercado del automóvil, incluyendo a sus propios obreros como consumidores potenciales, lo que significaba un uso del salario como inversión. Ford aseveraba: 'La demanda no crea; debe ser creada'».

José Othón Quiroz Trejo explica así el famoso aumento de salario de los 5 dólares al día: «Ante (las) amenazas y los efectos económicos negativos que traían el ausentismo y el *turn over* para las plantas Ford, Couzens –el socio de Henry Ford– concibió la política de los 5 dólares al día, que fue anunciada el 5 de enero de 1914 como un acto de desinteresado humanitarismo. En realidad este aumento por encima de lo que otras ensambladoras pagaban representaba un esfuerzo para adaptar a los trabajadores a los nuevos métodos de organización del trabajo. Esta política, además de retener a los trabajadores dentro de las empresas Ford, a la larga representó una medida de regulación del crecimiento capitalista –que se adelantaba al keynesianismo– al tomar al salario como una inversión; el incremento en su monto garantizaría, además de la paz laboral y social, un mercado más amplio para los autos Ford. Era una propuesta que ligaba la producción a la reproducción, la organización de la fábrica a la sociedad, la producción con el consumo».

Las luchas y las reivindicaciones del movimiento obrero, así como el temor que provocaba la existencia de la Unión Soviética, provocó que las condiciones laborales mejorasen las retribuciones durante la primera mitad de siglo. Los Gobiernos de las democracias liberales legislaron a favor del asalariado, tratando de reducir el poder del empresariado, que, como había previsto Adam Smith, siempre es mayor a la hora de negociar los estipendios. La Gran Depresión indujo a mejores condiciones laborales y de protección social para evitar tentaciones marxistoides, que en efecto supusieron una amenaza en todo Occidente y acabaron por crear otros monstruos tan nefastos y criminales como el comunismo, casos del fascismo en Italia o el nazismo en Alemania. Unos y otros buitres avizorando carroña. En Estados Unidos, en 1935, la Administración Roosevelt aprobó el *National Labor Relations Act* para regular la actividad sindical y la Ley de Seguridad Social, que suponía un sistema de seguro público de desempleo. Son significativos los datos que, en cuanto a honorarios, ofrece Álvaro Soto Carmona, de la Fundación Instituto de Historia Social, en «La evolución salarial en el primer tercio del siglo XX: en busca de una perspectiva comparada. Los Estados Unidos, Francia y España»: «Si analizamos la evolución salarial desde 1900 hasta 1935 por una parte, y desde 1936 a 1940 por otra, podemos apreciar las siguientes conclusiones:

1. Entre 1900 y 1935 los salarios nominales crecen un 201,3 %, siendo dicho incremento del 243,4 % en los trabajos urbanos y del 36,6 % en los agrícolas.
2. Entre 1936 y 1941 los salarios nominales aumentan un 23 %, incrementándose un 22 % en los trabajos urbanos y un 14,5 % en los agrícolas.
3. Entre 1900 y 1935 los salarios reales se incrementaron un 82,9 %.
4. Entre 1936 y 1949 los salarios reales crecieron un 21,3 %».

Se constata una diferencia geográfica entre el norte y el sur a favor del primero, así como una brecha remunerativa entre hombres y mujeres que Soto Carmona sitúa en torno al 10-20 %. Además del factor de la guerra, que lleva a muchas féminas a atarearse en las fábricas y al aumento de la producción industrial para sostener el esfuerzo bélico, Soto Carmona supone decisivo, a la hora de medir esos incrementos de las retribuciones, el intervencionismo de la Administración Roosevelt para hacer frente a la Gran Depresión, con, por ejemplo «la publicación de la Ley Nacional de Recuperación Industrial (junio de 1933), [con la cual] 'la industria reabsorbió a los obreros desempleados, adoptó cientos de códigos, que establecían el salario mínimo y el horario máximo, y dio grandes pasos hacia la abolición del trabajo infantil y el taller de trabajo'».

En el caso español destacan particularidades. A las reformas antes citadas a propósito de la Seguridad Social, hay que añadir una virulenta conflictividad social en la que el anarquismo tuvo una notable presencia, con cientos de miles de afiliados a su sindicato, la CNT. La huelga de febrero de 1919 en la empresa de Riegos y Fuerzas del Ebro, más conocida como La Canadiense, que tras 44 días de huelga paralizó la industria catalana, acabó con la promulgación en el

Boletín oficial del Consejo de Ministros de la jornada laboral máxima de 8 horas. Este dato sirve para conocer cómo era el ambiente de lucha de clases que acabaría contribuyendo a provocar la guerra de España. Otros factores que confluyeron a la opción bélica fueron la falta de capacidad estratégica y táctica de los gobernantes republicanos ante los acuciantes problemas del país y la feroz e inopinada persecución de la Iglesia y los creyentes.

Por lo que se refiere a los salarios, escribe Soto Carmona: «Entre 1880 y 1930, los salarios nominales aumentaron en un 235,3 % y el índice del coste de la vida en un 85,5 %, por lo que el salario real para dicho periodo se incrementó en un 80,6 %. Este crecimiento no fue constante: entre 1880 y 1900 los salarios reales aumentaron el 14,7 %, entre 1901 y 1910 el 4,76 %; entre 1911 y 1920 descendieron un 4,5 %, centrándose la caída en el periodo que va de 1915 a 1919, con una bajada del 27 %; y, por último, entre 1921 y 1930 los salarios se incrementaron en un 56 %. Fue por tanto el decenio entre 1911 y 1920 el que alteró de forma más brusca el proceso salarial, debido a los efectos que sobre la economía nacional produjo la guerra, que se tradujeron en un intenso proceso inflacionista que afectó de forma evidente a los salarios, siendo esto una de las causas de la fuerte escalada de la conflictividad social. Dicho proceso, en el ámbito económico se debió al desplazamiento de la demanda exterior hacia determinados sectores productivos tradicionalmente orientados al mercado interior. Este hecho, junto a las dificultades para realizar las importaciones necesarias de diversos productos, fue el motor fundamental de la espiral inflacionista».

Además de una brecha salarial entre varones y hembras, existe también una disparidad geográfica. Soto Carmona explica que en Vizcaya «la metalurgia tiene un peso considerable con salarios superiores a otras industrias, esta provincia tuvo entre 1914 y 1930 los mayores incrementos en los salarios reales de toda España. Las provincias con un amplio tejido industrial gozan de salarios más altos que las agrícolas, a excepción de las que tienen la propiedad mejor distribuida y esta es rentable (por lo que se excluye a Galicia), tal es el caso de Navarra y Santander, provincias que se sitúan tras Vizcaya en el crecimiento de los salarios reales para el periodo anteriormente mencionado. En general, para toda España estas diferencias tienden a mantenerse, ya que las provincias con más bajos salarios de promedio se sitúan en 1914 con el 56,8 % y en 1930 con el 55,5 % del total».

Superada la posguerra, España, sobre todo a partir del Plan de Estabilización de 1959, elaborado por Juan Sardá y Enrique Fuentes Quintana, y eficazmente aplicado, entre otros, por el esforzado y brillante Alberto Ullastres Calvo, diluyó las pretensiones socializantes y autárquicas del falangismo. Al mismo tiempo, en buena medida por la influencia de los Estados Unidos, se permitió un leve aperturismo cultural y social. España se embarcó en un modelo desarrollista que, impulsado por los ministros tecnócratas en detrimento de los falangistas, implicó un paradigmático crecimiento de la productividad, además de un auge de las tasas de capitalización y del consumo privado *per cápita*, entre otros indicadores. El objetivo no declarado era crear una clase obrera que aspirase y llegara a ser clase media, y abandonara, por lo tanto, cualquier veleidad revolucionaria. La Ley de Convenios Colectivos de 1958 apunta hacia esa flexibilización del régimen franquista en lo económico, que nunca dejó de ser intervencionista, como queda claro al analizar la política monetaria y comercial exterior, más liberal pero cimentada en la unificación del tipo de cambio y una posterior devaluación hasta fijarlo en 60 pesetas por dólar.

La actividad sindical clandestina y a veces infiltrada en los sindicatos del régimen –fueran cuadros de CNT o de Comisiones Obreras– tuvo efectos a largo plazo en la mejora de los salarios, como acaeció con la huelga de tranvías de 1951, que paralizó Barcelona ante una posible subida del precio del billete que finalmente no se llevó a cabo. En «Salarios y crecimiento durante el desarrollismo franquista», de Luis Cárdenas del Rey, de la Universidad Complutense, se concluye: «El modelo de crecimiento que se produjo durante la segunda mitad de la dictadura franquista o período desarrollista (1957-1975) se basó en un impacto positivo de la expansión de la renta del trabajo (*wage-led*) en sus 3 componentes clave: la producción, la productividad y la capitalización. La demanda efectiva impulsó un mayor grado de capitalización del aparato productivo junto con la productividad derivada de la transformación de la organización del trabajo y el crecimiento de la demanda agregada. Para ello fue necesario un importante crecimiento del salario real, que creció por encima de las tasas de variación de la productividad, consiguiendo que la cuota de las rentas del trabajo ganara terreno. De esta forma la caída de la cuota de los beneficios no afectó negativamente a la inversión. Asimismo, ese aumento de la cuota laboral no puede entenderse sin considerar el paralelo crecimiento de la movilización de los trabajadores».

Una consecuencia evidente de ese crecimiento, que llevó a España a situarse entre las primeras 10 economías del mundo, fue la mejora de los salarios que facilitaron el nacimiento y la consolidación de una clase media que sería protagonista de la Transición. No faltaron en desembarcar los problemas. Entre otros, el sanguinario e irracional terrorismo vasco y anarquista, además de una desigual industrialización, consecuencia de las presiones egotistas del nacionalismo catalán y vasco, que forzaron decisiones inversoras que no eran las más convenientes para España.

Los salarios en el socialismo real

Es un lugar común afirmar que el siglo XX arrancó una tarde de junio de 1914, en Sarajevo, en el instante en que Gavrilo Princip apretó el gatillo de su pistola FN Modelo 1910. O quizá comenzara cuando Vladimir Illich Ulianov, más conocido como Lenin, pisó el andén de la estación de Finlandia, en Petrogrado, en abril de 1917. La Revolución rusa marcó indefectiblemente el siglo XX, de tal forma que incluso hoy, como puede observarse en la cruel invasión de Ucrania, sus ecos siguen resonando.

Un dato que pocos conocen: Alemania financió al partido bolchevique con unos 75 millones de marcos de la época, equivalentes a unos 500 millones de euros de 2025. Los germanos canalizaron la operación a través de Alexander Lvóvich Parvus, socialista de origen judío, economista y escritor marxista. Financiar la Revolución rusa lo veían como algo sumamente conveniente para sacar de la guerra al país de los zares. Así sucedió. Posibilitar el tren que atravesó Alemania con Lenin y su horda de cómplices fue uno de los objetivos de la millonaria subvención teutona.

La creación del autodenominado primer Estado obrero de la historia −el 30 de diciembre de 1922, tras una inhumana guerra civil− supuso en lo nominal cumplir el anhelo marxista de tomar violentamente el poder para crear una hipotética sociedad igualitaria, donde la clase obrera no fuera explotada por la tiranía burguesa e instaurase así su propia dictadura del proletariado. El objetivo final, que se suponía históricamente inevitable y se erigía en superior al capitalismo, era la destrucción del Estado. Al no existir las clases, se haría innecesaria la existencia de este. La última fase −la del comunismo pleno− queda definida por el mantra del socialismo: «De cada cual según sus capacidades y a cada cual según sus necesidades». Para lograrlo, la naturaleza humana debía transformase. Implicaba la aniquilación de aquellos sujetos que, por una u otra razón, no pudieran cambiar. Para el comunismo el individuo no existe. Todo queda envuelto en los sargazos de la negligencia burocrática. Para lograr esa cima aniquiladora se necesitaba una dirección glacial, rígida y sólida, dispuesta a cualquier sacrificio, sobre todo de los demás. Ese desalmado comportamiento correspondía a los miembros del partido, teóricamente bien concienciados y decididos a alcanzar su utópica y espuria meta al coste que fuera. Esta actitud queda reflejada en los versos de Bertolt Brecht. Son una confesión inculpatoria:

«Vosotros, que surgiréis del marasmo
en el que nosotros nos hemos hundido,
cuando habléis de nuestras debilidades,
pensad también en los tiempos sombríos
de los que os habéis escapado.
Cambiábamos de país como de zapatos
a través de las guerras de clases, y nos desesperába-
mos
donde solo había injusticia y nadie se alzaba contra
ella.
Y, sin embargo, sabíamos
que también el odio contra la bajeza
desfigura la cara.
También la ira contra la injusticia
pone ronca la voz. Desgraciadamente, nosotros,
que queríamos preparar el camino para la amabili-
dad
no pudimos ser amables.
Pero vosotros, cuando lleguen los tiempos
en que el hombre sea amigo del hombre,
pensad en nosotros
con indulgencia».

Sin entrar a fondo en el sanguinario historial de crímenes y violencia del comunismo soviético, que he detallado en
¡Camaradas! *De Lenin a hoy* (LID) y en *Entrevista a Stalin*
(Kolima), la Unión Soviética, un país agrícola, se enfrentó a
hambrunas por una economía improductiva. Los autócratas de la *Nomenklatura* buscaron una solución por parte del
Partido. El máximo dirigente, Lenin, fue un sujeto mesiánico
y exaltado, dotado de una inteligencia tan afilada como géli-
da. Su solución fue una tibia liberalización de la economía,
calificada como Nueva Política Económica y justificada como
un paso atrás para dar dos pasos hacia delante, en el sentido
marxista: sin una fase capitalista plena es imposible transi-
tar a una socialista y de ahí llegar hacia una final comunista.
Esta nueva política permitía que el buen comunista se fami-
liarizara con el capitalismo para conocer sus mecanismos.
No hubo libertad política: la OGPU, heredera de la temida y
terrorífica Cheka, siguió actuando con firmeza desde 1922.
Imprescindible al respecto,el diario de Alexander Berkman
titulado *El mito bolchevique.*

Aprobada a regañadientes el 14 de marzo de 1921 por el
X Congreso del Partido, la NEP se erigió en un sistema mixto
que, entre otras medidas y siempre bajo la supervisión del
Estado, sustituyó la expropiación del excedente de grano del
comunismo de guerra por un impuesto más liviano en especie y más tarde en metálico. Se abocetó una reforma monetaria y la apertura a ciertas formas de propiedad privada.
Aunque la idea de Lenin y su camarilla –especialmente el joven Bujarin, entusiasmado con la NEP– no era crear una sociedad de mercado, la legislación se adaptó epidérmicamente
a ese tipo de economía. Se crearon sociedades crediticias,
bancos y cooperativas agrícolas, se abrió con limitaciones el
comercio internacional. Surgió una forma de emprendedor
–el *Nepman*» una figura escurridiza– que pareció simbo-
lizar la famosa orden de Bujarin: «A todos los campesinos

globalmente, a todas las capas de campesinos, debemos decirles: 'Enriqueceos, acumulad, desarrollad vuestras haciendas'». Bujarin sostenía la necesidad de aumentar el consumo soviético para lograr la industrialización y mantener una colaboración tutelada entre el Partido y la pequeña burguesía. El objetivo de la NEP es descrito por Diego Azqueta, de la Universidad de Alcalá, en «Reflexiones en torno a la NEP y la estrategia de industrialización acelerada en la URSS, 1921-1929»: «Si el sector industrial necesitaba de una parte de la producción del sector agrícola (el excedente comercializable), tendría que conseguirlo mediante el intercambio por un valor equivalente de productos industriales. Se hacía necesario, por tanto, potenciar el mercado, relajar las restricciones existentes con respecto a la contratación de mano de obra asalariada y al alquiler de la tierra, elevar los precios de adquisición de granos y materias primas agrícolas y reducir el de los productos industriales (acabando con el fenómeno conocido como «hambre de mercancías») y, en definitiva, tratar de que los campesinos recibieran el estímulo necesario (precios atractivos) para incrementar la cantidad de productos ofrecidos al sector industrial».

Explica Paul Haensel, de la Universidad de Northwestern, en «El trabajador bajo el comunismo 1917-1941»: «Con la introducción de la NEP (...), el Gobierno comenzó a practicar el sistema de salarios a destajo con el fin de estimular artificialmente el celo de los trabajadores. Ya en 1923, el 47 % de todo el trabajo hecho en grandes plantas industriales (de más de 15 obreros), se pagaba a un tanto por unidad; en 1929, el 59 %; en 1933, el 68 %; en 1934-35, el 70 %».

La NEP generó algunos frutos. El Estado soviético logró un equilibrio presupuestario en el periodo de 1923-1924 y un superávit en 1924-1925. Pese a sus aparentes éxitos debió hacer frente a sucesivas crisis, como la de las tijeras, cuyo nombre se debe a la evolución marcadamente opuesta, entre

1923 y 1924, de los índices de precios agrícolas e industriales y que llevó a que la cantidad de grano en el sector urbano se desplomara. La NEP implicó una creciente burocratización y corrupción, si cabe, del partido, dada la necesidad de aliarse con los *Nepmen*, en lo que los críticos de izquierdas definían como un capitalismo de Estado que seguía explotando a los trabajadores. La NEP también provocó que el *kulak* –el propietario rural– controlara la producción agrícola y fuera en la práctica capaz de quedarse con la producción si el precio ofrecido no era el adecuado, al igual que pasaba con el *Nepman*. Ostap Bénder, protagonista de la divertida novela *Las doce sillas* (1927), de Ilf y Petrov, lo refleja.

Según Carlos Taibo, en *Historia de la Unión Soviética*, «en 1926 la producción agrícola superó por vez primera los niveles anteriores a la guerra mundial, y en 1927 sucedió otro tanto con la superficie agrícola sembrada. Las ganancias en productividad eran, de cualquier modo, nulas: si en 1914 se producían 584 kg de cereales por habitante, en 1928 la cifra correspondiente era de 484 kg. Los esfuerzos por crear estructuras colectivas de producción no habían progresado, por otra parte, gran cosa. A ello no era ajena, a buen seguro, la debilidad de las organizaciones agrarias bolcheviques. En 1922, tan solo un 0,13 % de la población rural –en su mayoría profesionales cualificados– formaba parte de aquellas. En 1927, menos del 2 % de la superficie cultivada se hallaba en manos de las granjas colectivas y de las nuevas alquerías estatales. El momento de mayor optimismo suscitado por la NEP se había producido, de cualquier modo, un poco antes, en 1924. De manera efímera, tanto la agricultura como la industria mostraron una sensible mejoría, al tiempo que se verificaba una importante reforma monetaria y el comercio exterior recuperaba parte de su vitalidad perdida. A partir de entonces, y sin perfiles en exceso claros, la NEP y sus resultados fueron desvaneciéndose. Así lo atestiguaba en particular la pérdida de importancia del sector agrícola privado: si en 1925-1926 aportaba el 54 % de la renta nacional, en 1928 debía contentarse con poco más del 47 %. Bien es verdad que, a trancas y barrancas, entre 1925 y 1927 se habían recuperado de cualquier forma los niveles de producción prebélicos en la industria».

La muerte de Lenin en 1924 –incapacitado desde meses antes– abrió una lucha perruna por la sucesión del liderazgo del partido que ocultaba divergencias ideológicas que podrían resumirse, de manera superficial, en continuar con la NEP o apostar definitivamente por la vía socialista. Trotsky era partidario de regresar y ahondar en el comunismo de guerra. Disponía en apariencia de las papeletas para hacerse con el poder, pero fue el astuto y brutal Stalin, quien escaló la cúspide el partido. Stalin, tras la desaparición de Lenin no tuvo escrúpulos en asociarse con Bujarin y apostar por la NEP para arrinconar a la llamada Oposición de Izquierdas. No tardó, una vez que Trotsky y los suyos fueron apartados, en asumir como propio parte del ideario de la Oposición de Izquierdas, dar por agotada a la NEP, deshacerse de Bujarin e iniciar a partir de 1927 y oficialmente en 1929, a través de un Plan Quinquenal, una implacable colectivización del campo que costó millones de vidas y una redefinición de la industria, apostando no por los beneficios, sino por unos objetivos de producción decididos de antemano. Para lograrlos se ofrecieron líneas de crédito a las empresas.

Los primeros resultados de esta colectivización fueron, según Azqueta, concluyentes: «La producción de bienes de consumo, que se resintió notablemente del énfasis puesto en el sector de bienes de capital, hasta el punto de que la producción total del sector en 1932, por ejemplo, fue inferior a la de 1928 (...). La práctica liberal con respecto a los créditos industriales llevó a que la creación de puestos de trabajo fuera muy superior a la contemplada en el Plan: este preveía pasar

de 11,3 millones de trabajadores industriales en 1927-1928, a
15,7 en 1932-1933. La cifra real fue de 22,8 millones. Si bien
esta tendencia suponía un impacto favorable sobre el nivel
de desempleo (de hecho, en muchas industrias se producía
una situación de escasez de mano de obra), su repercusión
sobre los costes industriales, que el Plan preveía reducir en
un 20-25 % gracias al incremento de la productividad del
trabajo, fue muy negativa (...). En el debe habría de señalarse la poca preparación de los trabajadores industriales, en la
mayoría de ocasiones recién emigrados del sector rural (en
1929 abandonaron el sector más de 1,3 millones de personas,
muchas de ellas huyendo de la colectivización), y las altas
tasas de rotación en el empleo que provocaba. Todo ello se
tradujo, como era de esperar, en una elevación sustancial de
los salarios nominales, de los precios (ante la escasez de bienes) y en la introducción del racionamiento (lo que dificulta
conocer el alcance del proceso inflacionista real en aquellos
años). Los salarios reales cayeron de un índice 100 en 1928
a 88,6 en 1932, aunque ello no quiere decir que se produjera
un descenso del consumo global, ya que se producía al mismo tiempo un marcado proceso de redistribución de renta
entre los antiguos asalariados (que veían caer su poder adquisitivo) y quienes pasaban del desempleo o del sector rural a obtener un puesto de trabajo industrial. No obstante,
donde los costes sociales de la experiencia se hicieron sentir con mayor fuerza fue en la evolución del sector agrícola.
En primer lugar, los objetivos de producción previstos en el
Plan quedaron muy lejos de cumplirse. La colectivización de
la agricultura había supuesto una pérdida considerable en la
cabaña ganadera (los campesinos sacrificaron los animales
antes de cederlos a las nuevas organizaciones de producción), privando al sector de una fuente esencial de fuerza y
abonos».

Según el citado Haensel, «para el año 1932, el comercio y la industria privados (...) estaban totalmente eliminados (...). El Estado permanecía como único propietario de todas las fábricas. Sin embargo, la dirección estaba lejos de ser satisfactoria: baja productividad y un considerable desperdicio de trabajo; pobre disciplina; frecuentes detenciones de trabajo; gasto en exceso de los fondos asignados a salarios con relación a los programas planeados; pobre calidad de la producción, y sobre todo un sistema de remuneración que no estimulaba suficientemente una producción acrecentada, una más alta calidad y eficiente distribución del trabajo. Todos estos defectos fueron duramente atacados por Stalin».

Haensel explica que se apostó por recompensar la productividad de una forma que recuerda bastante al taylorismo, que, por lo demás, tanto le había interesado en su momento a Lenin: «Se buscó una mejora proporcionando extensos poderes y responsabilidades a los directores de las fábricas soviéticas, y en la reorganización del sistema de salarios. Toda vez que fue posible, los salarios se pagaron en una escala progresiva por unidad, por ejemplo, el incremento de producción por parte de un obrero más allá de ciertas normas (cantidades normales prescriptas) se pagaba progresivamente más alto. Verbigracia: un obrero ladrillero tenía que producir 16.000 ladrillos diarios; si producía hasta un 10 % más, su salario se elevaba en un 50 %; hasta 20 %, el salario le aumentaba en 100 %; más allá de 20 % el salario se aumentaba en 150 %, progresivamente. Un sistema similar se aplicó en adelante en casi todas las industrias. Aun las mecanógrafas eran pagadas según su producción y también progresivamente».

El sistema se dedicó entonces a recompensar y convertir en modelos propagandísticos a aquellos trabajadores que demostraran un celo sobresaliente en su trabajo, como el minero Alekséi Satajanov. Según la propaganda, en 1935 consiguió superar en 14 veces la extracción media de carbón de sus compañeros, que era de 7 toneladas. ¡Stajanov habría extraído, en 6 horas, nada menos que 102 toneladas! Crédulos los ha habido siempre.

El trabajo a destajo no parece tener en cuenta al bienestar del trabajador. La Alemania nazi lo copió. Sus extraños mecanismos se describen en *Los Jardines de Beria*, de Unto Parvilahti: «En cada centro de labor, la persona que determina los precios es también en muchos casos la que fija arbitrariamente el salario que se ha de pagar a un trabajador. El departamento de Inspección de Trabajo y Salarios no está subordinado a la gerencia del centro de labor, siendo más bien como el Estado dentro del Estado. Para conciliar las disputas sobre salarios cada fábrica o industria tiene un comité formado por un representante del sindicato, un miembro de la gerencia y un fijador de precios del comité que se llama Rabotshii Konfliktyni Komissii (R.K.K.), y su decisión es definitiva. En ninguno de los casos que presencié hubo modificación alguna a causa de la queja del trabajador. Es evidente que según sea la interpretación que el fijador de precios dé a las normas o pautas así será la simpatía o antipatía que sienten por él. Yo estudié el trabajo de mi predecesor y observé que los trabajadores se quejaban con frecuencia de que sus ganancias eran sumamente bajas. Igualmente noté que ese funcionario no siempre comprobaba la suma requerida al fijar un precio, sino que lo calculaba aproximadamente».

Este modelo generaba una burocracia desmesurada incapaz de comprender la ley del valor −algo denunciado con hipocresía por el propio Stalin−, era ineficaz, porque no partía de lo real, sino que trataba de crearlo. Era arbitrario y caprichoso, como todo totalitarismo. Pese a su afán de orden y al ímpetu presuntamente científico, el sistema se desvelaba caótico y perfecto para las corruptelas. Se antojaba casi inevitable la figura del *tolkach* −el proveedor−, que recibía una comisión por adquirir materiales o maquinarias para las fábricas. El *blat*, la influencia personal, era otro motivo para prosperar.

Una zarabanda bien descrita, de nuevo, por Parvilahti, a propósito de los salarios: «Cuando uno considera la diversidad de trabajos existentes en las numerosas esferas, y que a cada fase de un trabajo hay que marcarle su cuota, es decir fijarle un límite de tiempo respecto a cantidad y calidad, es comprensible que solo las listas y documentos concernientes a esos empleos ocupen kilómetros de espacio en las estanterías y, además, la vida aún en la Unión Soviética va progresando en cuanto a su desarrollo técnico, y por consiguiente con una mayor eficiencia en el trabajo tales normas o pautas deben inspeccionarse y modificarse continuamente. El nivel del salario del trabajador debe mantenerse dentro de los límites prescritos, cuando todos los beneficios derivados de un aumento de eficiencia van al Estado. Para mejor ilustrar dicho sistema, permítaseme ofrecer un ejemplo. Hay que cargar un montón de ladrillos en un camión y la plataforma del camión está a un metro del suelo, hay que aplicar una tarifa distinta a la que se aplicaría si estuviera a metro y medio de altura. La diferencia en el consumo de energía que se necesita para levantar los ladrillos ese otro medio metro tiene que tomarse en consideración al calcular el jornal (...). El resultado final está influido por muchos diferentes factores y coeficientes: a) el grado de aptitud profesional del trabajador; b) la jornada de trabajo: nocturna, diurna; c) factores climatológicos: heladas y fuerza del viento; d) el viaje hasta el centro laboral; e) distancias y alturas en la ejecución del trabajo; f) materias primas usadas en el trabajo; g) herramientas y equipo usado e innumerables factores adicionales. Cuando una persona sin experiencia coge una de esas listas de normas y pautas le parece escrita en griego, pues no entiende una palabra de lo que allí se expresa. La lista contiene tantas notas marginales con referencias a diversos folletos circulares, ejemplos y precedentes no aprobados, etc. que al fijar el precio de muchos trabajadores uno tiene una sensación de desconcierto».

A este panorama hay que sumar el incremento durante el estalinismo de los campos de trabajos forzados, que suponían un trabajo esclavo, poco o nada productivo. Sin embargo se obtenían frutos dado el descomunal número de presos, especialmente a la hora de extraer recursos como madera. Las purgas masivas a partir de los años 30 –en las que Stalin se deshizo físicamente de buena parte de sus viejos camaradas, incluido el mencionado Bujarin– llenaron esos campos de presuntos enemigos del pueblo.

Según el trotskista Tony Cliff, en *Capitalismo de Estado en la URSS*, «el indicio más claro de la magnitud del trabajo esclavizado en Rusia procedente de fuentes oficiales del Estado se encuentra en el Plan estatal del Desarrollo de la Economía Nacional de la URSS para 1941. Según estas fuentes, el valor de la producción bruta de todas las empresas dirigidas por el NKVD se proyectaba en 1.969 millones de rublos, a precios de 1926/7, para 1941. ¡Qué avance comparado con 1925, cuando la producción total del trabajo de los presos solo alcanzaba los 3,8 millones de rublos!; supone un aumento de más de 500 veces. Si el rendimiento de cada trabajador preso era el mismo en 1941 que en 1925, debía de haber más de 15 millones de trabajadores en los campos. Lo más probable es que la productividad del trabajo fuera mucho mayor en 1941 que en 1925, y es de suponer que la estimación de la producción de las empresas del NKVD a 'precios fijos para 1926-27' estuviera un tanto inflada. Aun así, hechas las correcciones necesarias, está claro que los campos albergaban a millones de personas».

En cuanto a la relación entre salarios y coste de la vida, Cliff ofrece un panorama de verdadera miseria: «A partir de

1928, las autoridades rusas dejaron de publicar el índice del salario real y el costo de la vida y, a partir de 1931, los precios al por mayor o al por menor. Todo esto dificulta el cálculo de los cambios en el nivel del salario real. Los datos demuestran, sin embargo, que, en términos generales, el nivel no se ha elevado desde la introducción de los Planes (...). Al comparar el consumo de carne, por ejemplo, en la URSS en 1937 con el de Alemania y Francia durante las últimas décadas del siglo XIX se percibe hasta qué punto había caído el nivel de consumo de alimentos en la URSS. En 1898, el consumo de carne en Berlín fluctuaba entre 61 y 68 kilos por persona, y en Breslau alcanzaba un promedio de 39 kilos en 1880-1889. En Francia, en 1852, la situación era la siguiente: en París un consumo de 79,31 kilos, en otras ciudades 58,87 kilos, en los pueblos 21,89 kilos, y en Francia en general 33,05 kilos».

Una situación que también detalla Haensel: «Hasta 1935 los trabajadores soviéticos recibían tarjetas de racionamiento que les permitían comprar alimentos y artículos de primera necesidad en los almacenes de las fábricas a precios reducidos. Esto embarazaba, sin embargo, la política oficial de alentar el celo de la clase trabajadora. Muchos obreros altamente eficaces, difícilmente podían encontrar la manera de gastar sus elevados ingresos. En consecuencia, en 1935 se abolió todo el racionamiento alimenticio y se permitió que las personas compraran comestibles en cantidad ilimitada a precios fijados por el Gobierno; pero estos precios fueron elevados de manera considerable (...). En 1936 el salario promedio o salario de todos los trabajadores y personas asalariadas ascendía a 2.776 rublos anuales, lo que en moneda americana es igual a 46 dólares mensuales; en 1938, a 3.467 rublos por año, o sea 58 dólares mensuales; en 1940 a 4.070 rublos anuales ,o 68 dólares mensuales. Al mismo tiempo el costo de la vida era muy alto (...). En 1937 los precios de varios artículos en las tiendas del Gobierno –y no existen otras– eran (por libra en moneda norteamericana): pan negro de centeno, 5 cént.: jabón de, lavar, 28 cént.; *roastbeef,* 87 cént.; leche; 30 cént. el cuartillo; manteca, 1,81 dólares; huevos; 1,32 dólares la docena; zapatos de hombre 35 dólares el par».

Señala Maurice Dobb en *Soviet Economic Development since 1917* que el Estado se financiaba a través de un impuesto sobre la producción que pagaba el trabajador. «Podemos señalar una correlación directa, como era de esperar, entre la curva ascendente del gasto sobre la inversión y la defensa durante la década, y los crecientes ingresos procedentes del impuesto sobre el volumen. En 1932, los ingresos por esta tasa eran, como hemos visto, de poco más de 17.000 millones. La cifra de gastos del presupuesto para la defensa y de la financiación de la economía nacional era de 25.000 millones. En 1934 las cifras eran de 37 y 37 respectivamente; en 1938, de 80 y 75; en 1939, de 92 y 100; en 1940, de 106 y 113; y en el presupuesto proyectado para 1941 de 124 y 144 (la mayor diferencia para este año la cubre, más o menos, el aumento en los beneficios sujetos al impuesto)».

Cliff explica cómo era esa tasa que suena poco o nada comunista. «El impuesto sobre el volumen es parecido al impuesto británico sobre las ventas, ya que grava sobre las mercancías en el momento de la fabricación y sobre la compra obligatoria por el Gobierno, de los productos agrícolas de los campesinos. Se incluye en el precio de la mercancía, y lo paga en su totalidad el consumidor. El impuesto grava casi exclusivamente sobre los productos agrícolas y las industrias manufactureras de bienes de consumo».

Al igual que en la China imperial, la *Nomenklatura* del Partido, cuyos puestos nunca eran estables por la amenaza de recibir una visita de madrugada, gozaba de privilegios notables, que aumentaron durante la II Guerra Mundial. Cliff lo puntualiza: «Los funcionarios del Gobierno que, según Lenin, no debían ganar más que un trabajador medianamente cualificado, disponen de sueldos muy diferentes. Según un fallo de la Corte Suprema de la URSS del 17 de enero de 1938, los presidentes y vicepresidentes del Consejo de la Unión y el Consejo de las Nacionalidades gozan de salarios de 300.000 rublos al año, y cada diputado del Soviet Supremo gana 12.000 al año más 150 rublos para gastos por cada día de sesión. El presidente del Soviet Supremo de la RSFSR y sus diputados recibían 150.000 rublos anuales. Se supone que los presidentes y vicepresidentes de las demás repúblicas federadas tienen sueldos parecidos. Durante la guerra, un soldado raso del ejército soviético recibía 10 rublos mensuales, un teniente 1.000 y un coronel 2.400. En el ejército norteamericano, que no puede considerarse bajo ningún concepto un ejército socialista, el sueldo mensual del soldado alcanzaba 50 dólares, el teniente percibía 150 dólares y el coronel 333». Aun durante la guerra, cuando el estado de emergencia imponía la urgente necesidad de elevar como fuera la productividad de cada trabajador, seguían existiendo diferencias extremas entre las clases sociales. Una sirvienta con 2 hijos, uno de 3 años y otro de 10, explicaba a Alexandra Werth en 1942: «Los niños viven principalmente de pan y té; el pequeño recibe un sucedáneo de la leche –¿qué otra cosa puedo darle?– fabricado con semillas de soja, sin sabor y casi exento de valor nutritivo. Este mes por mis cupones de carne solo pude obtener un poquito de pescado. A veces consigo un poco de sopa en la cantina y eso es todo».

La inhumanidad del sistema marxista contrasta con sus cantos al escudo social y otras zarandajas. Pura palabrería para escudar las mismas o mayores miserias que el más recalcitrante y perverso de los capitalistas. El objetivo es, igual que en los populismos contemporáneos, que los miembros de la *Nomenklatura* vivan de forma despampanante a costa del esfuerzo de los asalariados, lo sean en una empresa o de un organismo estatal.

El fallecimiento de Stalin y la llegada de Jrushchov al poder conllevó una mutación de política económica. Además de un relativo deshielo en la represión y del hipócrita reconocimiento de los crímenes de Stalin por parte del Partido –Jrushchov había participado activamente en ellos como miembro del buró político durante años–, la política económica trató de solucionar los enormes problemas provocados por la planificación estalinista. El más importante es que el sistema no había sido diseñado para satisfacer la demanda de los ciudadanos o las empresas, sino para incrementar la producción sin sentido, con cifras que surgían en los despachos de los dirigentes y en las que influía más el miedo que los hechos. Se descentralizó en parte la industria –multiplicándose los reinos de taifas–, se apostó por mejorar las condiciones del campo para aumentar una producción más razonable y se buscó mejorar la calidad de vida del ciudadano, promoviendo más bienes de consumo y mejores viviendas.

«En términos generales el período 1953-1964 fue –en palabras de Taibo– de relativa bonanza económica, y ello pese a que los últimos años reflejasen ya una crisis aguda. Por citar algunos datos, y de acuerdo con las propias estadísticas soviéticas, entre 1958 y 1965 –durante el 7º plan quinquenal– la renta nacional creció en un 58 % y el producto industrial bruto en un 84 %. Las producciones de hierro, acero, petróleo, gas, electricidad, fertilizantes y cemento se incrementaron, respectivamente, en un 73, un 65, un 115, un 332, un 116, un 163 y un 117 %. Ilustrativo de la nula efectividad de algunas políticas fue, de cualquier modo, que la cosecha de cereales de 1965 fuese un 10 % inferior a la de 1958. El número de trabajadores pasó de 56 millones en 1958 a 77 en 1965. Tan espectaculares como algunos de esos datos lo son los referidos a las condiciones laborales y sociales imperantes. Las duras sanciones por absentismo fueron levantadas, las posibilidades de una libre elección de trabajo crecieron notablemente, se creó una especie de salario mínimo y las pensiones experimentaron varias subidas. Las prestaciones sociales mejoraron, el número de médicos y camas de hospital se incrementó de forma notoria y se realizó un gran esfuerzo para mitigar el grave problema planteado por la escasez de viviendas».

En cuanto a los salarios, se incrementaron sobre todo los menos cualificados, de tal forma que no fuera necesario distorsionar resultados. Se abandonó el trabajo a destajo, redujeron las horas y pusieron límites a las bonificaciones progresivas. El objetivo de la reforma era crear un entorno laboral más razonable, en el que los dirigentes de los centros de producción pudieran distribuir de manera más eficaz el trabajo, sin necesidad de tener que embaucar con una falsa sobreproducción para cubrir el expediente. A los trabajadores más cualificados se les comenzó a pagar por horas.

Explica Juan Antonio González Fuentes, en «El modelo económico socialista de Kruschev a Chernenko», el propósito de estas reformas: «Una elevación global del nivel de vida que permitiera a la URSS alcanzar unos niveles de vida equiparables a los conseguidos por los países occidentales. Su política persiguió equilibrar el desarrollo industrial con el agrícola, emprendiendo a su vez un ambicioso programa de investigación nuclear y aeroespacial. En el sector agrícola, los *koljoses* fueron dotados de mayor autonomía en sus decisiones y sufrieron una reagrupación, agrandándose su superficie y racionalizándose la utilización de la maquinaria agrícola. El órgano de planificación central (*Gosplan*) subsistió, pero realizando solamente una planificación global; la concreta pasó a corresponder a consejos económicos regionales (*sovnarjoses*), encargados de velar por la ejecución del plan. Asimismo se admitieron ciertas libertades económicas para negociar créditos con la banca estatal y para permitir una libre comercialización de parte de la producción, lo que facilitó que se iniciaran los intercambios comerciales con terceros países no comunistas. Para mejorar el nivel de vida agrario y fijar a la población en el campo se construyeron núcleos (*agrogorod*), dotados de mejores servicios (...). En ol sector industrial se propulsó la industria de bienes de uso y consumo, el salario aumentó y se redujo el horario laboral. En los primeros años de aplicación de las reformas crecieron los rendimientos agrícolas y el nivel de vida campesino. Pero en los años 60 fracasaron los proyectos desarrollados para cultivar nuevas superficies roturadas en Asia central, cuyos rendimientos se agotaron rápidamente. Los problemas en la producción de cereales fueron uno de los factores que propiciaron la caída de Kruschev, que no acabó con los esfuerzos de descentralización y racionalización empresarial, pero supuso un freno en ese proceso».

La reforma de la economía afrontó problemas desde el arranque. La delirante y laberíntica planificación suponía infinitas rondas de negociaciones con los consejos regionales para fijar una producción y unas estimaciones que invariablemente no se cumplían y debían revisarse anualmente con correcciones que al final hacían imposible conocer cuáles eran los verdaderos resultados. Una de las dificultades con las que se toparon los dirigentes fue cómo establecer los precios de los bienes de consumo en una sociedad donde no existía la ley de la oferta y la demanda. En *Abundancia roja*, de Francis Spufford, se describe el debate entre la *Nomenklatura* y la *Intelligentsia* para mejorar la economía, centrado en los planes del matemático Vasily Sergeevich Nemchinov. «En 1963 el plan del académico Nemchinov para la reforma matemática de la economía soviética contaba con casi todos los elementos necesarios para su aplicación. Los nuevos institutos y departamentos de informática surgidos en todos los rincones de la Unión Soviética se apresuraban a completar el rompecabezas con las piezas que faltaban; o tal vez estuvieran haciendo distintos rompecabezas. Se crearon modelos matemáticos de la oferta, la demanda, la producción, el transporte, la ubicación de las fábricas, la planificación a corto y largo plazo, los planes sectoriales, regionales, nacionales e internacionales. Se encargaron sistemas automáticos para el control de las fábricas. Un grupo de informáticos del Ejército Rojo propuso la creación de una base de datos comunicada en red y accesible a civiles y militares por igual en todo el país. Pero Nemchinov ya no estaba al mando. Fue otro de los damnificados de aquel año aciago, y se encontraba demasiado enfermo para seguir actuando como impulsor y perseguidor del progreso de la disciplina proliferante y multiplicadora cuya existencia había contribuido a crear. Cuando su base de operaciones en la Academia se convirtió en el TSEMI, el Instituto Central de Economía Matemática –un organismo enteramente autónomo que contaba con su propia sede en los nuevos y embarrados bulevares del Monte de los Gorriones y una pancarta en el vestíbulo con el lema: 'Camaradas: optimicemos'–. Nemchinov no pudo dirigir el nuevo centro. Las alianzas que él había creado tendrían que funcionar por sí solas (...). El grupo del académico Glusjov, en Kiev, abogaba por el control informático directo de toda la economía y la eliminación del dinero. Los de Akademgorodok defendían una racionalización de los precios. Un economista de Jarkov llamado Evsei Liberman había causado un gran revuelo en Pravda al insistir en que el beneficio debería ser el principal indicador del éxito industrial. Pero la premisa del esfuerzo intelectual en su conjunto era la mejora práctica e inmediata de la economía soviética; de sus 10.000 empresas y de los sistemas que las integraban y coordinaban. La cuenta atrás para alcanzar el paraíso, de acuerdo con el Programa del Partido, exigía que la economía creciera, a lo largo de toda la década de 1960, al mismo ritmo que había crecido la década anterior según las cifras oficiales: un 10,1 %. Los economistas descendieron de las alturas teóricas para respaldar esta doctrina. Minas, almacenes, plantas químicas, fábricas de pieles y trenes de mercancías: había que optimizarlo todo».

La reforma de Kruschev fue el último intento ciertamente revolucionario por modificar la economía, probablemente con una perspectiva más realista y menos asesina que la de sus predecesores. Su defenestración, que al menos no se saldó con su aniquilación física, dio paso al mandato de Breznev, una etapa de estancamiento y estabilización de los cuadros que apenas suscitó reformas y se limitó a sostener, en mitad de un declive de corruptelas e ineficacias, lo que quedaba de la arquitectura estalinista. Las últimas y fracasadas reformas de Gorbachov en los 80 fueron la constatación de que la URSS era un cadáver de permiso. Sus terribles contradicciones habían matado y al mismo tiempo, por paradójico que suene, habían mantenido en vida. Putin está brindando el espectáculo de un zombie del comunismo, que sigue asesinando a propios y ajenos como un Stalin redivivo.

El comunismo sigue siempre idénticas pautas: expropiar a los calificados como potentados y a la clase media para que los presuntos revolucionarios acaparen esas regalías. He aquí algunos detalles del caso de José Broz, más conocido como Tito, el valetudinario líder de un comunismo imaginariamente no alineado... Su opulento estilo de vida rezumaba despotismo. Brindó durante décadas una parodia grotesca de los ideales socialistas. Al igual que los peores dictadores de la Roma imperial consideraba las finanzas estatales como sus ingresos privados. Además se adjudicó un generoso salario y se instaló de inmediato en un palacio. Mutó en un pseudomonarca, tipo Calígula, que se deleitaba obscenamente atendido por un séquito de incontables cortesanos. También ellos corruptos. Los viejos rebeldes transformados en nuevos ricos se sumaron a la apropiación de propiedades. Implantó la costumbre de fastuosas recepciones. Enseguida acopió para su colección tanto antiguas residencias reales como grandiosas fincas. Una de ellas, su residencia de verano en la isla de Brioni. Allí se adueñó de una villa y para contentar a su caterva de secuaces diseñó espaciosos alojamientos construidos por cautivos. En ese lugar instaló –como décadas más tarde haría el narcotraficante colombiano Pablo Escobar– un zoológico. Pronto comenzó a viajar en un Mercedes blindado o un Rolls-Royce. Navegaba en un inmenso y deslumbrante yate. Robó para su disfrute innumerables obras de arte.

Tito se encargó de que los militares estuvieran bien retribuidos y accedieran a viviendas de lujo. Como en cualquier narcoestado, flaqueó la libertad de los estómagos agradecidos. Las fuerzas de seguridad bajo la dirección de otro de sus edecanes, Aleksandar Ranković, ministro del Interior, garantizó la sumisión. Se agitó el espantajo del enemigo interior, como en cualquier dictadura de derechas o izquierdas. Ese fantasma se zarandeaba periódicamente como una entelequia para estimular la adhesión inquebrantable.

La oposición a Tito fue brutalmente reprimida mediante el asesinato, el encarcelamiento o la reclusión en campos de concentración. La mayoría de los ciudadanos se amoldaron al régimen. Solo unos pocos, héroes con vocación de mártires, se atrevieron a desafiar al tirano.

Tal como afirma en *Personalidad y Poder* Ian Kershaw, exiguo conocedor de España pero aficionado al estudio de diversos países, durante la década de 1950 se produjeron en Yugoslavia inversiones estatales, generando un portentoso y en gran medida ficticio crecimiento económico. Partían de tan miserable situación que pudo publicitarse un incremento del 13 % anual en la producción industrial y un aumento de los ingresos de casi un 6 %. Esto implicó un trasvase de la agricultura a la industria. En 1953 se dio marcha atrás en el proyecto de agricultura colectivizada, pues resultó ser tan impopular como irrealizable desde la perspectiva económica. Tras la ruptura con la Unión Soviética se impusieron modificaciones en la política económica. En 1949, Kardelj, teórico comunista, Boris Kidrič, miembro del Buró político y responsable económico, y Djilas, mero publicitario, persuadieron a Tito para que apadrinara novedosas relaciones industriales. Una presunta autogestión permitía a los consejos de proletarios controlar el funcionamiento de las fábricas y diseñar el socialismo desde la base, no mediante directrices del Estado emanadas desde la *Nomenklatura*. Tito, en cualquier caso, siempre juzgó perentorio un férreo control. No creía ni admitía la libertad de sus oprimidos súbditos.

En la década de 1960, Yugoslavia era para quienes quisieran creérselo un popular país comunista. Su hipotético crecimiento económico le mereció la admiración de los ingenuos. El turismo de masas colmó la Hacienda pública. Sin embargo, al carecer de infraestructura industrial, pronto el crecimiento económico se ralentizó, el paro y la inflación se incrementaron sin control, se dispararon tanto el déficit comercial como la dependencia de créditos foráneos.

Los aprietos endógenos de la inestable economía yugoslava se agravaron con la crisis del petróleo de 1973. En la segunda mitad de la década de 1970, el endeudamiento se multiplicó por 5 y los intereses de la deuda se triplicaron. Los precios se dispararon. Se agrandó la desigualdad y se vigorizaron las tensiones nacionalistas. Croacia y Eslovenia objetaban que sus recursos habían financiado injustamente otras zonas de aquella forzada amalgama de naciones.

Aunque los problemas no aminoraron, la atroz y sanguinaria autocracia de Tito se mantuvo incólume hasta su anhelada desaparición, el 4 de mayo de 1980, a los 87 años. La adoración a Tito duró hasta su fallecimiento. Enseguida quebró. Su suntuosa vida privada, su obsesión por el boato, su jactancia, protervia y codicia contrastaban, como en todos los adalides marxistas, con los declarados ideales socialistas. Yugoslavia, como torturado país multiétnico, se precipitó en la ruina, el hambre y el desprestigio, que condujeron a las sangrientas guerras de liberación del yugo comunista. Los ideólogos del marxismo en ocasiones aciertan en lo que denuncian, pero naufragan siempre estrepitosamente en lo que proponen, sembrando pobreza, hambre y sangre.

LA EXPERIENCIA EMPLEADO EN EL SIGLO XXI

por Josep Capell Guiu

En los capítulos precedentes se muestra que la gestión de la retribución y la compensación tienen una historia tan antigua como la propia organización del trabajo. Egipcios, griegos, romanos, exploradores y tantos otros utilizaban sistemas de pago y recompensas para alinear, motivar y cohesionar a sus equipos. La compensación ha sido siempre una herramienta de dirección.

En este capítulo daremos un salto al presente para explorar las últimas tendencias. Desde hace 3 décadas, en CEINSA analizamos, diseñamos e implantamos políticas de compensación en empresas de todos los tamaños y sectores, tanto nacionales como internacionales. Esa experiencia, unida a una labor constante de investigación y docencia, nos ha permitido diseñar un modelo que proporciona respuesta a las necesidades actuales y prepara a las organizaciones para los desafíos del futuro.

Ese modelo se enmarca en un concepto más amplio: la «Experiencia empleado». Para CEINSA no es únicamente el diseño de un esquema retributivo avanzado, sino una palanca de transformación. Para explicarla recurrimos a una metáfora sencilla: la hamburguesa.

Seguramente esta comparación sorprenda. Pero casi todos disfrutamos de una buena hamburguesa... aunque no todos la queremos igual. Con pan o sin pan, con queso o sin él, vegetal, de pollo, con más o menos complementos. La elección depende de los gustos de cada persona. Si la cargamos en exceso se vuelve difícil de manejar, se desarma y terminamos pringados.

Lo mismo ocurre con la Experiencia empleado. Cada organización debe escoger la fórmula que mejor se ajuste a su momento y madurez. Habrá compañías capaces de sumar todos los ingredientes desde el inicio; otras preferirán empezar con algo más sencillo e ir incorporando capas; y algunas, por querer ir demasiado deprisa, corren el riesgo de no saborear –ni digerir– lo que han creado. Conviene no dejarse arrastrar por modas pasajeras: que algo esté en boca de todos no significa necesariamente que sea lo que nuestra organización necesita.

En las siguientes páginas desgranaré cada una de esas capas, explicando por dónde empezar y cómo evolucionar.

CEINSA define la Experiencia empleado como el conjunto de políticas de gestión de personas que aplica una organización para atraer, fidelizar y comprometer el talento con los objetivos de la compañía.

En el gráfico que se presenta a continuación pueden observarse los pisos de esta hamburguesa organizativa, con los que proponemos construir una experiencia única, sabrosa y sostenible.

CULTURA CORPORATIVA

Proyectos personales/empresariales

Momentos que Importan

Bienestar Corporativo

Propuesta de Valor
para el Empleado (PVE)

Employer Branding

PROPÓSITO

Cultura corporativa: el pan que sostiene desde arriba

En cualquier hamburguesa, el pan superior es lo primero que vemos y lo que mantiene todo unido. Ese pan puede ser rústico o brioche. Para mí, una hamburguesa sin pan... Así ocurre con la cultura corporativa: la forma en que se ejecuta, los valores que guían las decisiones y el estilo de liderazgo. La cultura son las creencias, las acciones, los pensamientos, las metas o las normas que comparten los miembros de una organización, el marco invisible que envuelve la experiencia del empleado. La cultura define la personalidad y el ideario de una organización. Una cultura fuerte da consistencia; una débil consiente que todo se desmorone.

La cultura puede explicitarse como «lo que hacen los empleados cuando nadie los observa». Ese componente invisible de la Experiencia empleado, aunque intangible, determina de manera decisiva el éxito o fracaso de cualquier estrategia. Peter Drucker lo expresó con su célebre frase: «La cultura se come a la estrategia para desayunar». Y, sin embargo, pocas compañías le prestan la atención que merece.

Todos hemos visto la clásica imagen del iceberg: lo visible es apenas la punta, mientras que la cultura permanece sumergida, y a menudo ignorada. Intentar implantar políticas o procesos sin tener en cuenta la cultura es como construir sobre arena: la mayoría de las veces acaba en fracaso.

Existen muchas definiciones y marcos de referencia sobre cultura empresarial. Resulta útil –y sencilla– la clasificación que distingue cuatro tipos:

1. *Cultura del poder o la jerarquía.* Se basa en la figura central de un líder fuerte. Los resultados se atribuyen al dirigente más que al esfuerzo colectivo.

Henry Ford, fundador de Ford Motor Company, es un paradigma. Fue un visionario que revolucionó la industria haciendo el automóvil accesible para las clases sociales populares, pagó salarios más altos que la competencia e introdujo innovaciones sociales. Pero su éxito lo llevó a transformarse en un líder autoritario, rodeado de aduladores. La cultura de miedo que creó acabó costándole negocios y talento.

2. *Cultura con base en las normas o reglas.* Se apoya en protocolos estrictos que garantizan orden y previsibilidad. Todo está regulado: desde los procesos hasta las sanciones. Aporta seguridad, pero sofoca la innovación y la flexibilidad.

3. *Cultura orientada a resultados.* Los procesos y los recursos se diseñan para alcanzar objetivos concretos. El desempeño se mide por logros y la organización gira en torno al cumplimiento de metas. Es eficaz en entornos competitivos, pero puede generar presión excesiva y cortoplacismo.

4. *Cultura orientada a las personas.* Sitúa el foco en el desarrollo personal y profesional. Valora la innovación, la creatividad y la satisfacción tanto de los clientes internos como de los externos. Favorece la colaboración y construye relaciones más sostenibles a largo plazo.

La cultura no es un decorado ni un adorno; es la estructura invisible que sostiene la experiencia de las personas y potencia o arruina cualquier estrategia. Sin cultura lo demás se desmorona.

Proyectos personales/empresariales: la cebolla y su toque especial

Los aros de cebolla dan carácter. No siempre están, pero marcan la diferencia. Son los proyectos personales y empresariales: oportunidades para que los colaboradores participen en iniciativas estratégicas, innoven o incluso desarrollen sus propias ideas. Como los aros de cebolla, aportan personalidad, un toque distintivo que despierta el orgullo de pertenencia. Y, como ese ingrediente, no gustan a todos.

Desde sus orígenes, Google animó a sus empleados a dedicar un 20 % de su tiempo a proyectos personales. Aunque esta política ha sido cuestionada –y algunos colaboradores bromean diciendo que en realidad se trata de un 100/20–, lo cierto es que de ahí surgieron algunas de las innovaciones más emblemáticas de la compañía. Apple, por su parte, ofreció a sus equipos 2 semanas al año para desarrollar iniciativas propias. Ya en los años 50, 3M había instaurado la posibilidad de dedicar un 15 % del tiempo laboral a proyectos personales, una medida que dio pie a productos tan icónicos como los *Post-it*. Otras compañías han sabido institucionalizar esta idea:

- *Atlassian.* La empresa australiana de *software* organiza los *ShipIt Days*: 24 horas en las que los empleados pueden trabajar en cualquier proyecto, individual o en equipo y presentar después los resultados. Muchas mejoras de producto nacieron de estos maratones creativos.

- *LinkedIn.* Ofrece a sus empleados la posibilidad de dedicar parte de su tiempo a proyectos de aprendizaje libre, incluso fuera de su rol habitual. El objetivo es fomentar la curiosidad y el crecimiento continuo.

- *Facebook (Meta)*. Popularizó los *Hackathons*, jornadas intensivas donde los equipos desarrollan prototipos en tiempo récord. De ahí surgieron funcionalidades tan conocidas como el botón de «Me gusta».

- *DreamWorks*. La compañía de animación reserva horas para que los artistas desarrollen ideas propias. Muchos cortos experimentales nacieron de este espacio y algunos acabaron inspirando largometrajes.

Disponer de proyectos personales paralelos al trabajo habitual tiene otros beneficios:

1. Son divertidos e incrementan la motivación: permiten experimentar y aprender en temas que decide la propia persona porque le apetecen o aportan. Estos proyectos pueden potenciar la colaboración con otros compañeros.

2. Mejoran la polivalencia: el desarrollo de nuevas habilidades y la adquisición de los conocimientos necesarios para realizar los proyectos dota a los colaboradores de mayor flexibilidad.

3. Fomentan la creatividad: pensar y desarrollar proyectos, soluciones e inventos agudiza el ingenio y mejora la creación de ideas y su interconexión.

4. Incrementan la productividad: el tiempo que se dedica a las labores habituales es más productivo y eficiente. El mantenimiento de estas políticas dependerá de que el trabajo ordinario se realice.

5. Mejoran la carrera profesional: la participación en proyectos personales es una fuente relevante de desarrollo

y capacitación. Las personas aceleran su desarrollo y están más rápidamente preparadas para el acceso a puestos de mayor responsabilidad.

6. Acrecientan el nivel de compromiso: la demostración de confianza por parte de la empresa supone un reconocimiento y refuerza el compromiso e impulsa la lealtad de los colaboradores.

7. Ensanchan la innovación, Directamente, porque algunos proyectos personales pueden estar relacionados con servicios o productos y pueden incorporarse; e indirectamente, porque la mejora de la creatividad, así como de otras habilidades hará que la innovación se traslade a todos los ámbitos.

Momentos que importan: los tomates que refrescan

El tomate aporta jugosidad y equilibrio a la hamburguesa. En nuestra metáfora corresponde a los momentos que importan: el primer día en la compañía, el reconocimiento tras un logro, la bienvenida a un proyecto, la posibilidad de conciliar o incluso la despedida. Son instantes que, bien gestionados, convierten una relación laboral en una vivencia significativa.

Aunque para cada persona esos momentos de la verdad en su relación con la empresa podrían ser diferentes, según Jacob Morgan en su libro *The Employee Experience Advantage* (2017) los más comunes son:

- La primera impresión (normalmente el primer día): como el bocado inicial, es decisivo. La manera en que una persona es recibida e integrada condiciona la forma en que percibirá la cultura.
- El acompañamiento en los primeros 3 meses. La integración inicial es crítica: determina si la persona

se siente parte del proyecto o una pieza sustituible en el engranaje.

- El momento en que tocaría dar el siguiente paso en la carrera profesional: sentir que la compañía detecta y propone oportunidades de crecimiento evita la frustración y alimenta la sensación de progreso.
- El contacto con el jefe directo (*feedback* y evaluaciones). Son como el punto de maduración del tomate: si está en su justo punto, enriquece; si está verde o pasado, arruina el conjunto. El modo en que se da *feedback* impacta directamente en la confianza.
- La interactuación con otros colaboradores: una conversación, un conflicto o un gesto de apoyo pueden convertirse en recuerdos imborrables.
- La interacción con los clientes: muestran la confianza y el orgullo de quienes representan a la empresa.
- Las experiencias con compañeros de trabajo: lo informal —un café, una celebración, una anécdota compartida— construye cultura.
- Cuándo y cómo se concede el reconocimiento: como el tomate, proporciona sabor. Cuando el trabajo es valorado, sea con un simple gracias o un agradecimiento formal, la experiencia se vuelve más gratificante.
- Crisis personales y familiares: el apoyo en momentos difíciles —maternidad, enfermedad, duelo— deja una huella más profunda que cualquier política formal.
- Cómo se comporta la empresa en casos de denuncia o reclamación: la respuesta en estas situaciones críticas define la percepción de justicia.
- Las circunstancias en que la tecnología es la adecuada o no: las herramientas facilitan o entorpecen

el día a día: un detalle técnico puede convertirse en un recuerdo emocional.

- Los momentos de instrucción: las oportunidades reales de aprender en proyectos, retos o nuevas responsabilidades pesan más que cualquier aula y dejan un poso positivo o negativo.
- La salida de la compañía: el último bocado cuenta. Una despedida cuidada convierte a un ex colaborador en embajador; mal gestionada deja un sabor amargo.

Los momentos de la verdad pueden agruparse en estos tres grupos:

- Críticos en la relación con la compañía: contratación, salida, promoción u otros hitos clave en la trayectoria.
- Críticos en la vida del empleado: evaluaciones, entrevistas, planes de carrera o *feedback* con impacto directo en su desarrollo.
- Importantes en la vida de las personas: bodas, nacimientos, enfermedades u otras circunstancias que ponen a prueba la empatía y el apoyo de la organización.

No podemos abordarlos todos a la vez. Para decidir dónde de aplicar el mismo criterio en cualquier proceso de gestión de las personas es conveniente:

- Alinearse con la estrategia.
- Identificar los problemas que queremos resolver: rotación, retención, motivación, compromiso...
- Detectar los momentos de mayor impacto.
- Priorizar aquello que más valorarán los colaboradores.

Siguiendo estos pasos podremos diseñar una política coherente y ajustada a las necesidades reales de la organización, evitando caer en modas pasajeras y asegurando que cada acción aporte un valor tangible.

Bienestar corporativo: el queso que une y multiplica el sabor

El siguiente elemento de la hamburguesa es el queso. Indispensable y versátil, a menudo no recibe el reconocimiento que merece. Sin él, la hamburguesa puede ser correcta; con el conjunto gana sabor. En la Experiencia empleado sería el bienestar corporativo o *Wellbeing*.

El bienestar corporativo es el conjunto de acciones que una organización pone en marcha para generar una sensación de bienestar, tranquilidad y satisfacción, gracias a las condiciones del puesto de trabajo. No se trata de un gesto altruista: el bienestar aporta beneficios tangibles, como mayor productividad, menor absentismo, más motivación y un compromiso más fuerte. Envía un mensaje poderoso: «Las personas importan y velamos por su cuidado».

Sin embargo se produce una trampa frecuente: el *Wellbeing Washing*. Muchas empresas se suman a la moda con acciones aisladas –una sesión de yoga, una cesta de fruta– sin una estrategia global.

El resultado suele ser contrario al deseado porque los colaboradores perciben la incoherencia, se sienten utilizados y la consecuencia es un aumento de la desconfianza, la rotación y, al cabo, la fuga de los perfiles con mayor potencial.

Aunque existen muchas clasificaciones, podemos agruparlo en tres ámbitos:

1. *Bienestar físico*: la capacidad de realizar actividades físicas y llevar a cabo funciones sociales que no

estén impedidas por limitaciones físicas y experiencias de dolor físico e indicadores de salud biológica.

2. *Bienestar emocional-psicosocial-mental*: el estado de ánimo con el cual nos sentimos bien, percibimos que dominamos nuestras emociones y somos capaces de hacer frente a las presiones.

3. *Bienestar financiero*: la gestión adecuada de ingresos y gastos que permite cubrir imprevistos y avanzar hacia los objetivos vitales sin preocupación constante por la estabilidad económica.

En la práctica, muchas acciones impactan en más de un ámbito a la vez. De ahí la importancia de definir una estrategia clara: fijar objetivos, seleccionar las iniciativas que encajen con las preferencias de los colaboradores y medir su impacto.

Como señalan Steven P. MacGregor y Rory Simpson en *Chief Wellbeing Officer: el bienestar como herramienta estratégica*, el bienestar no debe verse como un accesorio, sino como una palanca de gestión estratégica. Igual que el queso que une todos los ingredientes de la hamburguesa, el bienestar conecta políticas, cultura y propósito, convirtiéndose en un elemento que multiplica el sabor y la consistencia de la experiencia global.

Propuesta de Valor al Empleado (PVE): la carne que alimenta

Toda hamburguesa necesita una buena base de proteína. La Propuesta de Valor al Empleado es el núcleo: lo que ofrece la organización a cambio de talento y dedicación. Incluye la compensación, los beneficios, las oportunidades de desarrollo y el reconocimiento. Igual que una hamburguesa, sin esta parte deja de ser tal; si esta capa falla lo atractivo de los complementos tiene poca relevancia: la experiencia pierde su esencia. Una PVE bien diseñada cambia la estrategia y la cultura.

La Propuesta de Valor al Empleado (PVE) es el conjunto de beneficios tangibles e intangibles que una organización ofrece a sus colaboradores a cambio de su talento, tiempo y compromiso. Incluye no solo los elementos retributivos clásicos (salario fijo, variable, beneficios sociales), sino también factores como el desarrollo profesional y las medidas de conciliación.

En otras palabras, la PVE es la respuesta estratégica de la empresa a la pregunta clave: «¿Por qué debería trabajar aquí y no en otra compañía?».

El término *Employee Value Proposition (EVP)* surgió en el ámbito del *Employer Branding* a finales de los años 90 y principios del 2000. Una de las primeras referencias académicas aparece en un artículo de McKinsey & Company (2001), en el contexto de la *war for talent* que esa consultora había popularizado en 1997. Las empresas deben diferenciarse no solo por lo que pagan, sino por lo que ofrecen, especialmente en un mercado laboral competitivo.

El concepto se consolidó gracias a las firmas de consultoría, que comenzaron a medir y diseñar las EVP como parte de proyectos de atracción y retención del talento. Desde entonces se ha integrado como pilar de las estrategias de *Employer Branding* y gestión del talento.

Aunque el término es reciente, la lógica detrás de la PVE no lo es. En la historia de la compensación podemos encontrar raíces similares, como hemos visto en otros capítulos de este libro:

- Egipto y Roma: las recompensas no eran solo monetarias; incluían tierras, reconocimiento social y privilegios.

- Revolución industrial (siglo XIX): las primeras empresas paternalistas (como Cadbury en Inglaterra, Krupp en Alemania o las colonias industriales en Cataluña) ofrecían vivienda, educación o asistencia médica, anticipando la PVE. Bastantes se inspiraron en la doctrina social de la Iglesia.
- Siglo XX: tras la II Guerra Mundial, en EE. UU. y Europa, muchas compañías introdujeron beneficios sociales (seguros médicos, fondos de pensiones, guarderías), que ampliaban la compensación más allá del salario.

La diferencia actual es que hoy la PVE se gestiona de forma consciente, estratégica y comunicada, como parte esencial de la marca empleadora y la experiencia global del colaborador.

Para mí, la PVE incluye los siguientes apartados:

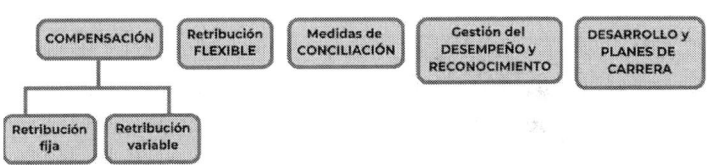

Expondré las principales características y tendencias de cada apartado.

Comencemos por la compensación o política retributiva. Las empresas cada vez son más conscientes de que la remuneración es una poderosa herramienta de gestión estratégica, necesaria para canalizar los esfuerzos en la dirección de los objetivos corporativos.

Un modelo retributivo alineado con la estrategia permite atraer, retener selectivamente, estimular el rendimiento, fomentar la adhesión, estimular el desarrollo, aumentar la satisfacción de los colaboradores, mejorar el clima laborar y difundir los valores corporativos.

Hoy en día hay empresas que todavía no han entendido que la retribución debe estar sincronizada con el resto de las políticas y con la cultura. Vamos a comenzar por el diseño de una propuesta de valor, y en concreto por la parte de la compensación. Aquí hablaremos de la retribución fija (y de las políticas de incremento y posicionamiento en banda) y la variable.

Retribución fija: el elemento central de la política retributiva

La retribución fija es, salvo excepciones, el elemento central, y en ocasiones el único, de la política retributiva. Constituye aquella porción de salario que el colaborador recibe invariablemente durante su relación laboral. La mayoría de las organizaciones utilizan la retribución fija para reflejar la importancia relativa de los puestos y competir en el mercado laboral por los mejores candidatos. Otras, además, tratan de reconocer las diferencias en el rendimiento estableciendo diferencias en su percepción fija.

El diseño de la retribución fija debe realizarse de acuerdo con los objetivos a conseguir, que pueden concretarse en:

- Promover el cambio: una organización que implanta políticas avanzadas de incrementos, retribución variable, etc., genera una imagen de profesionalización y dinamismo superior a otra donde la remuneración se centra en retribución fija e incrementos basados en el IPC.

- Reconocer el mérito: la diferenciación salarial conecta con la individualización para reconocer el esfuerzo. Los empleados con un mejor rendimiento tienden a buscar organizaciones que premian el desempeño.

Uno de los desafíos es encontrar mecanismos que permitan, de manera objetiva y eficaz, aumentar la importancia relativa del componente de contribución personal sobre el del puesto o nivel ocupacional.

- Alinear la política retributiva con el mercado salarial: un objetivo de la retribución fija es la integración del valor interno de los puestos de trabajo con referencia al mercado. Las propuestas más habituales abogan por utilizar el mercado como referencia secundaria/primaria, según el sector, después de determinar la jerarquía interna.

- Permitir la implantación de la retribución variable: una retribución fija, ordenada, equitativa y donde todo el mundo está en la *comparatio* que le corresponde facilita la implantación de un modelo de retribución variable. En caso de contar con una correlación baja, la implantación de la retribución variable puede hacer que las diferencias se agranden.

En CEINSA entendemos que el diseño de cualquier estructura retributiva se fundamenta en la integración de cuatro factores, que se agrupan en dos referencias críticas: el puesto de trabajo y la persona.

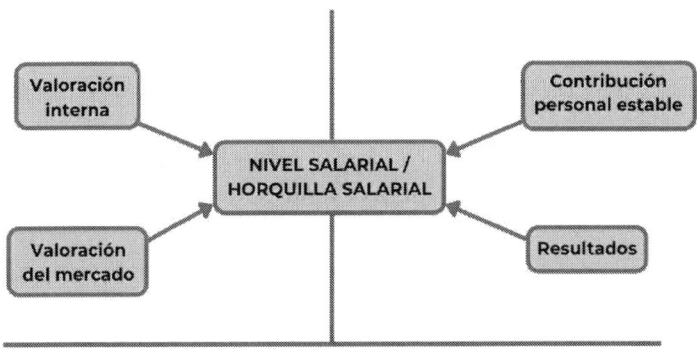

A la metodología que combina o integra las dos referencias vinculadas al puesto –valoración interna y del mercado– la denominamos «*job pricing*» o «apreciación de puestos». Este enfoque permite situar cada puesto en un marco de equidad interna y competitividad externa, y se resume de forma visual en el siguiente esquema:

Metodología «job pricing»

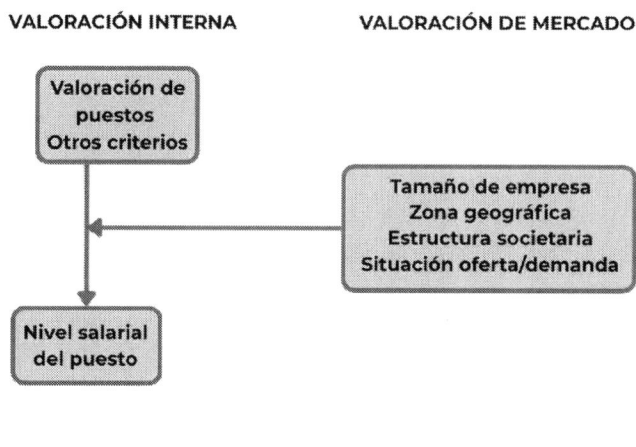

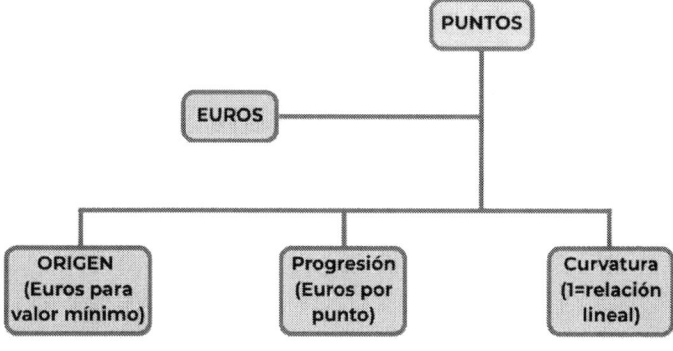

Cuando analizamos una estructura salarial, los criterios básicos que deben cumplirse son dos: la equidad interna y la competitividad externa. Esta premisa se mantiene en el caso de la retribución fija. La única particularidad es que, al definir el salario fijo, conviene hacerlo teniendo en cuenta el resto de elementos, especialmente la retribución variable, para asegurar coherencia en el conjunto.

Enfoque continuo y escalonado

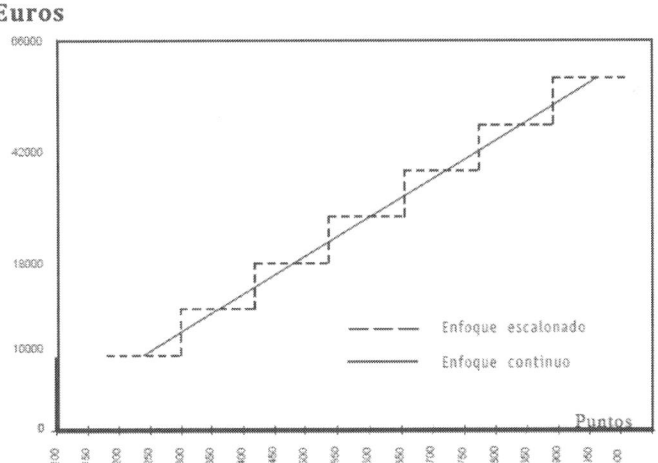

El siguiente paso para la determinación de la estructura salarial fija es traducir los puntos resultantes de la valoración de puestos en unidades monetarias. Para ello, fijando un determinado nivel de coste de la masa salarial y combinando las variables determinantes del abanico salarial (salario en la base, pendiente, progresión y amplitud de la banda), podemos obtener la estructura más adecuada para nuestra organización.

Podemos optar por dos enfoques distintos, cada uno con implicaciones específicas sobre la gestión de la retribución fija: el continuo o el escalonado.

El enfoque continuo es aquella estructura que no agrupa puestos con puntaciones similares y en la que a cada puesto le corresponde un nivel salarial propio. Al representarlo gráficamente, la estructura adopta la forma de una línea continua, como se muestra en el cuadro.

A favor del enfoque continuo puede señalarse que respeta con mayor fidelidad la proporcionalidad resultante del sistema, ya que refleja de manera directa los resultados de la valoración de puestos. Sin embargo, el que cada puesto tenga asignado un nivel salarial propio puede dificultar la flexibilidad organizativa y crear dificultades para el trabajo en equipo.

Cuando el número de puestos es elevado, la complejidad de gestión se incrementa. Las empresas de mayor tamaño utilizan el enfoque escalonado.

En ese caso se quiebra la continuidad resultante de traducir los puestos en euros, al agrupar en un mismo nivel salarial aquellos con valoraciones similares y que, al mismo tiempo, resulten coherentes. En muchos casos, esta agrupación de niveles coincide con lo que en algunas compañías se denomina grupo profesional y en otras nivel ocupacional.

Cuando diseñamos una estructura salarial recordamos que se trata de una fotografía diseñada en un momento concreto y debe transformarse en una película en movimiento, en la que el modelo evolucione y se adapte a la realidad de la empresa y del mercado.

Conviene atender a varios aspectos:
- Mantener actualizadas las valoraciones de los puestos. Los casos más comunes son creación de nuevos puestos, cambios de responsabilidades, modifica-

ciones en el modelo organizativo, etc. Si no se revisan será imposible mantener el análisis de la equidad interna y de la competitividad externa

- Enrutar la comparativa con el mercado. Debe renovarse anualmente, y más en época de mucha inflación y tensiones en la búsqueda de talento. A veces será suficiente una actualización sencilla, si no ha habido muchos cambios. En otras ocasiones puede ser necesario revisar o rediseñar el modelo.
- Revisar el modelo de clasificación cuando sea necesario: grupos retributivos, niveles retributivos, pseudo-niveles, etc.

Además de mantener el modelo vivo es fundamental que, una vez diseñada la estructura y detectados los posibles desfases positivos (salarios por encima de banda) y negativos (por debajo de la banda), se establezca un plan de acción para reducirlos progresivamente.

A modo de ejemplo, supongamos que hemos analizado y diseñado nuestra estructura salarial y contamos con la siguiente fotografía.

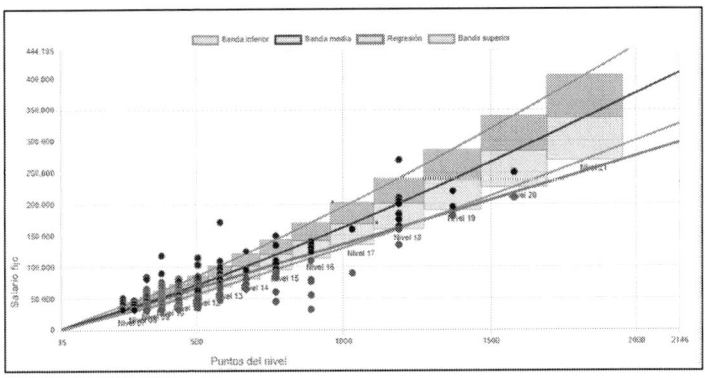

En este ejemplo, la estructura está organizada en niveles salariales, cada uno con un recorrido de ±20 %, que se ajusta en función de la contribución de cada persona. Los puntos azules representan colaboradores que, por distintos motivos, se sitúan por encima del +20 %. Por ejemplo, si la banda de un puesto está definida en 24.000–30.000€ + 36.000€, un salario de 39.000€ equivaldría a un *comparatio* del 130 % respecto del valor central de la banda. Los puntos rojos, por el contrario, corresponden a casos con un *comparatio* inferior al 80 %.

Es importante subrayar, y a menudo se pasa por alto, que incluso las personas que están dentro de la banda (80 -120 %), los puntos negros, no siempre están en un *comparatio* correcto; a veces tienen salarios que no reflejan exactamente su nivel de contribución. Es otra de las claves cuando se analiza y gestiona la equidad interna.

Para reducir los desfases, las fórmulas más habituales son dos:

- Negativas:
    - Corrección inmediata: absorción en una vez de la diferencia. Solo recomendable en casos donde hay un riesgo de fuga de talento o por la Directiva de Transparencia Salarial.
    - Ajuste por fases: es el más recomendable a nivel tanto financiero como de motivación de las personas y a nivel de gestión. Se puede realizar:
        ◇ Mediante un plan de carrera programado
        ◇ Mediante la implantación de una política de incrementos avanzada, como la matriz de incrementos.

- Positivas:
  - Incremento de responsabilidades. Si el puesto asume nuevas, aumentará su valoración y puede incrementar su banda salarial. En estos casos es recomendable no engañarse inventando responsabilidades.
  - Promoción a carga superior. Puede que la persona tenga una contribución alta y pueda promocionar a un puesto de mayor responsabilidad, que justifique su salario. En este caso, la comunicación es clave para que entienda el porqué de la promoción sin, al menos inicialmente, un incremento salarial.
  - Absorción parcial/total de incrementos. Como en el caso de los desfases negativos, es recomendable la implantación de una política de incrementos avanzada.
  - Jubilación/prejubilación: muchos de los desfases son históricos. Al analizar caso por caso podemos identificar personas con quienes pactar una solución positiva para ambas partes.

En este punto conviene detenerse en un aspecto frecuentemente olvidado: las políticas de incremento salarial. En ocasiones se limitan a actualizar los salarios en función del IPC o conceder discrecionalidad al *manager* para proponer aumentos. Pero si se pretende que los recursos destinados a incrementos sirvan para posicionar a cada persona en el *comparatio* que le corresponde, este enfoque resulta insuficiente.

Existe una herramienta para lograrlo: la matriz de incrementos. Permite reconocer las contribuciones individuales considerando la posición de cada persona dentro de su banda salarial y, al mismo tiempo, ajustar el resultado final al presupuesto disponible.

Antes de entrar en detalle demos un paso atrás. Cuando hablamos de incrementos, utilizamos de forma genérica el término como sinónimo de aumento de la retribución. En ocasiones se producen lo que los técnicos denominan incrementos negativos, que son reducciones de la masa salarial o, en casos puntuales, del salario de un individuo.

Partiendo de esta definición, podemos clasificar los incrementos en dos categorías: colectivos e individuales.

Los colectivos se refieren a una evolución de la masa salarial de la compañía, y los podemos clasificar en:

- Genéricos: se aplican con carácter general a todos o la mayoría de los integrantes. También son conocidos como aumentos por el coste de la vida porque esta referencia —concretamente el IPC— es la más utilizada para su determinación. Existen otros indicadores que pueden resultar más apropiados. Entre ellos, las comparaciones con el mercado, los relacionados con productividad o determinados *ratios* financieros que referencian la masa salarial a otras variables: volumen de negocio, rentabilidad, beneficio, etc.

- Por creación o supresión de puestos. Fruto de cambios, innovaciones tecnológicas y otros procesos, pueden suprimirse o crearse puestos. Representará un cambio en la masa salarial y su distribución.

- Por incorporación, salida o sustitución de empleados. Pueden ser resultado de la incorporación de nuevos, la salida de otros, o por ambas a la vez. Es decir, sustitución de un empleado por otra persona con menor o mayor salario. Estos dos últimos mecanismos se utilizan especialmente en las reestructuraciones, de modo más o menos próximo, fruto de fusiones, adquisiciones o crisis.

- Por deslizamiento. Variaciones en la masa salarial por modificaciones de categoría de personas o puestos, el aumento de la experiencia cuando es un criterio retributivo, promociones producidas en un periodo, etc.

En cuanto a los individuales, los podemos clasificar en:
- Genéricos: mismo criterio comentado en el punto anterior, pero relativo a un individuo o puesto.
- Por contribución personal estable. Conocidos como incrementos por mérito o por desempeño son derivados del reconocimiento del valor de la aportación de cada persona al resultado global. Normalmente se explicitan con un cambio en la posición en la banda salarial del nivel profesional o del puesto. El criterio de determinación de la posición puede basarse en indicadores indirectos de esta aportación —la edad, experiencia, etc.— o directos más o menos estructurados, como un sistema de evaluación del desempeño, modelos de gestión por competencias, etc.
- Por cambio de puesto. Se trata del incremento derivado de una promoción o recolocación.
- Por reestructuración del puesto. En estos casos el valor de un puesto o categoría cambia como consecuencia de una modificación en el contenido: aumento de la responsabilidad o la penosidad. Implica una recalificación del puesto con consecuencias retributivas.

Profundizaré ahora en los incrementos por mérito, y en particular en la matriz de incrementos, porque constituye una herramienta eficaz para gestionar los incrementos salariales de manera objetiva y estratégica. Una matriz bien diseñada permite alinear los incrementos con varios objetivos clave: reducir los desfases (tanto positivos como negativos), reconocer la contribución individual y, al mismo tiempo, garantizar la coherencia con las exigencias de la Directiva de Transparencia Salarial.

Comencemos por distinguir dos tipos de matrices de incremento:

- Unidimensionales: solo tienen en cuenta un eje, sea el *comparatio* –el más habitual– o la contribución de la persona. Es recomendable utilizar matrices unidimensionales donde aún no tienen implantada una evaluación del desempeño o donde la contribución/*performance* es clave, como en compañías que comienzan su andadura, tecnológicas, etc.
- Bidimensionales: tienen en cuenta los dos criterios. Son las más avanzadas y recomendables para establecer una política de reconocimiento y posicionamiento en banda.

A la hora de implantar una política de incrementos basada en matrices deben tenerse en cuenta algunos aspectos clave:

- Puede existir una única matriz para toda la compañía o varias según la casuística: áreas, departamentos, personas clave, ubicación geográfica, masa salarial teórica/real, etc.
- Los cortes e incrementos propuestos en cada una de las casillas deben estar alineados con los objetivos: masa salarial, cumplimiento normativo, reconocimiento, etc.
- También pueden ser por porcentajes fijos o dejar cierto margen a los responsables del área/departamento.

- La contribución del desempeño debe estar alineada con la estrategia y la cultura.
- Otra opción es incorporar el género como criterio, sobre todo si es necesario para solventar diferencias retributivas.
- Definir criterios de gestión que permitan optimizar el presupuesto asignado:
  - Fijación de aumentos mínimos, porcentuales o en cantidad. Si a una persona le corresponde un importe pequeño como incremento por mérito, el efecto puede ser desmotivador. Estas cantidades pueden volver a la bolsa global.
  - Incrementos máximos acotados.
  - Análisis de los incrementos de los últimos años para realizar ajustes.

Un ejemplo de matriz bidimensional podría ser:

Ejemplo de matriz	Posición en banda					
	-80	80-90	90-100	100-110	110-120	+120
4-5	5,00 %	3,50 %	2,00 %	1,00 %	0,75 %	0,50 %
3-4	3,50 %	2,50 %	1,50 %	0,75 %	0,50 %	0,25 %
2-3	2,00 %	1,00 %	0,75 %	0,50 %	0,25 %	0,00 %
1-2	0,50 %	0,25 %	0,00 %	0,00 %	0,00 %	0,00 %

Como vengo señalando a lo largo del capítulo, la posición en banda se define como el cociente entre la retribución percibida por una persona y la teórica situada en el 100 % de la banda. La forma de segmentar dependerá tanto de la amplitud establecida como de la estrategia retributiva.

La contribución resulta más compleja. En CEINSA preferimos utilizar este término porque refleja mejor la aportación global del colaborador, aunque en otras ocasiones se hable de *performance*, desempeño o rendimiento. Se trata de medir no solo lo que la persona hace, sino el valor que aporta al logro de los objetivos.

Los criterios más habituales para medir la contribución son:

- Indicadores directos: requieren un mayor esfuerzo de medición y análisis, pero son más fiables y eficaces como criterio retributivo. Su uso es común en organizaciones que buscan objetividad.

- Indicadores indirectos: son más sencillos de aplicar, aunque su fiabilidad es menor, ya que no siempre reflejan de manera precisa la aportación del colaborador.

Entre los indicadores más utilizados destacan:

- Evaluación del rendimiento o del desempeño. Permite medir qué se consigue y cómo.
- Evaluación de habilidades y competencias. Aporta una visión sobre las capacidades demostradas en el puesto y su alineación con el modelo de la compañía.
- Evaluación del potencial. Identifica la capacidad de asumir responsabilidades futuras y crecer dentro de la organización.
- Cumplimiento de objetivos. Proporciona una medida clara y cuantificable de resultados.
- Experiencia. Suele medirse a través de la edad o la antigüedad, aunque en este caso hablamos de un indicador indirecto.
- Formación.
  - Reglada: la titulación académica como indicio indirecto de conocimientos teóricos.

- No reglada: certificaciones o aprendizajes relevantes para el puesto, aunque no estén vinculados a un título oficial.

El peso relativo de cada criterio debe ajustarse en función de:

- La estrategia general.
- El carácter clave o crítico de la posición.
- El recorrido en banda definido para el puesto.
- La fiabilidad de los indicadores utilizados.

La elección de criterios no es universal, sino estratégica. Lo importante es que sean coherentes con la cultura, la política retributiva y los objetivos de la organización, de modo que la contribución pueda reconocerse de manera justa y sostenible.

Un ejemplo de diseño de un modelo de contribución podría ser:

Contribución	Criterios medición				
Comparatio	Competencias	Objetivos	Potencial	Conocimientos	Experiencia
-100 %	2,50 %	1,50 %	0,75 %	0,50 %	0,25 %
+100 %	1,00 %	0,75 %	0,50 %	0,25 %	0,00 %

A continuación voy a centrarme en la retribución variable, una de las herramientas de gestión más potentes, siempre que esté bien diseñada y gestionada. Para enmarcarla conviene empezar con una definición:

«Entendemos como retribución variable cualquier forma de retribución monetaria directa que no se incluye dentro de la retribución fija y que varía de acuerdo con un rendimiento o consecución de resultados determinados».

El potencial de la retribución variable es enorme: cuando está bien diseñada, y no es lo más habitual, permite ajustar los costes laborales a los ciclos económicos. En épocas de caída de resultados, los incentivos se reducen o desaparecen, y con ellos los costes salariales, contribuyendo a preservar el empleo. La experiencia de aquellas empresas que están empleando modelos de gestión de recursos humanos más avanzados apunta a la consolidación de tendencias que configuran una nueva manera de gestionar la política retributiva y, en concreto, la orientación de los modelos de retribución variable. Entre estas tendencias pueden citarse:

- Considerar a los empleados como socios del negocio
- Mejorar la colaboración entre organización y empleados
- El éxito de la empresa pertenece a todos
- Menos peso de los derechos adquiridos y la consolidación
- Más peso de la calidad y del valor aportado a accionistas y clientes
- Experimentación y mejora constante de los sistemas retributivos

La retribución variable centra a la organización –directivos, mandos y colaboradores– en el cliente y los resultados, reforzando la orientación al éxito colectivo. El reto es que muchos departamentos de RRHH afrontan estos cambios con modelos y estructuras organizativas propios de otra época –con sistemas de retribución variable tradicionales–, lo que limita su eficacia.

La retribución variable está llamada a desempeñar un papel cada vez más relevante en la estrategia y la política retributiva.

Mi experiencia me ha permitido establecer un decálogo de aspectos clave que incrementan las probabilidades de éxito:

1. Alineación con la compañía. El modelo debe estar conectado con los objetivos estratégicos (crecimiento, rentabilidad, compromiso, etc.) y la cultura. Los objetivos de la compañía deben estar alineados en cascada con los objetivos estratégicos. También un sistema de retribución variable puede ser una importante herramienta para apoyar a la cultura existente o cambiarla. Muchos modelos fracasan por no tener en cuenta este factor. El diseño teórico es perfecto, pero no encaja en la compañía y su cultura.

2. Motivación real. Un sistema en que nadie cobra nunca, o en que es casi imposible alcanzar objetivos desmotiva. Debe ser retador, pero alcanzable. El peso de la masa salarial bruto ha de aumentar por el pago de los incentivos, pero bajar porcentualmente por la mejora de los resultados.

3. Viabilidad financiera. El coste de los incentivos siempre tiene que verse compensado por la mejora de resultados. Si la compañía tiene más incremento de coste que mejora de resultados, el modelo será insostenible. Debe analizarse bien quiénes entran en el modelo de incentivos puesto que a veces incluir a toda la compañía obliga a una mejora de resultados difícilmente asumible.

4. Equidad. Todos los departamentos deben tener objetivos comparables en exigencia. De lo contrario, los que lo tengan más fácil cobrarán más, generando desconfianza. La

creación de un comité de revisión facilita que se diseñe un modelo equitativo.

5. Variabilidad efectiva. El pago debe variar de forma significativa según el cumplimiento. Si la diferencia entre no cumplir y cumplir es apenas perceptible, el modelo pierde sentido.

6. Capacidad de adaptación. Los modelos deben evolucionar al ritmo del negocio. Cambiar indicadores evita manipulaciones, pero hay que hacerlo con criterio para no perder confianza. Si pasamos al otro extremo y modificamos el modelo de manera injustificada puede generarse una pérdida de confianza.

7. Simplicidad y claridad. Pocos indicadores, bien definidos, con reglas transparentes y comprensibles para todos. El diseño de modelos complejos cuyo funcionamiento no se entiende está condenado al fracaso. Si los participantes no pueden explicar fácilmente lo que se espera de ellos, ¿cómo pretender que lo consigan?

8. Diseño técnico robusto. Hay que considerar el nivel de agregación (empresa, área, individuo), el tipo de indicadores (objetivos y subjetivos), la forma de medida (umbrales, estándares, techos), los referentes de recompensa, los criterios de reparto, la curva de pago y la periodicidad. Cada decisión debe comunicar el mensaje estratégico.

9. Comunicación y formación. Sin comprensión no hay motivación. Los mandos deben ser formados en la lógica del sistema y transmitir que el incentivo no es un pago

extra, sino la consecuencia de lograr objetivos. Es fundamental que compartan los beneficios de la retribución variable como herramienta de gestión para enfocar a sus colaboradores. Una buena opción puede ser que algunos mandos y colaboradores participen en el diseño. Al hacerlo comprenderán su funcionamiento y lo defenderán ante el resto de colaboradores.

10. Gestión y soporte. Un modelo eficaz requiere tiempo y dedicación en todas sus fases: diseño, comunicación, seguimiento y pago. Existen herramientas tecnológicas que permiten su descentralización y evitan que el sistema se perciba como burocrático.

Volvamos al diseño técnico y los puntos esenciales:

• Nivel de agregación: objetivos de empresa, tienda, individuales, multinivel, etc. Dar mucho peso a los objetivos de empresa asegura la financiación, pero puede afectar a la motivación de los partícipes, puesto que para determinados puestos su influencia en los resultados es mínima. Sin embargo, conceder mucho peso a los factores individuales puede acercar el modelo a las personas, pero dificulta el encontrar indicadores válidos, la gestión y la percepción de pertenencia a un grupo/empresa.

Actualmente el modelo más utilizado es el multinivel, en el que están presentes indicadores de diferentes tipos: empresa, área, departamento, individual, etc. Debe vigilarse que el peso sea diferente según el nivel jerárquico. En directivos pesarán más los de empresa y en los colaboradores base más los individuales. Por otro lado, en los modelos multinivel debe controlarse el número de indicadores. Utilizar muchos es un error habitual. Recomiendo un máximo de entre 5 y 7.

- Factores objeto de incentivo: pueden ser indicadores medibles/objetivos (ventas, margen, etc.) o subjetivos (desempeño, etc.). Se debe formar a los directivos y mandos en la elección y definición de los indicadores que debe contemplar el modelo. Si están mal definidos y no son equitativos no funcionará.

- Método de medición: las mejores prácticas recomiendan la fijación de un umbral, estándar y techo de cada indicador. La amplitud entre cada punto y las cantidades a percibir dependerán de la estrategia que queramos comunicar y la financiación.

- Referentes para fijar la recompensa: pueden establecerse en forma de porcentajes sobre el salario fijo o como cantidades absolutas. La elección depende en gran medida de cómo esté configurada la estructura salarial. Cuando la retribución fija es equitativa internamente y está alineada con la competitividad externa, el modelo basado en porcentajes resulta la opción más adecuada.

- Criterios de reparto: los incentivos pueden distribuirse de forma proporcional al salario, en función de la contribución individual o mediante un modelo mixto. En caso de trabajar con bolsas colectivas de incentivos –especialmente útiles cuando resulta complejo definir indicadores individuales–, la cantidad que recibe cada persona puede determinarse aplicando estos criterios de reparto.

- Tipo de curva: progresiva positiva, negativa o plana. Si se quiere premiar el esfuerzo una vez alcanzado el objetivo, el modelo debe ser agresivo con la cantidad pagada en el techo. Así los colaboradores continuarán esforzándose. Si la compañía no tiene interés en que se supere el objetivo, porque, por ejemplo, no tiene más capacidad productiva, el techo será difícil de alcanzar o pequeña la recompensa por conseguirlo.

- Periodicidad del abono: mensual, trimestral/cuatrimestral, semestral, anual, mixta, etc. La periodicidad permite que el modelo comunique mejor la estrategia. La periodicidad anual es la más fácil de gestionar, pero puede hacer que el modelo quede lejos del día a día. Habitualmente es recomendable para posiciones directivas. La periodicidad mensual dificulta la gestión y puede provocar que, si las cantidades son parecidas, cada periodo acabe percibiéndose como una parte del salario fijo. Considero que los modelos trimestrales/cuatrimestrales son los más adecuados. En el diseño de los modelos temporales debe tenerse en cuenta si las periodicidades menores al año son independientes en su consecución o acumuladas a periodos superiores (habitualmente el año).

- Análisis de cómo afectará el modelo. No todas las personas reaccionan igual a la presión. Si la retribución variable tiene mucho peso puede generar ansiedad en el caso de no conseguir los objetivos. También hay quienes no llevan bien los objetivos individuales por el control que significa. Hoy en día hay más tendencia a potenciar el equipo, con objetivos de grupo o departamento, que los individuales.

En los últimos años han cobrado protagonismo los modelos plurianuales (normalmente a 3 años), vinculados a planes estratégicos y a permanencia. Antes reservados a directivos, hoy se aplican también a otros perfiles clave para fidelizar talento.

La retribución variable bien diseñada motiva, alinea y hace sostenible la estructura salarial. Mal gestionada se convierte en un coste sin retorno y una fuente de frustración. La clave está en alinear, simplificar, comunicar y gestionar con rigor.

Retribución flexible

El siguiente aspecto de la Propuesta de Valor es la retribución flexible. Su origen se explica tanto por la presión de los empleados y sindicatos para que las empresas asuman prestaciones que garanticen mejores condiciones de vida como por la iniciativa de muchas compañías que entendieron el efecto motivacional que implicaba el tomar medidas para mejorar la calidad de vida de su plantilla, especialmente de los empleados clave.

A esta evolución han contribuido los Gobiernos occidentales, imponiendo determinadas prestaciones como obligatorias o favoreciendo fiscalmente su uso frente al salario monetario. En España, este margen se redujo notablemente tras la entrada en vigor de la Ley 18/91 del IRPF en 1992, que limitó los beneficios fiscales de muchas fórmulas. Paralelamente, la progresiva reducción de la cobertura de los sistemas públicos de prestaciones ha trasladado esta responsabilidad al ámbito privado, es decir, a los ciudadanos y sus empleadores.

Los motivos que impulsan a las empresas a establecer este tipo de prestaciones hoy son:

* Estrictamente económicos. Existen prestaciones que la empresa, por economía de escala y capacidad de compra, puede negociar en mejores condiciones que las obtenidas por el empleado por cuenta propia.

- De tipo social. Algunas empresas quieren que sus empleados y allegados dispongan de una alta cobertura ante los riesgos de fallecimiento, enfermedad, accidente y similares a fin de liberar a sus colaboradores, especialmente cuando ocupan puestos clave, de preocupaciones marginales y evitar traumas adicionales ante una contingencia.

- De tipo motivacional. Se trata del aspecto más complejo y que merece atención. A través de la retribución flexible puede actuarse selectivamente sobre las necesidades psicológicas (de seguridad, pertenencia y reconocimiento), estimulando actitudes y comportamientos en una dirección convergente con los intereses de la empresa.

  Una mayor diversificación de los componentes retributivos permite acceder a un espectro más amplio de motivaciones, que difieren notablemente de unos individuos a otros.

- Fiscales. Algunas compensaciones están exentas de tributación o tienen un tratamiento fiscal más favorable que los pagos directos en nómina. Hay que anotar, sin embargo, que su tratamiento en la legislación española es restrictivo. Persiste, en fin, el hecho de que las percepciones no dinerarias son en general de más difícil valoración y control.

Aunque partimos de la base de que diversificar el paquete retributivo e individualizarlo siempre es positivo, también es necesario analizar los inconvenientes a la hora de implantar un modelo de retribución flexible. Son, entre otros:

- Coste de administración. Es obvio que un paquete diversificado, sobre todo si incorpora una variedad y heterogeneidad de componentes, es más costoso de administrar que un sistema basado en un solo componente. Esta circunstancia tiene un efecto disuasorio en empresas pequeñas.

- Desajustes en la relación percepción/coste. Consiste en la diferencia entre el valor percibido por el empleado de la compensación y el coste para la empresa. Una persona puede conceder mucha relevancia a la pertenencia a un determinado club o asociación, mientras que para otra puede no ser en absoluto atractiva. La convertibilidad de la retribución flexible es menor que un importe monetario.

- La pérdida de su consideración retributiva. Determinadas compensaciones tienden a ser desprovistas, en la percepción del empleado, de su carácter retributivo y a convertirse en un derecho adquirido, sin connotación remunerativa. La existencia de una comunicación adecuada es esencial para mantenerlas psicológicamente dentro del paquete retributivo.

- Impacto motivacional. La mayoría de los empleados no perciben todas las prestaciones como parte de su paquete retributivo o las valoran por un importe inferior al que suponen realmente. Puede ocurrir principalmente por dos motivos:

    1. Que se ofrezca alguna prestación a empleados que no la necesitan o la consideren poco apreciable (i.e. un seguro de vida para un empleado sin familia). El valor percibido y el de mercado de un seguro de asistencia médica es diferente para un padre de familia numerosa y para un soltero joven. La solución pasa

por el diseño de programas que permitan personalizar la retribución flexible a cada tipología de empleados a fin de maximizar la utilidad percibida por cada uno (retribución flexible a la carta).

2. La inexistencia de una comunicación adecuada explicando lo que invierte la compañía en prestaciones, cómo funcionan y qué coberturas o ventajas suponen.

La determinación de cualquier paquete de prestaciones precisa de un análisis en tres ámbitos:

- Combinación de la retribución flexible. La retribución flexible es el conjunto de prestaciones que una empresa decide ofrecer. Los factores determinantes son:
  - La estrategia global de la política retributiva: determinar cuál es el posicionamiento competitivo en el mercado laboral, analizando quiénes son los competidores y qué tipo de compensaciones ofrecen.
  - Los objetivos determinan la configuración del paquete a ofrecer. Si uno de los objetivos de la política retributiva es atraer buenos empleados, o reducir la rotación, es necesario preguntarse cuál es el mejor medio para conseguirlo.
  - Las características de los empleados es un punto fundamental para configurar la combinación de prestaciones idónea. No es lo mismo contar con una plantilla constituida por un colectivo femenino y joven que diseñar un paquete para un colectivo predominantemente masculino y de mayor edad.

- Cuantía de las compensaciones extrasalariales. Se trata de determinar el porcentaje del paquete retributivo total que se configurará como flexible. Una vez fijada la posición competitiva en el mercado se detallará cuál es el *mix* idóneo entre compensación fija, variable y flexible. La flexible es parte del paquete retributivo total y debe ser abordada en cualquier decisión sobre la composición o cuantía del conjunto de prestaciones. Aunque en España casi todas las compensaciones extrasalariales tienen carácter fijo, también se dan de carácter variable. Por ejemplo, algunas empresas disponen de un plan de pensiones en el que la totalidad o parte de las contribuciones viene determinada por la participación en los beneficios. Es decir, se combinan las ventajas, buscando el máximo efecto motivacional con el menor impacto económico.

- Flexibilidad de las compensaciones extrasalariales. Se refiere al grado de discrecionalidad que ofrece la empresa para que los empleados configuren su retribución flexible. Los paquetes de algunas empresas están relativamente estandarizados, con escasas opciones.

  Sin embargo otras están personalizando su estrategia retributiva en función de los empleados, buscando optimizar sus inversiones en las prestaciones, maximizando la utilidad percibida.

La mejor opción para implantar un modelo de retribución flexible consiste en diseñarlo a la carta, con aquellos planes que permiten a los empleados elegir su paquete de retribución flexible entre una lista en la que figuran distintas opciones/productos. Así pueden decidir si seleccionan o no una modalidad o entre diferentes niveles de cobertura.

De ese modo, la empresa no solo busca adaptarse a las necesidades de sus empleados, sino que optimiza la inversión en sus planes de retribución flexible, obteniendo la máxima utilidad. El empleado soltero sin descendientes seguramente considerará que no necesita tanta cobertura de seguro de vida como la empresa está dispuesta a proporcionarle. Del mismo modo, para un empleado casado cuya asistencia sanitaria está cubierta por el plan de su cónyuge, resultará redundante y de escasa o nula utilidad el que la empresa le proporcione esta prestación.

Según el grado de personalización encontramos diferentes tipos de planes a la carta, desde considerar la inclusión de diferentes niveles de cobertura para una o varias modalidades entre las que elegir, pasando por establecer unos módulos o paquetes con modalidades o coberturas, normalmente establecidos tras el análisis de las características de las tipologías de empleados, hasta diseñar un plan en el que a cada empleado se le asignan unos puntos que él invierte en un amplio abanico de opciones disponibles que tienen un valor asignado.

Las ventajas más significativas que se pueden conseguir con compensaciones a la carta son las siguientes:
* Mayor control sobre los costes de las retribuciones flexibles. La filosofía de estos planes implica que el empleado toma responsabilidad sobre sus inversiones y los incrementos futuros, que normalmente se asumen como coste para la compañía, pasan a ser una responsabilidad compartida.
* El empleado elige cómo invertir en unas prestaciones u otras, con unas coberturas u otras.
* La percepción e interés sobre la retribución flexible, así como la percepción de su valor aumenta. El proceso de comunicación y la consideración de las opciones implica a los empleados. Se contribuye a desarrollar y reforzar una cultura de participación. Los empleados utilizarán más la retribución flexible porque la entienden mejor, pueden personalizarla

y seleccionar aquellos productos/servicios que les proporcionan mayor ventaja.

- La compañía aumenta su competitividad respecto al mercado laboral. Estos sistemas se configuran como un instrumento que potencia la capacidad de atracción y retención de los más interesantes.

- La posible presión de los empleados para establecer nuevas modalidades puede ser controlada, ya que se pueden incorporar nuevas opciones sin que aumente el coste.

- El plan puede adaptarse o ajustarse a los cambios de actitudes, necesidades y comportamientos. Pueden incluso reducirse o eliminarse determinadas modalidades, algo difícilmente realizable en otras condiciones.

En definitiva, la retribución flexible se halla al alcance de la mayoría de las empresas y si está bien gestionada y comunicada es una excelente palanca de motivación y retención.

La conciliación

La conciliación, siguiente elemento de la Propuesta de Valor, se comporta como el río Guadiana: en épocas de crisis retrocede, mientras que en fases de crecimiento vuelve a emerger. Hoy, impulsada por la guerra por el talento en determinados perfiles, vive un momento de expansión. El error más común es reducir la conciliación al teletrabajo, cuando abarca un abanico más amplio.

La retribución flexible y la conciliación siguen caminos paralelos. Las políticas de conciliación alcanzan mayor éxito cuando están diseñadas a la carta y cada persona puede escoger el producto o servicio que más se ajusta a sus circunstancias.

Las políticas de conciliación son un conjunto de medidas y prácticas implementadas por empresas y Gobiernos para ayudar a los trabajadores a equilibrar sus responsabilidades laborales con sus vidas personales y familiares. Su objetivo es facilitar que las personas tengan tiempo y recursos para atender tanto sus obligaciones en el trabajo como sus necesidades familiares, promoviendo el bienestar, la igualdad y la corresponsabilidad.

A la hora de diseñar un plan de medidas de conciliación debe tenerse en cuenta, como en todos los casos que hemos visto, los objetivos que buscamos con la implantación, así como las ventajas e inconvenientes que nos encontraremos. La implantación de medidas de conciliación permite:

- Reducir el absentismo
- Incrementar la productividad
- Reducir la rotación
- Mejorar el clima laboral
- Perfeccionar la atención al cliente
- Captar talento

A la hora de diseñar el modelo de conciliación debemos considerar dos perspectivas:

- Estratégica: lo que debe realizar la organización para que la implantación sea un éxito.
  - Control económico. Para garantizar la sostenibilidad del modelo es necesario medir, mediante la implementación de algunos Kpi's, el impacto en los objetivos.
  - Sensibilización. Muchas medidas de conciliación fracasan por la falta de sensibilización de figuras clave. Es básico crear una cultura corporativa ali-

neada con las medidas de conciliación y que todo el mundo conozca los objetivos.

- Capital humano. ¿Qué incremento de valor van a tener las personas que forman una organización si están mejor formadas y motivadas? El objetivo es que la empresa sea más productiva y haya un aumento de la calidad en el trabajo.
- Comunicación interna. La compañía debe facilitar información sobre las políticas de conciliación. La comunicación es indispensable para generar confianza y potenciar el funcionamiento. Para garantizar el éxito, la comunicación debe ser bidimensional.

- Operativa
  - Soluciones de flexibilidad laboral. Están encaminadas a flexibilizar el tiempo y el espacio de trabajo para adecuarlos a las necesidades de los trabajadores: flexibilidad en el horario de entrada/salida, escoger días de permiso, reducción del tiempo de descanso al mediodía, etc.
  - Soluciones de desarrollo profesional. Se hallan destinadas a ofrecer soporte a las personas en su desarrollo personal y profesional para dotarlas de las habilidades y capacidades necesarias para la conciliación: formación técnica para incrementar la funcionalidad, orientación personal, programas de reconocimiento, apoyo psicológico, etc.
  - Soluciones de servicios a la persona. Son servicios que la organización pone a disposición de la plantilla desde sus instalaciones o con sus recursos para mejorar la calidad de vida y la conciliación: aparcamiento, medidas de movilidad, servicios de cuidado a menores o personas dependientes, etc.

- Soluciones de contratación y retribución. Su objetivo es garantizar que la situación familiar y personal no sean un impedimento o condicionante para la contratación, la promoción o el incremento salarial: ayudas a familias numerosas, retribución transparente, complemento de prestaciones, seguros médicos para la familia, etc.

Evaluación del desempeño o rendimiento

Llegamos a la evaluación del desempeño/rendimiento o proceso sistemático y periódico mediante el cual se valoran las aportaciones de una persona a la organización. Este análisis suele incluir no solo los resultados alcanzados, sino también una proyección sobre su rendimiento futuro y su potencial de desarrollo.

La evaluación del rendimiento es un proceso continuo que acompaña durante toda la relación con la empresa y comienza antes de su incorporación, en la fase de selección.

Este seguimiento se materializa en actos formales, en los que se expresa de manera estructurada el juicio sobre el colaborador. En un sentido más estricto, la evaluación del rendimiento se traduce en la fijación periódica, normalmente por escrito, de la valoración sobre el desempeño y el potencial de la persona conforme a un procedimiento definido.

Antes de entrar en los objetivos específicos de la implantación, pueden establecerse dos orientaciones diferenciadas en su utilización:

- Administración del personal. Engloba la evaluación realizada con el objetivo de contratar, promocionar, recompensar, sancionar y despedir. Se caracteriza, en primer lugar, por el rol de juez del evaluador. Este juzga el desempeño como bueno o malo, valorando lo que se aporta. Con esta información se toman decisiones administrativas referidas al evaluado. En segundo lugar se caracteriza por que la orientación temporal se centra en el presente del trabajador, analizando sus desempeños a partir del pasado reciente.

• Desarrollo del personal. Incluye la evaluación que trata de facilitar información y refuerzo para proporcionar formación, mejorar habilidades, orientar sobre la manera más adecuada de hacer las cosas y establecer un plan de carrera profesional. Su orientación temporal es hacia el futuro. Lo más importante no es lo conseguido hasta el momento —que se configura en el punto de partida—, sino su desarrollo y crecimiento.

Los objetivos específicos de un sistema de evaluación del rendimiento pueden concretarse en 8 puntos fundamentales, que se configuran en otros tantos impactos sobre sistemas o funciones de la gestión de las personas.

1. Aumentar la eficacia de la formación. La identificación de áreas de mejora permite detectar las necesidades formativas y planificar los programas de desarrollo de modo riguroso, para conseguir mejores desempeños. Facilita evaluar los resultados obtenidos por dichos programas, comprobando si tras su realización se han conseguido los objetivos e ha incrementado el nivel de habilidades.

2. Optimizar el ajuste persona-ocupación. El conocimiento de los puntos fuertes y débiles de los colaboradores permitirá un mejor aprovechamiento de sus capacidades. Esto implica un doble beneficio: los colaboradores se encontrarán más motivados realizando aquellas funciones

para las que están mejor preparados y la empresa mejorará su rendimiento.

3. Detectar potencial. La evaluación del rendimiento permite descubrir colaboradores con capacidad de desarrollo.

4. Gestionar los planes de carrera. Facilita información que posibilita el control y el seguimiento de los planes de carrera o caminos de progreso de los colaboradores, contrastando su eficacia y orientando su promoción.

5. Validar los procesos de selección. Permite verificar la eficacia de los predictores utilizados en la selección mediante un criterio externo. Es decir, la medida del rendimiento posibilita decidir si las variables que se utilizan como predictores son eficaces.

6. Mejorar la comunicación jefe-colaborador. Siempre que la valoración sea constructiva, el sistema de evaluación del rendimiento constituye una herramienta de comunicación.

7. Diseñar la política retributiva. La remuneración basada en el rendimiento permite reconocer, premiar y estimular los desempeños destacados, posibilitando la flexibilización de los costes salariales y el reconocimiento del mérito mediante la individualización de las percepciones en función de la contribución de cada uno.

8. Aumentar la motivación. Los sistemas de evaluación del rendimiento, al igual que el resto de los que constituyen la función de RRHH, aplicados de manera adecuada, sirven de apoyo a la integración y la motivación:

- A través de la orientación, el estímulo y la información que se proporciona sobre su desempeño.
- Mediante el conocimiento de sus aspiraciones profesionales, alineándolas con las necesidades organizativas.

Como he mencionado, los criterios para evaluar el desempeño/rendimiento más utilizados suelen clasificarse en dos grupos:

- Indicadores directos: requieren mayor esfuerzo, pero son más eficaces y fiables como criterio retributivo.
- Indicadores indirectos: sencillos de utilizar, pero menos fiables.

Entre los indicadores más utilizados podemos citar:

- Evaluación del rendimiento o desempeño.
- Evaluación de habilidades/competencias:
  - Evaluación del potencial:
  - Evaluación por cumplimiento de objetivos.
- Experiencia: edad y antigüedad (indicadores indirectos de experiencia).
- Formación:
  - Reglada: la titulación académica es un indicador indirecto de conocimientos teóricos
  - No reglada: títulos y conocimientos necesarios para el puesto pero que no están vinculados con un título.

Me centraré en las dos más importantes: la gestión por objetivos y la gestión por competencias.

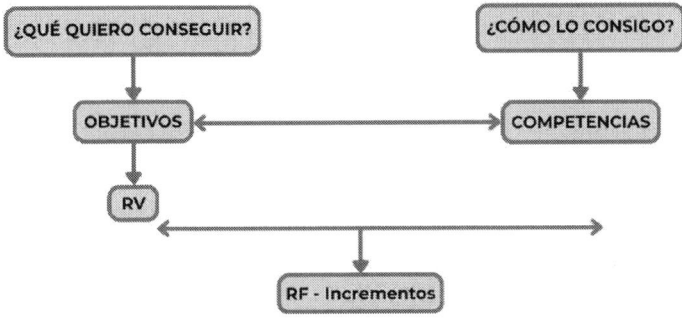

Gestión por objetivos

Según Peter Drucker, existen dos principios básicos sobre los que se sustenta la gestión por objetivos.

1. Orientación a resultados. La importancia de la existencia de objetivos claros para llevar a cabo cualquier actividad organizada ha sido reconocida como una conveniente herramienta de gestión.

   Existen múltiples motivos para la orientación a resultados: «Cuanto más clara sea la idea que una persona tenga de lo que debe conseguir, más posibilidades tendrá de éxito». «Si sabes adónde quieres ir, mayores serán tus posibilidades de llegar». «No se trata de las cosas que haga; lo que cuenta son los resultados que consigue».

   Lo más importante para una empresa es obtener resultados. No pueden ser evaluados sin establecer hitos de referencia.

   La gestión por objetivos satisface ambos requisitos. Primero se centra en la fijación de los objetivos y determinar los medios para lograrlos, y luego, aplicando lo anterior, en alcanzarlos. En las compañías que practican la gestión por objetivos, todos los recursos disponibles y el talento están dirigidos a lograrlos.

2. Comportamiento y motivación. El segundo principio de la gestión por objetivos está respaldado por las teorías clásicas de motivación: Teoría de la jerarquía de necesidades de Maslow, Teoría X e Y de Douglas McGregor y Teoría bifactorial de la motivación de Frederick Herzberg.

La gestión por objetivos reconoce el deseo de la mayoría de los empleados de satisfacer sus necesidades más elevadas (logro, reconocimiento, estatus, realización personal) y presupone que están deseosos de asumir responsabilidades. Si se les proporciona la oportunidad pueden ejercer un alto grado de autocontrol en la realización de sus funciones.

La gestión por objetivos acentúa la importancia de la participación, buscando la implicación directa de los empleados en la planificación, dirección y control. Esto conlleva un compromiso, y si un empleado se compromete estará más motivado para actuar orientado al logro de los objetivos del equipo.

Si la orientación a resultados es el corazón de la gestión por objetivos, la participación es la sangre que fluye. Los dos aspectos —resultados y participación— son complementarios. Un sistema de gestión por objetivos no puede tener éxito si ambos no son parte integral del mismo.

Los principales objetivos a los que suele responder la puesta en marcha de la gestión por objetivos son:

- La introducción de la retribución variable y la gestión de incrementos. La gestión por objetivos se erige cada vez más como herramienta para la implantación de un modelo de retribución variable. Asegura la vinculación de los objetivos con una parte de la retribución, la orientación de la compañía hacia resultados y el trabajo coherente entre las distintas áreas para la consecución de objetivos. Las últimas tendencias, por la necesidad de gestionar cada vez más por proyectos, son vincular una parte de la gestión por objetivos con la retribución fija a través de la política de incrementos.

- La implantación del plan estratégico. Otra razón por el que muchas organizaciones deciden implementar la gestión por objetivos es el de ser el eje para la implementación del plan estratégico. A partir de unos planteamientos globales del propósito estratégico, de los objetivos generales y unas estrategias genéricas, el plan debe implicar a toda la organización, y en especial a colectivos clave.

- La gestión de la cultura deseada. La definición de unos valores corporativos de nada sirve si no se inician acciones posteriores que permitan su incorporación. La gestión por objetivos promueve la orientación a resultados, de servicio al cliente o de trabajo en equipo. Puede ser un mecanismo con planteamientos coherentes con la gestión de valores corporativos concretos.

- Mejorar la actuación de los colaboradores. Una manera de aumentar la eficacia es perfeccionar el rendimiento de las personas. Es un instrumento para estimular la participación de los empleados, propiciar el compromiso de cada persona con los objetivos de la empresa y, por último, medir y reconocer su contribución.

- Mejorar la planificación. Permite que cada persona sepa lo que se espera de ella y facilita el acuerdo sobre las líneas de actuación y los medios necesarios.

- Incrementar la flexibilidad. Mediante el establecimiento de medidas de control y revisiones periódicas permite responder con diligencia a las contingencias. Se confiere dinamismo al proceso de planificación y estimula una actitud proactiva.

- Reforzar la relación superior-colaborador. Los colaboradores adquieren mayor autonomía, participan en decisiones que afectan a su trabajo y reciben una comunicación más abierta.

- Estimular el desarrollo personal. Contribuye directamente al desarrollo y a la realización individual. La gestión por objetivos anima a asumir la responsabilidad de la propia actuación. Estimula a aumentar conocimientos, capacidad y experiencias para actuar mejor.

Platos fuertes	Puntos débiles
La gestión por objetivos facilita la:	También cuenta con algunos aspectos que pueden menoscabar el éxito:
• Mejora la actuación de los empleados y fomenta el compromiso. • Facilita la planificación. • Incrementa la flexibilidad a la organización. • Refuerza la relación superior-colaborador. • Estimula el desarrollo profesional. • Establece valores de la cultura organizativa. • Proporciona flexibilidad al sistema retributivo (la retribución variable). • Personalizar la remuneración.	• Dificultad en determinar los objetivos. • Complejidad para establecer los indicadores de gestión. • Tendencia al corto plazo.

Gestión por competencias

Durante los años 80, los teóricos de la organización y los RRHH comenzaron a buscar alternativas que generen más fiabilidad a las clásicas medidas de evaluación del desempeño. Hasta entonces las variables que se manejaban eran básicamente la experiencia y los conocimientos (calificaciones académicas), acompañadas en ocasiones por algunos tests psicométricos. Algunos especialistas (McClelland, entre otros) llegaron a la conclusión de que estas variables no predecían el rendimiento en el trabajo ni el éxito –validez de criterio– y a menudo discriminaban negativamente a las minorías o las personas de menor nivel socio-económico. La alternativa a lo anterior debía basarse en métodos que: 1. Comparasen a personas que ocupaban sus puestos con éxito con aquellas que fueran menos brillantes para detallar las características inherentes a las primeras. 2. Identificasen pensamientos operativos y comportamientos relacionados de forma causal con el logro de resultados excelentes.

Así nació la gestión por competencias. Se han propuesto multitud de definiciones para el concepto de competencia. La más clásica, desarrollada a partir de los trabajos de McClelland, Boyatzis y otros investigadores de McBer & Co, afirma: «Característica subyacente de un individuo, relacionada de forma causal con un rendimiento eficaz o excelente en el trabajo, contrastable mediante un criterio externo».

El esquema de McBer incluye en el concepto de competencias 5 niveles diferentes que, clasificados en orden decreciente de profundidad, se agrupan de la siguiente manera:

1. Habilidad: destreza para realizar determinada tarea física o mental. Ejemplos de habilidades: «destreza digital», «capacidad de análisis». Este nivel debiera incluir teóricamente las aptitudes intelectuales, si bien estas

aparecen enmascaradas y reciben menos atención que en otros modelos, posiblemente por la escasa importancia que McClelland otorga a las potencialidades mentales primarias en la forma en que son medidas por los tests psicométricos clásicos.

2. Conocimiento: información que el individuo posee: «contabilidad», «técnicas de marketing», etc.

3. Auto-imagen: actitudes, valores e imagen que el sujeto tiene de sí mismo. Ejemplos de auto-imagen: «confianza en uno mismo», «identificación con el rol de líder».

4. Rasgos: características físicas o psicológicas permanentes que se manifiestan en la forma en que el individuo reacciona: «agudeza visual» o «control emocional».

5. Motivos: impulsos que empujan, dirigen y seleccionan la conducta de un individuo hacia determinadas metas: «afán de logro» o «ambición de poder». Los motivos son competencias de tipo «operante», en el sentido de llevar al individuo a desencadenar, de forma proactiva, acciones sin necesidad de presiones externas, frente a las actitudes y valores que tienen un carácter más reactivo.

A la hora de diseñar un modelo de gestión por competencias es importante tener en cuenta su clasificación. Desde el punto de vista predictivo pueden clasificarse de acuerdo con:

- Competencias umbral: características esenciales que debe desarrollar un individuo para ser efectivo en su puesto, pero que no marcan diferencia entre un rendimiento medio y uno superior. Por ejemplo, un jefe de equipo necesita comprender los planos de fabricación de las piezas procesadas en su línea de montaje.

- Competencias diferenciadoras: propiedades que distinguen a los colaboradores con un rendimiento superior de aquellos con uno medio. Así, un jefe de equipo con orientación a resultados tiene una competencia que debería diferenciar su rendimiento del resto de jefes de equipo.

Desde el punto de vista de su profundidad pueden clasificarse en:
- Superficiales o tangibles: más fáciles de adquirir y desarrollar.
- Profundas o intangibles, como los rasgos o la motivación: más arduas de asumir.

En el momento de la contratación debemos asegurarnos de que la persona posee las profundas, mientras que podemos ser menos exigentes con los conocimientos y habilidades, que siempre podrán ser objeto de posterior formación y desarrollo. Una conocida frase se utiliza para ejemplificar gráficamente esta idea: «Podemos adiestrar a un pavo para que suba a un árbol, pero es mejor contratar una ardilla».

Desde el punto de vista de su amplitud, pueden clasificarse de acuerdo con lo siguiente:
- Genéricas: expresadas en términos no referidos a una situación concreta. Es frecuente que una compañía defina unas competencias comunes a toda la organización o un segmento de ella.
- Específicas: referidas a una situación concreta. Las habilidades y conocimientos técnicos obligan a un tratamiento específico para cada puesto. Algunos ejemplos de este tipo de competencias serían: téc-

nicas de ventas, finanzas, contabilidad, habilidades manuales, utilización de herramientas, etc.

Resumo el proceso clásico para definir el modelo o perfil de competencias de un puesto de trabajo. Este perfil debe encuadrarse dentro de un marco más amplio, previamente diseñado de acuerdo con la estrategia. Un perfil de competencias deberá cumplir con los siguientes requisitos:

- Características personales ligadas a un rendimiento superior en el puesto de trabajo.
- Las competencias deben estar vinculadas a la cultura de la organización, sus valores y objetivos.
- Han de ser evaluables o medibles a través de conductas observables (incluyendo las respuestas a cuestionarios de evaluación), que sean predictivas del desempeño excelente del puesto.

Como he anticipado, los modelos de competencias, desarrollados a partir de la escuela de McClelland, se introdujeron en la gestión de recursos humanos como una herramienta de selección. Posteriormente se han ido aplicando a formación y desarrollo, gestión del desempeño, diseño de planes de sucesión y de carrera, etc.

La organización debe decidir el alcance, aunque lo más aconsejable es que se aplique a las áreas siguientes:

- Selección de personal: a través de la identificación del perfil de competencias requerido por cada puesto que conforma la organización será más probable ubicar a las personas más adecuadas en los puestos que les corresponden.

La selección por competencias vendrá a identificar y corregir errores con sistemas de selección alternativos:

- Bajo rendimiento o escasa productividad.
- Alto nivel de rotación o dificultades para retener a los colaboradores.
- Procesos largos de aprendizaje por falta de adecuación entre las acciones formativas y los perfiles.
- Problemas ante cambios organizacionales: desconocimiento de las competencias para prever cambios de puestos que exija la evolución de la empresa.

- Promoción: se acuerda con los colaboradores las vías de ascenso en función del perfil de competencias aportado y su desarrollo. El conocimiento de los perfiles deseados en relación con los reales hará posible dibujar mejor los recorridos de promoción, tanto para cubrir las necesidades de la organización, como para motivar a los colaboradores más cualificados.

- Planificación de carreras: ligado con lo anterior, será posible diseñar el recorrido individual de acuerdo con las necesidades y las vacantes.

- Formación: será posible, previa identificación del *gap* existente entre lo aportado y lo deseado, conocer las carencias formativas respecto a los perfiles requeridos y planificar las acciones adecuadas a los objetivos.

- Identificación del potencial y desarrollo individual: el sistema actuará como herramienta para la detección de personas con potencial, así como para el diseño de planes individuales.

- Política retributiva: una vez diseñada e implementada, el modelo de competencias informará sobre dónde posicionar a cada colaborador dentro de la banda salarial, en función de su contribución

El sistema de gestión por competencias debe construirse paralelamente al modelo de dirección por objetivos para, junto con la retribución, disponer de un sistema global de gestión del rendimiento (*performance management*). Si, por otro lado, la retribución tiene como objetivo fundamental el vertebrar y proporcionar credibilidad y sentido a la gestión del desempeño, se concluye la relevante conexión que existe entre retribución y rendimiento.

Queda por revisar las políticas de formación y desarrollo, así como las políticas de reconocimiento y los planes de carrera. Son aspectos clave en la implantación de una propuesta de valor al empleado (PVE).

Políticas de formación y desarrollo

Las políticas de formación y desarrollo se hallan en un momento de cambio por la potente entrada de la digitalización y de la IA. En los próximos años seremos testigos de una revolución sin precedentes. En cualquier caso, el desarrollo de los conocimientos y las competencias tiene por objetivo aproximar el perfil individual al de competencias del puesto que ocupa, con un claro propósito: conseguir un rendimiento excelente y, en consecuencia, una mejora de los resultados globales.

Antes de proceder al diseño de un plan de desarrollo individual, es preciso tener en cuenta:

- Debe realizarse en coherencia con las necesidades de la organización y las características del entorno.
- Es importante que el colaborador tenga compromiso de mejora.

- La organización debe favorecer y facilitar el desarrollo y no penalizar errores consecuencia de los procesos de desarrollo.

- Evitar el riesgo de crear expectativas desproporcionadas.

- No limitar el desarrollo a las necesidades actuales del puesto o de la organización.

Existen algunos criterios o pautas aconsejables:

- Examinar el diagnóstico resultado de la matriz de conocimientos y la evaluación por competencias: áreas de mejora/desarrollo y puntos fuertes. Esta fase requiere el análisis entre el perfil real –actual– del ocupante del puesto y el ideal. Será el resultado de esa comparación, junto con las consideraciones de la organización y el entorno, el que marque el punto de partida.

  Decidir, juntamente con el colaborador, cuáles son las áreas de desarrollo por las que muestran compromiso.

  Tanto la organización como el colaborador han de consensuar las áreas de mejora. Deben fijarse objetivos y plazos de cumplimiento en un plan de trabajo individual.

- La organización deberá facilitar la formación y el desarrollo a través de técnicas como el coaching o el mentoring, o otras acciones formativas complementarias.

Políticas de reconocimiento

El reconocimiento en el trabajo incluye las prácticas y políticas que una organización implementa para valorar los logros, esfuerzos y comportamientos meritorios. Este puede ser formal, informal, privado, público, etc., y puede manifestarse de diversas formas, desde recompensas tangibles hasta elogios.

Las organizaciones más avanzadas combinan distintos formatos: un agradecimiento público en una reunión de equipo, una plataforma digital donde se reconocen logros entre compañeros (*peer-to-peer*), un premio simbólico vinculado a valores corporativos o incluso la posibilidad de disfrutar de tiempo libre adicional tras un proyecto especialmente exigente. Pequeños gestos, cuando se integran en un sistema coherente, pueden transformar la manera en que las personas perciben su aportación y valor en la compañía.

Algunas ideas por las que se puede optar pueden ser:

1. Reconocimiento económico
   • Bonos o incentivos puntuales por logros extraordinarios.
   • Tarjetas regalo o vales de consumo.
   • Incrementos salariales vinculados a resultados excepcionales.

2. Reconocimiento simbólico
   • Premios mensuales/anuales al mejor proyecto o mejor compañero (*employee of the month*).
   • Diplomas o trofeos entregados en eventos internos.
   • Visibilidad en canales internos (intranet, *newsletter*, tablón de logros).

3. Reconocimiento de desarrollo
   - Oportunidades de formación exclusiva o *mentoring* con líderes de la institución.
   - Asignación de proyectos estratégicos de alto impacto.
   - Rotaciones o promociones aceleradas como premio a la contribución.

4. Reconocimiento emocional/social
   - Agradecimiento público en reuniones de equipo o comunicados internos.
   - Mensajes personalizados del CEO o un directivo.
   - Celebraciones colectivas (desayunos, *afterworks*, pequeños eventos).
   - Flexibilidad o tiempo libre extra tras un esfuerzo especial.

El reconocimiento deja de ser un acto aislado para convertirse en un sistema equilibrado capaz de motivar.

Planes de carrera

Para finalizar me detendré en los planes de carrera. En los últimos años se ha producido una auténtica explosión de iniciativas, con muchas compañías decidiendo implantarlas como parte de su estrategia de talento.

En términos generales, un plan de carrera consiste en diseñar una hoja de ruta que ofrezca certezas e hitos (evolución de puesto de trabajo, formación/desarrollo, retribución, etc.), basados en criterios objetivos, de forma que el empleado pueda sentirse motivado a lo largo de toda su relación laboral. Paralelamente se alcanza una mayor implicación, fomentando un sentimiento de pertenencia e identificación con la marca.

Las principales ventajas de contar con un buen plan de carrera en la empresa son:

- Atracción y retención de talento. Aporta tranquilidad, profesionalización y mayor seguridad laboral.
- Mejora de la imagen de marca. Refuerza el atractivo de la organización.
- Percepción de estabilidad a largo plazo. Beneficia a colaboradores, clientes y al entorno.

También debemos tener en cuenta los riesgos de la implantación de un plan de carrera. A saber:

- La compañía queda vinculada a lo prometido en los planes; incumplirlos daña su imagen y provoca una fuga de talento y deteriora su reputación.
- No es aplicable en cualquier contexto. Los planes de carrera requieren una organización en crecimiento o con elevada rotación en puestos de responsabilidad. De lo contrario puede llegar un punto en que no puedan cumplirse las expectativas, provocando un efecto contrario al deseado (lo que se conoce como pirámide jerárquica invertida).

Employer branding

Tras haber definido la Propuesta de Valor al Empleado, surge una pregunta inevitable: ¿cómo la transmitimos hacia fuera y hacia dentro? Aquí entra en juego el *Employer Branding*. Es la lechuga de la hamburguesa: lo primero que se ve, lo que aporta frescura y hace que el conjunto resulte apetecible. Representa la imagen que proyectamos como empleadores y la manera en que nuestros propios colaboradores perciben y recomiendan a la empresa.

Una PVE sólida pero mal comunicada corre el riesgo de quedarse en un documento. En cambio, cuando está bien integrada en la marca empleadora se convierte en un imán que atrae talento y fideliza a quienes forman parte de ella. El *Employer Branding* no es marketing vacío; es la traducción visible de lo que realmente vivimos. La lechuga no debe ser solo decoración para dar buena imagen: tiene que ser fresca, real y coherente con el resto de la hamburguesa.

Propósito

Finalmente llegamos al pan inferior, que sostiene la estructura. En la Experiencia empleado, ese pan es el propósito. No es lo más visible, pero genera estabilidad y dirección al conjunto.

El propósito responde a la pregunta: ¿por qué existe la organización y qué aporta al mundo? Cuando está claro conecta de manera auténtica con las personas y convierte la compensación, los beneficios y el desarrollo en algo más que transacciones.

Las nuevas generaciones no se mueven solo por un buen salario o por beneficios llamativos. Buscan trabajar en lugares que estén alineados con sus valores y tengan un impacto positivo más allá del negocio. El propósito es el ingrediente que transforma la experiencia en algo significativo y duradero.

Si la PVE es la carne y el *Employer Branding* la lechuga que la muestra al exterior, el propósito es la base que hace posible que todo se sostenga. Sin él, la hamburguesa deja de ser un todo integrado; con él, cada capa cobra sentido.

Para profundizar en esta idea del propósito recomiendo dos referencias. La primera es el célebre concepto del círculo dorado de Simon Sinek. Sus preguntas −¿por qué? (propósito), ¿cómo? (proceso) y ¿qué? (resultado)− resumen que las personas no creen en lo que haces, sino en por qué lo haces. El propósito es el motor auténtico de la Experiencia empleado. Aunque Sinek no lo dijo, su teoría se fundamenta en Aristóteles. Nada mejor que leer *Entrevista a Aristóteles* de Javier Fernández Aguado (LID) antes de abordar a Sinek. La segunda es el libro *Good to Great* de Jim Collins. Su estudio sobre las razones por las que algunas emprooao logran transformarse de buenas a excelentes ofrece pistas valiosas sobre cómo una organización avanza en un cambio cultural profundo y sostenible. La gestión del cambio no siempre ocurre de manera consciente. El propósito es la brújula que permite hacerlo en la dirección correcta.

Conclusión

La Experiencia empleado, igual que la carne picada, no depende de un único ingrediente. Necesita equilibrio, coherencia y una preparación cuidada. La Propuesta de Valor al Empleado es el alimento que da sustancia; el bienestar corporativo, el queso que multiplica el sabor; los momentos que importan, los tomates que aportan frescura; los proyectos personales y empresariales, los aros de cebolla que dan carácter; la cultura, el pan superior que lo mantiene unido; el *Employer Branding*, la lechuga que ofrece una imagen fresca y atractiva; y finalmente el propósito, el pan inferior que sostiene todo el conjunto y le da sentido.

Si un ingrediente falla, el resultado pierde equilibrio. Si se acumulan demasiados complementos sin orden ni criterio, la hamburguesa se desarma y no se disfruta. Cuando cada capa se escoge con cuidado se alinea con las necesidades de la organización y con lo que valoran las personas, la experiencia es memorable.

En conclusión, diseñar la Experiencia empleado es como preparar una hamburguesa a medida: cada empresa debe encontrar su receta, según su momento, cultura y estrategia. No hay fórmulas universales ni modas que sirvan para todos, pero sí un principio común: la autenticidad. Porque, igual que ocurre con la comida, al final lo que más recordamos no es la apariencia, sino el sabor que deja.

CEINSA viene trabajando en esta gran labor desde hace décadas en toda España. Y, desde hace algunos meses, ha comenzado operaciones en Portugal. Y está arrancando también su expansión por México y Colombia.

SALARIO Y SENTIDO: CÓMO LA RETRIBUCIÓN TRANSFORMA ORGANIZACIONES Y PERSONAS EN MÉXICO

Por Ana Cristina Sánchez González

Estas páginas exploran la situación de la retribución en México, evidenciando los retos actuales y presentando un modelo metodológico de origen español, creado por CEINSA, que combina rigor científico con sensibilidad cultural, ofreciendo un enfoque aplicable y confiable que se adapta a la realidad y mentalidad del país. La idea no es solo concientizar con cifras, sino exponer que existen oportunidades como una herramienta práctica que ayuda a las organizaciones mexicanas a profesionalizar sus políticas salariales, mejorar la equidad y generar motivación, confianza y compromiso.

Introducción

Pocas cuestiones despiertan tantas expectativas y debates como la retribución. En México, la compensación constituye también un factor determinante en el ámbito laboral y la estructura social. Según De la Garza (2012), el salario ha funcionado como mecanismo de movilidad social, diferenciador de clase y reflejo de desigualdades de género y sector productivo.

En un contexto caracterizado por la globalización de los mercados laborales y la transformación tecnológica, la retribución se convierte en instrumento estratégico de atracción y retención de talento, en indicador de competitividad empresarial y una de las principales palancas de innovación y productividad (Pérez & Valenti, 2020). México enfrenta el desafío de armonizar la justicia social con la sostenibilidad organizacional y la competitividad internacional.

Considerando los cambios experimentados –la IA, el auge del trabajo híbrido, la incorporación de nuevas generaciones y un contexto económico que exige mayor eficiencia en el uso de recursosMXN, sorprende que las políticas de compensación hayan permanecido ancladas en enfoques poco sistemáticos, generando inequidad y desconfianza.

La retribución refleja el valor que la organización reconoce a cada contribución individual. En un país marcado por contrastes sociales y económicos, hablar de retribución significa:

1. Un método de subsistencia que permite cubrir necesidades esenciales: alimentación, vivienda, transporte y educación. Un trabajador en Ciudad de México que gana el salario mínimo debe destinar gran parte de su ingreso a cubrir renta, servicios y transporte. Cualquier incremento tiene un impacto directo en la calidad de vida.

2. Un instrumento de motivación y reconocimiento que refleja el valor que la organización asigna a la contribución de cada empleado. Una retribución justa puede mejorar el compromiso y la productividad. En empresas Fintech en México, los desarrolladores de *software* suelen recibir salarios competitivos junto con bonos por desempeño; esto no solo retiene talento, sino que refuerza la cultura de reconocimiento al esfuerzo y los resultados.

3. Una herramienta de equidad y justicia social que puede equilibrar desigualdades económicas y promover inclusión, especialmente en un país con brechas tan significativas. Algunas empresas mexicanas implementan políticas de «igual salario por igual puesto» para reducir diferencias entre hombres y mujeres o entre regiones.

4. Un factor estratégico para las empresas, ya que el salario se ha convertido en un elemento de competitividad y gestión del talento. Una política salarial bien diseñada ayuda a atraer, fidelizar y alinear a los empleados con los objetivos comunes. Bancos y corporativos grandes en México utilizan metodologías de valoración de puestos y bandas salariales basadas en estudios de mercado, asegurando que los puestos críticos estén bien remunerados para evitar fuga de talento.

5. Un reflejo de cambios macroeconómicos que, con su evolución de incrementos, explicitan políticas públicas y presiones inflacionarias. Impacta en la percepción de justicia y poder adquisitivo.

La retribución como elemento motivador en México

Los beneficios no monetarios (flexibilidad, desarrollo profesional, cultura organizacional) han ido ganando peso, pero suelen percibirse como un extra que no sustituye la percepción de equidad salarial.

El componente económico sigue siendo el factor más influyente al momento de aceptar, permanecer o abandonar un empleo. Según la Encuesta Nacional de Ocupación y Empleo (INEGI, 2024), más del 70 % de los trabajadores que cambian de puesto mencionan la expectativa de un mejor sueldo como razón principal de su decisión. Este dato refleja que en un país con importantes desigualdades, la compensación económica sigue siendo motor relevante de motivación. Sin embargo, la relación entre retribución y compromiso no es lineal. El Banco Mundial ha señalado que la productividad en México no crece al mismo ritmo que los incrementos salariales, lo que evidencia un desfase entre la inversión en nóminas y el retorno en desempeño. Esto invita a pensar en el salario no solo como un costo, sino como una herramienta estratégica. Bien diseñada puede alinear expectativas, fortalecer la confianza organizacional y reducir la rotación.

A lo largo de los últimos 15 años, el salario mínimo en México ha registrado incrementos significativos, especialmente a partir de 2018. Por ejemplo, el salario mínimo en la Zona A pasó de 88,36 $MXN diarios en 2018 a 278,80 $MXN en 2025, según datos de la CONASAMI. Los datos reflejan un aumento del 12 % respecto al ejercicio anterior y un esfuerzo por mejorar el poder adquisitivo de los trabajadores.

Tabla de evolución del salario mexicano diario:

Año	Salario Zona A (Resto del país)	Zona Libre Frontera Norte
2018	88,36	176,72
2019	102,68	176,72
2020	123,22	185,56
2021	141,70	185,56
2022	172,88	260,34
2023	207,44	312,41
2024	232,47	350,00
2025	278,80	419,88

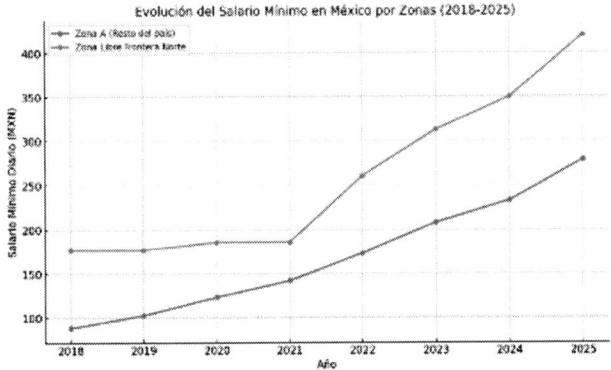

Gráfica ejemplo elaborada por GPT con los salarios del CONASAMI.

Pese a estos incrementos, la percepción de equidad y justicia salarial sigue siendo un reto. Muchos trabajadores sienten que los salarios no se corresponden con el desempeño de los puestos. La retribución constituye uno de los principales factores motivacionales, tanto por su valor intrínseco como por el reconocimiento simbólico que representa (Chiavenato, 2017). En México, insisto, este aspecto cobra especial relevancia en un contexto de alta rotación de talento joven, marcada brecha salarial de género y notorias diferencias entre sectores productivos. De acuerdo con la Encuesta Nacional de Ingresos y Gastos de los Hogares (INEGI, 2024), los hombres perciben en promedio 12.016 pesos mensuales, mientras que las mujeres apenas 7.905, lo que equivale a una diferencia de casi 34 %. Estas cifras ilustran cómo la actual política retributiva sigue reproduciendo desigualdades estructurales.

Hasta hace pocos años, las políticas salariales mexicanas podían caracterizarse por un alto grado de fragmentación. Los incrementos del salario mínimo respondían en gran medida a criterios políticos más que técnicos

(CONASAMI, 2022). Los distintos sectores productivos aplicaban esquemas de referencia dispares, lo que generaba profundas diferencias entre áreas urbanas y rurales.

Evolución reciente: la política salarial en México ha registrado –reitero– transformaciones significativas. El salario mínimo pasó de 88,36 pesos diarios en 2018 a casi 250 pesos en 2025, lo que representa un incremento superior al 180% (CONASAMI, 2025). En paralelo, la brecha salarial de género para las trabajadoras que menos ganan se redujo de 14,1 % en 2018 a 7,5 % en 2022 (CONASAMI, 2022). Desafortunadamente, al analizar el ingreso promedio total, la diferencia entre hombres y mujeres continúa en torno al 30-34 % en 2024 (INEGI, 2024).

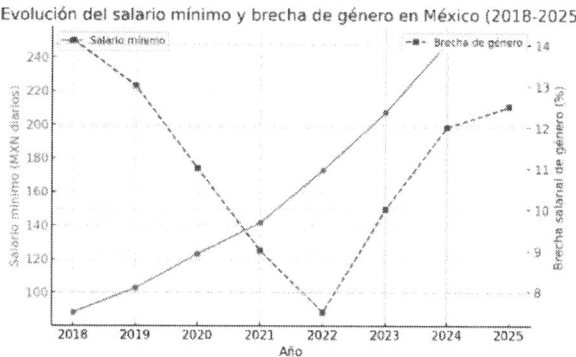

- En azul: la evolución del salario mínimo en México (2018-2025).
- En rojo: la evolución estimada de la brecha salarial de género (%) en el mismo periodo.

Aplicar un método riguroso en la compensación es un paso esencial para profesionalizar la gestión del talento. La compensación debería sustentarse en datos, análisis y criterios objetivos y no en decisiones reactivas o arbitrarias.

El caos en las políticas retributivas mexicanas

Muchas organizaciones aún carecen de políticas claras y consistentes en la materia. El resultado es un panorama de cierto caos retributivo, caracterizado por decisiones fragmentadas, poca transparencia y falta de alineación con la estrategia. Síntomas/problemas:

- La falta de metodologías formales para definir salarios: numerosas empresas establecen sueldos a partir de la urgencia de cubrir un puesto, la presión de un colaborador que amenaza con marcharse o la comparación con lo que paga la competencia. Este tipo de decisiones reactivas genera inequidades internas difíciles de corregir.

- La distribución del ingreso y la formalidad laboral siguen siendo desafiantes: aproximadamente el 53,8 % de la población ocupada trabaja en el sector informal, lo que limita la efectividad de los aumentos salariales y contribuye a la percepción de desigualdad.

- La dispersión salarial sin justificación objetiva: no es raro encontrar organizaciones en las que 2 personas con responsabilidades similares perciben diferencias de hasta un 30-40 % en su salario. En estos contextos, la percepción de injusticia se multiplica y la motivación se erosiona.

- La alta informalidad laboral en el país: cerca del 55 % de la población ocupada trabaja sin un contrato formal (INEGI, 2024). Esto reduce los incentivos para que las empresas establezcan esquemas de compensación sólidos y transparentes, y al mismo tiempo genera presión sobre el sector formal, que debe competir con empleadores que reducen costos laborales al margen de la ley.

- La desconexión con la estrategia organizacional en la asignación salarial: se fijan presupuestos de incrementos anuales de manera uniforme –por ejemplo, 5 % para todos–, sin considerar diferencias de desempeño, valor del puesto o competitividad externa. De esta forma, el salario se convierte en un mecanismo burocrático, en lugar de en una herramienta para alinear talento y objetivos de negocio.

Esto no significa ausencia total de prácticas modernas: existen empresas avanzadas en México que aplican metodologías rigurosas. Sin embargo, la fotografía general muestra una gran oportunidad de profesionalización, sobre todo para asegurar equidad interna y competitividad externa de manera sostenible.

La necesidad de un método científico riguroso

Para que la política retributiva sea sostenible no puede depender de intuiciones ni comparaciones anecdóticas. La dispersión salarial dentro de sectores similares –como la manufactura– puede alcanzar diferencias de hasta un 40 %, generando desmotivación y rotación laboral. Según WTW y Mercer México, aproximadamente el 60 % de los trabajadores mexicanos han considerado cambiar de empleo por motivos salariales, mientras que 55-58 % percibe que su salario no refleja adecuadamente su responsabilidad o desempeño (AMEDIRH, ENOE).

Un método científico permite:

- Equidad interna: asignar salarios acordes con la responsabilidad y el valor relativo de cada puesto.
- Competitividad externa: vincular salarios con datos de mercado confiables para atraer y retener talento.
- Transparencia y confianza: reducir la sensación de arbitrariedad y fortalecer la motivación.

Si una organización desea que su política retributiva sea sostenible y eficaz no puede depender de intuiciones, comparaciones aisladas o decisiones improvisadas. Lo que se requiere es un método científico riguroso, capaz de establecer la compensación de manera objetiva, transparente y coherente con la estrategia empresarial.

El *benchmarking* es insuficiente. Muchas empresas aún definen salarios con base en comparaciones poco sistemáticas, lo que induce a decisiones arbitrarias. La adopción de un método de valoración estructurado contribuye a que las políticas salariales sean objetivas, consistentes y competitivas.

Modelos de referencia internacionales

Algunas empresas mexicanas, especialmente en sectores de tecnología, finanzas y manufactura, han comenzado a comprobar que alinear los salarios con el valor real de los puestos y las referencias del mercado produce beneficios tangibles: mejora la satisfacción y compromiso de los empleados, reduce la rotación y fortalece la competitividad organizacional (KPMG México, 2023).

En la búsqueda de metodologías que aporten rigor y objetividad a la retribución resulta inevitable mirar hacia los modelos que han marcado pauta a nivel internacional. Entre ellos destacan, por un lado, los enfoques norteamericanos y, por otro, las propuestas de origen europeo, particularmente de España.

- El enfoque norteamericano: los sistemas desarrollados en Estados Unidos se caracterizan por su fuerte orientación cuantitativa y de mercado. Se apoyan en extensas bases de datos salariales, métricas de productividad y prácticas de *benchmarking* que permiten comparar posiciones. Este enfoque ha contribuido a la eficiencia de muchas organizaciones y se ha consolidado como referencia global, especialmente en multinacionales. Su aplicación en México presenta limitaciones. En primer lugar tiende a privilegiar los resultados financieros y la competitividad externa por encima de la equidad interna, lo que puede amplificar brechas salariales difíciles de justificar en culturas con alta sensibilidad hacia la justicia percibida. Su énfasis en métricas rígidas no siempre encaja con estructuras empresariales donde persisten informalidad, flexibilidad improvisada o dinámicas familiares en la gestión.

- El modelo español: los modelos de origen español parten de una lógica más integradora y culturalmente sensible. Si bien mantienen un rigor metodológico –a través de la valoración de puestos por factores y la comparación estructurada con el mercado–, también ponen énfasis en la equidad, la transparencia y la aceptación social del sistema. Este enfoque resulta particularmente afín a la mentalidad mexicana, donde la percepción de justicia es un componente central de la motivación. La claridad en los criterios de valoración, junto con la posibilidad de adaptar el modelo a distintos sectores y tamaños de empresa, convierte al modelo español en una herramienta flexible y cercana.

¿Por qué mirar hacia España desde México?

Mientras el modelo norteamericano ofrece una gran fortaleza en datos y *benchmarking*, el español, sin desatender estos aspectos, equilibra con mayor acierto la dimensión técnica con la cultural y organizacional. En México, donde la confianza interna y la equidad percibida son tan determinantes como la competitividad externa, esta segunda vía ofrece un camino más prometedor. La propuesta que CEINSA impulsa en México es rigurosa en la metodología a la vez que adaptable a la cultura y la realidad mexicanas.

Un modelo que conecta con México

La introducción de un modelo de origen español al mercado mexicano no es un mero ejercicio de transferencia metodológica. Ofrece una herramienta práctica y culturalmente afín, capaz de responder a los retos particulares del país: inequidad salarial, alta rotación de talento y desconfianza hacia los procesos internos de compensación.

El modelo que CEINSA impulsa se sustenta en tres pilares:

1. Valoración objetiva de puestos: evaluación de responsabilidades, complejidad, conocimientos requeridos e impacto en resultados.
2. Equilibrio entre equidad interna y competitividad externa: conexión con datos de mercado confiables.
3. Adaptabilidad y cercanía cultural: flexibilidad para ajustarse a tamaño, sector y cultura de la empresa, enfatizando la percepción de justicia y confianza.

Más allá de la técnica, lo que distingue al modelo de CEINSA es su capacidad de generar credibilidad. En México, donde muchos trabajadores perciben que las decisiones salariales son opacas o discrecionales, introducir un sistema con reglas claras y explicables representa una mejora profunda. No solo para la gestión de recursos humanos, sino que contribuye a consolidar una cultura organizacional basada en la transparencia y el reconocimiento. La propuesta de CEINSA no se limita a aportar una herramienta de compensación: ofrece a las empresas mexicanas la posibilidad de dar un paso hacia la profesionalización y la confianza, factores cada vez más determinantes en un mercado laboral competitivo y cambiante.

Primeros pasos en la implantación en México

Implementar un modelo de compensación riguroso y adaptado culturalmente requiere iniciar con pasos concretos, claros y progresivos. La experiencia en México muestra que las empresas que avanzan en este camino suelen abordar el proceso progresivamente.

Los primeros pasos se implementan a través de fases:

1. Valoración objetiva de los puestos: establecer un mapa de valor relativo dentro de la organización.
2. Diagnóstico de la estructura salarial: identificar brechas, dispersión salarial, nivel de formalidad y alineación con el mercado.
3. Diseño de políticas claras y comunicables: garantizar consistencia y seguimiento transparente.
4. Acompañamiento en la gestión del cambio: formación y soporte durante la implementación.

Este enfoque gradual permite avanzar sin generar resistencia, adaptándose al tamaño, sector y cultura de la empresa, con resultados observables en el corto y mediano plazo.

Referencias

- Chiavenato, I. (2017). Administración de recursos humanos. McGraw-Hill.
- Comisión Nacional de los Salarios Mínimos (CONASA-MI). (2022). Informe sobre la evolución de los salarios en México 2018-2022. Gobierno de México.
- Comisión Nacional de los Salarios Mínimos (CONASA-MI). (2025). Salario mínimo 2025. Gobierno de México.
- De la Garza, E. (2012). Trabajo, salarios y desigualdad en México. El Colegio de México.
- Esquivel, G. (2015). Desigualdad extrema en México. OXFAM México.
- INEGI. (2024). Encuesta Nacional de Ingresos y Gastos de los Hogares. Instituto Nacional de Estadística y Geografía.
- KPMG México. (2023). Tendencias salariales y de compensación en México.
- Milkovich, G., & Newman, J. (2019). Compensation. Mc-Graw-Hill.
- Pérez, C., & Valenti, G. (2020). Retribución y talento en América Latina. Fondo Editorial EGADE.

CONCLUSIONES

D esde hace tres décadas vengo asesorando a directores generales de organizaciones públicas y privadas en más de 50 países. En cada una de esas conversaciones aprendo de la experiencia de quienes acuden a mí para ampliar su visión estratégica, su liderazgo, su capacidad de motivar equipos de alto rendimiento u otras habilidades directivas.

Una de las cuestiones que aflora en la conciencia de casi cualquier CEO, sobre todo cuando van alcanzándose edades en las que se sigue mirando hacia delante, pero también se contempla lo vivido, es la de la ética. La ética no es un opcional, porque la técnica sin ética siempre se torna perversa, también en el ámbito de la retribución. La moral es la ciencia de la felicidad y puede resumirse en la capacidad de mirarse al espejo y poder decirnos a la cara que nos comportamos con decencia. También, insisto, porque no es un tema menor a la hora de analizar cómo diseñamos las políticas retributivas.

Esbozo cuatro paradigmas posibles:

1. CEOs, o en general directivos de alto rango, cuya obsesión es la mejora del rendimiento económico de la estructura mercantil o financiera que les ha sido encargada. La ética es considerada como un estorbo que se obvia en pro de actuaciones que incrementen los caudales. Durante largas temporadas, esta actitud suele contribuir

a la consecución de mejoras en el Excel corporativo para más adelante generar reacciones de desconcierto vital. Y también desagrado entre quienes reman a diario para sacar adelante el proyecto si perciben un desequilibrio no razonable entre lo que cobran unos y otros.

2. He tropezado también con altos directivos cuya principal preocupación era la ética. Algunos soslayan que el primer paso para vivir de forma moral es disponerse con rigor al desarrollo y la consecución del conocimiento y las habilidades reclamados para ejercer de manera técnicamente responsable. ¡Qué relevante, por lo que ahora nos concierne, es contar con expertos que asesoren adecuadamente para que los salarios y demás incentivos sean justos! La excesiva inocencia ha conducido a algunos al abismo, dejando en la calle a quienes les habían seguido confiando en su aparente bondad. No han aplicado la irónica expresión de Ricardo García, vicepresidente europeo de una multinacional alemana del sector de la automoción a quien asesoré durante un tiempo prolongado: «Estoy convencido de que los cartujos son gente buenísima, pero no deseo contar con ninguno en mi Comité de Dirección».

En este perfil de aparente moralidad, pero indigencia técnica, debo incluir a dos directivos, con quienes trabajé hace muchos años, cuya arriesgada creencia en que sus presuntas buenas intenciones (al cabo no lo eran tanto) deberían conducirlos al éxito. Sus limitaciones como timoneles, fruto de haber sido ascendidos sin la preparación suficiente y sin que su jactancia les consintiera tener conciencia de su precariedad intelectual, condujo a daños irreparables en muchos. Ambos trabajaban en el sector de la formación reglada y se llamaban Alfonso y Adolfo.

3. Una tercera opción, más frecuente de lo que podría pensarse, es la existencia de directivos que carecen de preparación ética y también técnica. Su faro es el éxito, entendido como enriquecimiento personal e intransferible..., y aunque conocen o al menos intuyen los pasos que deben darse –diseñar una estrategia, elaborar un plan de viabilidad, contar con profesionales preparados, etc.–, su celeridad por culminar cimas pasa por encima del sentido común técnico y de la menor sensibilidad moral. Algunos que aparecen con frecuencia en medios de comunicación por su posición en puestos de responsabilidad pública no superarían un examen mínimamente exigente sobre la formación precisa para responder a los compromisos que ostentan. Así, por mencionar un solo ejemplo, una cobradora ayuna de preparación básica en cualquier ámbito acaba decidiendo sobre presupuestos millonarios. Solo la existencia de dirigentes políticos sin escrúpulos explica este tipo de calamitosas circunstancias.

4. Gracias a Dios es frecuente encontrar a profesionales que, disponiendo de preparación técnica, alientan la preocupación de que las decisiones que toman sean éticamente aceptables. Dentro de este cuarto paradigma me es grato mencionar a profesionales como Marta Prieto, Josep Capell, Igor González de Galdeano, Fernando Moroy, Juan Carlos Luna, Víctor Hugo Malagón, Rogelio Leal, Ricardo Hernández García, Rodrigo Jordán, Marcos Urarte, José María López Rodríguez, etc. Debo limitar la mención a pocos, porque podría alargar estas líneas de manera dilatada.

Sería deseable que en las escuelas de negocios se forma-
ra de manera apropiada a los directivos. Para lograrlo resulta imprescindible contar con docentes que hayan pilotado
con éxito entidades mercantiles o financieras de una manera
ética. Porque, como se enseñaba en las escuelas de comercio
españolas desde el siglo XIX: la teoría sin práctica es utopía y la práctica sin teoría es rutina. O, como lo formulaba
Stalin: la teoría sin práctica es estéril y la práctica sin teoría
es ciega.

Lo vivió en carne propia Esteban Pedrayes, un notable
profesional con amplia experiencia internacional, durante la
realización de un programa de alta dirección en una hipotética inmejorable *business school* española. Ante la agresividad
irrespetuosa de un ponente, preguntó: «¿Usted, ha dirigido
algo alguna vez?».

La evidente respuesta era que no, pero el presuntuoso
docente siguió atizando sin ton ni son en vez de reconocer su
carencia.

Retribuir con justicia forma parte de los deberes de un
directivo. Crear una clase media, lograr una existencia equi-
libradamente armónica en la sociedad es el fruto sabroso de
una buena gestión. En estas páginas se ofrecen líneas de trabajo que ojalá sean tomadas encuentra para contribuir a la
mejora del mundo en el que nos toca vivir.

EPÍLOGO

«LA SAL DE LA VIDA»

Esta obra, que nos brinda la generosidad de Javier Fernández Aguado y Josep Capell, pone de relieve algunos hechos esenciales en torno a la compensación por el trabajo humano, sobre su importancia y variedad en todo tiempo y lugar, desde Mesopotamia y Egipto hasta nuestros días, en todo el mundo.

Sus autores son profesionales de una calidad y prestigio acrisolados, que han alcanzado en sus vidas ese punto alquímico de conocimiento y experiencia que venimos en llamar sabiduría. Algo que se logra no tanto por los años cumplidos –que siempre contribuyen–, sino, sobre todo, por cuidar el afán permanente de saber, reflexionar y mejorar, unido al ejercicio constante de las virtudes humanas.

Hablando de virtudes, entre las muchas que tiene esta obra destaca el abordar la realidad de la compensación del trabajo desde una amplia perspectiva, que aúna la aproximación histórica con la técnica; técnica que encuentra así su lugar y sentido lógico en la evolución del salario a lo largo del tiempo. Por desgracia, los seres humanos tenemos escasa memoria histórica; con frecuencia nos alcanza a un par de generaciones o poco más. Este libro viene a paliar esa carencia. Nos muestra una evolución en la que constatamos que no se producen avances rectilíneos puros; la línea de desarrollo suele ser quebrada, unas veces se adelanta, otras se retrocede. El mito occidental del progreso permanente quedó olvidado en los naufragios del siglo XX.

Josep Capell, al abordar en su análisis las décadas más próximas y el momento actual, destaca cómo desde la Revolución industrial no ha cesado el desarrollo de metodologías y herramientas. Recientemente asistimos a un significativo cambio de perspectiva que podemos resumir en la prevalencia de una aproximación científica y global a la retribución del trabajo, que se divide y analiza en sus diversos componentes: fija, variable, en especie, emocional, compensación total... Este avance hacia la globalidad se fundamenta en una atención real a la persona en su integridad. Se atiende no solo al fruto externo, inmediato y visible de la labor realizada en un tiempo determinado, sino a la aportación de valor a la empresa, presente y futura, entendiendo la organización como participación en un proyecto común.

La compensación se vincula así al talento y al compromiso, algo que no se obtiene solo con el pago de un salario, pues requiere de una percepción de compensación global, generadora de vínculos emocionales y racionales, propios de la naturaleza humana. En esta perspectiva integral destaca la importancia de la experiencia del empleado y el papel de la cultura corporativa, que con buen criterio define Capell como elementos estratégicos.

Sin perjuicio de la evolución, al hilo del desarrollo del *management*, de la teoría y práctica de la compensación, descubrimos que en ese devenir de siglos hay algo que permanece, una constante de fondo: la importancia antropológica de la compensación vinculada al trabajo.

El ser humano, en su esencia, no ha cambiado tanto en la historia, que abarca solo unos milenios en el devenir de nuestra especie. Esto lo sabe muy bien Javier Fernández Aguado, que ha dedicado gran parte de su monumental obra a investigar y bucear en ella, precisamente para mostrarnos la actualidad y la perennidad de muchas de sus enseñanzas aplicables al *management*. «*Historia magistra vitae*», nos enseñaba Cicerón.

El trabajo es una realidad pluridimensional –se puede abordar desde muy diversas perspectivas: jurídica, económica, sociológica, psicológica, organizativa, histórica...–, pero hemos de tener presente que sus principios permanentes se vinculan a la estructura ontológica del ser humano que lo realiza. De ahí que la perspectiva filosófica y ética esté en el centro de la realidad del trabajo, como parte inseparable del ser humano en el mundo. La comprensión del trabajo como actividad propiamente humana, consciente, libre, intencional, con sentido y propósito, inseparable de la vida y ordenado a la perfección del ser humano es indispensable si queremos responder con acierto a una pregunta clave: ¿dónde encuentra el trabajo su completa remuneración? ¿Cuál es el salario más auténtico? El salario, comprendido filosóficamente nos lleva de modo natural al concepto de compensación total, que es una aproximación esencialmente antropológica a la retribución.

No es posible desvincular los conceptos de trabajo y de salario o compensación, como diríamos hoy. Al igual que no es posible desvincular el trabajo, con su salario asociado, de la persona. Si la sal –el salario– es históricamente la compensación por el trabajo, el trabajo viene a ser «la sal de la vida». Así como seguramente, siguiendo con la equivalencia simbólica de ingredientes, el amor sería el azúcar.

Como subraya el profesor Fernández Aguado en la introducción del libro, el hombre es *homo faber* y esta condición va unida a su íntima naturaleza, a su forma de estar en el mundo. El valor del trabajo esté presente en todas las civilizaciones que conforman la historia humana y toda la extensión geográfica habitada de nuestro mundo. Es motor de la humanidad, la sal de la vida. Si no le prestamos atención, si devaluamos su sentido y alcance –como por desgracia hoy está ocurriendo–, estaremos privando a la vida de sabor, estaremos incurriendo en un error grave. La carencia de un sentido ontológico en la apreciación del trabajo humano impide contemplar su inmenso valor y deja a la persona huérfana en un aspecto esencial para su felicidad.

Santo Tomás de Aquino sentó las bases para fundar el valor inmanente del trabajo, entendiéndolo como una manifestación de la bondad divina y un medio para la perfección. Más allá de la causa final próxima –el fruto o producto de lo trabajado–, existe una causa más decisiva para la perfección personal. Se trata del sentido subjetivo que el trabajar tiene para la persona, que puede alcanzar desde lo más básico, la mera subsistencia, hasta la autorrealización, la donación a los demás o el sentido trascendente (el suprasentido de Víktor Frankl). Simone Weil argumentaba que el trabajo por mera subsistencia es una forma de servidumbre –próximo al trabajo en esclavitud, que griegos y romanos estimaban indigno del *cives* u hombre libre– y que la única forma de hacerlo soportable era esa luz de eternidad, que ligaba la labor, por sencilla que pudiera parecer, a una causa trascendente.

Este sentido trascendental de la actividad lleva a definir el trabajo humano como una actividad para la realización de los fines que a la persona le son propios por su naturaleza y de acuerdo con ella. Esta visión debe permitir a la persona ser consciente del «por qué y para qué» de su trabajo y abre camino a formas de compensación que van más allá, como nos recuerda este libro, del trabajo a cambio de dinero, sea cual sea la moneda en que se concrete.

El trabajo es indisociable de la dignidad. La propia Declaración Universal de Derechos Humanos de 1948 proclama que la dignidad es el fundamento del derecho al trabajo. Trabajo que no solo es digno porque es realizado por el hombre, sino porque se dirige hacia el hombre como fin último.

Cuando las empresas son conscientes del auténtico valor del trabajo, y así lo gestionan, se hacen partícipes de una labor colectiva de construcción de la sociedad, contribuyendo a la búsqueda del bien propio y del bien común. La aportación de trabajo digno y justo, con sentido de servicio, es la principal aportación que un empresario puede hacer a cualquier política social. Nada refuerza más la sostenibilidad de la empresa, concepto ahora tan de moda.

La humanización del trabajo es la vía idónea para el perfeccionamiento personal y social, y debe ser una opción consciente de quienes la dirigen: reconocer la singular dignidad del ser humano y promover, en consecuencia, que la política retributiva sea coherente con esta percepción. Se facilitará así la unidad existencial (la coherencia entre el ser y el actuar) en cada individuo, cada equipo y en la organización en su conjunto.

Si la empresa considera al trabajador solo como un medio, lo que importará es solo el resultado a corto, y será lo que fundamentalmente se retribuya. El trabajador, sin embargo, no puede separarse de su labor, por lo que en esta visión reduccionista la empresa compra el resultado a costa de comprar al trabajador. Por el contrario, si la empresa apuesta por la humanización del trabajo, el empleado debe ser considerado no solo como proveedor de un factor de producción, sino también como un fin en sí mismo —medio y fin a la vez— y la forma de retribuir cambiará. Aquí tiene su lugar privilegiado la experiencia de empleado que explica Capell. Esta concepción humanista del trabajo va unida al sentido de la evolución del salario a la compensación, que el libro describe.

De ahí la importancia de combinar la perspectiva técnica de gestión de las políticas de compensación con el conocimiento y comprensión de la evolución histórica de la compensación misma, que es otro de los grandes aciertos de esta obra.

Al hacerlo así, Josep Capell y Javier Fernández Aguado nos brindan una guía de actuación; nos recuerdan cómo un directivo debe abordar una temática tan delicada y compleja como es la satisfacción vinculada a la labor: aplicando, sí, la técnica, pero sin perder de vista el fundamento último de toda misión directiva, que no es otro que liderar personas para lograr que se haga lo que debe ser hecho. La combinación de técnica y alma, –*tecnei* (τέχνη) y *psyche* (ψυχή)– es la realidad del ser humano y sobre el reconocimiento de esta verdad –la sal de la vida– descansa toda la teoría y la práctica de la compensación.

Por eso considero especialmente reveladora la matriz que nos ofrece el profesor Fernández Aguado en las conclusiones de la obra, donde clasifica las decisiones en materia de retribución en atención a dos factores: la técnica y la ética. Obvio es decir que el acierto en la decisión sobre los salarios exige de la concurrencia de ambas perspectivas, «decidir aunando la justicia con la solvencia técnica». Esta regla de actuación requiere de los directivos una buena concertación de virtudes humanas, que, como la prudencia, la fortaleza, la justicia y la humildad, están en la base del auténtico liderazgo.

Para concluir, quisiera subrayar otro aprendizaje que nos brindan los autores: la bonanza de hoy no garantiza la del mañana. La defensa de la dignidad del trabajo, que es la defensa de la dignidad de la persona, requiere de los directivos un compromiso permanente, como el logro de cualquier ideal noble.

CARLOS DE BENITO ÁLVAREZ
Madrid, septiembre 2025

BIBLIOGRAFÍA

- ABULAFIA, DAVID (2019) El gran mar: Una historia humana del Mediterráneo. Barcelona. Crítica.

- ALBI DE LA CUESTA, JULIO (2017) De Pavía a Rocroi. Los tercios españoles. Madrid: Desperta Ferro ediciones.

- ARISTÓFANES (2008) Las avispas. Losada: Madrid.

- ARISTÓTELES (2011). Política. Barcelona: Austral.

- AZQUETA, DIEGO (2003) "Reflexiones en torno a la NEP y la estrategia de industrialización acelerada en la URSS 1921-1929", en Revista de Historia Económica, año 21, 3. Madrid: Universidad Carlos III.

- BENEDICTO XVI (2007) Caritas in veritate. Roma: Santa Sede.

- BENEDICTOW, OLE J. (2011) La Peste Negra, 1346-1353. Madrid: Akal.

- BIELENSTEIN, HANS (1980) The bureaucracy of Han times. Cambridge: Cambridge University Press.

- BLÁZQUEZ, JOSÉ MARÍA (2005) "Causas de la decadencia y hundimiento del Mundo Antiguo". Alicante: Biblioteca Virtual Miguel de Cervantes.

- BLOCH, MARC (1988) La sociedad feudal. Madrid: Akal.

- BOTTOM BEJA. FLORA (1984) China: su historia y cultura hasta 1800. México D.F.: El colegio de México.

- BOTTON BEJA, FLORA; MAETH, RUSSELL; PAGE, JOHN. (1984) Dinastía Han: (202 a. C.-220 D. C.) México D.F: El colegio de México.

- CALDUCH, RAFAEL (2006) "La estructura económica internacional del siglo XIX", en Estudios Internacionales de la Complutense, vol. 8, 3. Madrid: UCM

- CAPELL, JOSEP (2021/2023) "Aprender a gobernar de los mejores" (1 y 2). Barcelona: Biblioteca CEINSA.

- CÁRDENAS DEL REY, LUIS (2019) "Salarios y crecimiento durante el desarrollismo franquista", en Documentos de trabajo de la Asociación Española de Historia Económica, 19. Madrid: Asociación Española de Historia Económica.

• CASTÁN, SANTIAGO (2012). "La vida laboral en Roma y la consideración de los trabajadores según su oficio", en Historia National Geography.

• CATÓN EL CENSOR (2012) Tratado de agricultura. Madrid: Gredos.

• CAUNEDO DEL POTRO, BETSABÉ (2012) "El desarrollo del comercio medieval y su repercusión en las tecnicas mercantiles. Ejemplos castellanos", en Pecunia. Revista de la Facultad de Ciencias Económicas y Empresariales. León: Universidad de León.

• CHAVES PALACIOS, JESÚS (2004) "Desarrollo tecnológico en la Primera Revolución Industrial", en Norba Historia, 17. Badajoz: Universidad de Extremadura.

• CHILDE, GORDON (2012). Los orígenes de la civilización: México: Fondo de Cultura Económica.

• CICERÓN (2013) Catilinarias: Discurso contra Catilina. Madrid: Cátedra.

• CLAYTON, JOSEPH (2016): Pope Innocent III and his times: Amazon.

• CLIFF, TONY (1999) State Capitalism in Russia. Chicago: Haymarket Books.

• COHN, NORMAN (2015) En pos del milenio. Revolucionarios milenaristas y anarquistas místicos de la Edad Media. Logroño: Pepitas de Calabaza.

• CONDE RUIZ, JOSÉ IGNACIO y GONZÁLEZ, CLARA (2017) "Modelo de pensiones europeo: ¿Bismarck o Beveridge?", en Boletín de Estudios Económicos, 222. Deusto: Deusto Business Alumni.

• D'AVENEL, GEORGES (2016) Paysans et ouvriers depuis sept cent ans. Cambridge: Wentworth Press.

• DANDO-COLLINS, STEPHEN (2018) Legiones de Roma: La historia definitiva de todas las legiones imperiales romanas. Madrid: La esfera de los libros.

• DICKENS, CHARLES (2019) Tiempos difíciles. Madrid: Alianza.

• DION CASIO (2011) Historia romana. Madrid: Gredos.

• DISRAELI, BENJAMIN (2010) Sybil (or the two nations). Oxford: Oxford University Press.

- DOBB, MAURICE (2014) Soviet Economic Development Since 1917. Londres: Routledge.

- ENGELS, FIEDRICH (2020) La situación de la clase obrera en Inglaterra en 1844. Madrid: Akal.

- ESCUDERO, ANTONIO (2019) "Salarios y nivel de vida en los barrios obreros británicos durante la revolución industrial", en Conversación sobre historia, consultado en: https:// conversacionsobrehistoria.info/2019/01/12/salarios-y-nivel-de-vida-en-los-barrios-obreros-britanicos-durante-la-revolucion-industrial/

- ESTEPA, CARLOS (2010) "Notas sobre el feudalismo castellano en el marco historiográfico general", en Estudios sobre señorío y feudalismo: homenaje a Julio Valdeón. Zaragoza: Diputación de Zaragoza.

- FAZZINI, MAURO (2020) "¿Cómo se fijan los precios y salarios? Poderes locales y gremios del textil en Murcia (1440-1500)", en Magallanica, revista de historia moderna, Vol 7, 13. Mar de Plaa: Universidad Nacional de Mar de Plata.

- FERNÁNDEZ AGUADO, JAVIER (2013) Egipto, escuela de directivos. Madrid: LID.

- FERNÁNDEZ AGUADO, JAVIER (2014) El management del III Reich. Madrid: LID.

- FERNÁNDEZ AGUADO, JAVIER (2017) ¡Camaradas! De Lenin a hoy. Madrid: LID.

- FERNÁNDEZ AGUADO, JAVIER (2020) 2000 años liderando equipos. Madrid: Kolima.

- FERNÁNDEZ AGUADO, JAVIER (2022) El encuentro de cuatro imperios. El management de españoles, aztecas, inccas y mayas. Madrid: Kolima.

- FERNÁNDEZ AGUADO, JAVIER (2024) Entrevista a Stalin. Madrid: Kolima.

- FERNÁNDEZ AGUADO, JAVIER (2025) Management pontificio. Madrid: LID.

- FERNÁNDEZ AGUADO, JAVIER (2025) Entrevista a Simón Bolívar. Madrid: Kolima.

- FERNÁNDEZ DÍAZ, ROBERTO (2016) Carlos III. Un monarca reformista. Madrid: Espasa.

- FLAVIO JOSEFO (2016) La guerra de los judíos. Madrid: Gredos.

- FORNIS, CÉSAR (2021) "Mercenarios y clases dependientes en el imperio espartano: un capítulo de historia social", en Gladius, 41. Sevilla: Universidad de Sevilla.

- FRANCISCO I (2020) Fratelli Tutti. Roma: Santa Sede.

- FRIEDMAN, MILTON (1993) Teoría de los Precios. Barcelona: Ediciones Altaya.

- FROISSART, JEAN (1988) Crónicas. Madrid: Siruela.

- GIBBON, EDWARD (2012) Decadencia y caída del imperio romano. Vilahur: Atalanta.

- GIMBERG, CARL (1972) Historia Universal. Grecia. Buenos Aires: Daimon.

- GIMPEL, JEAN (1982) La revolución industrial en la Edad Media. Madrid: Taurus.

- GOLDSWORTHY, ADRIAN (2005) El ejército romano. Madrid: Akal.

- GONZÁLEZ ARCE, JOSÉ DAMIÁN (2009). "Trabajar para el príncipe. Los salarios de los servidores de la casa del príncipe de Asturias y Gerona (Juan de Aragón y Castilla 1478-1497)" en Anuario de Estudios Medievales, 39/2. Madrid: CSIC.

- GONZÁLEZ FUENTES, JOSÉ GONZÁLEZ (2019) "El modelo económico socialista de Kruschev a Chernenko", en Ojos de Papel, consultado en http://ojosdepapel.com/Index.aspx?-blog=1023

- GONZÁLEZ GARCÍA, ALBERTO (2012) "La inflación en el imperio romano de Diocleciano a Teodosio", en Documenta & Instrumenta - Documenta et Instrumenta, 9. Madrid: UCM.

- GRIMAL, PIERRE (2019) La civilización romana. Barcelona: Planeta.

- GUIRAO DE VIERNA, ÁNGEL (1989) "El profesional del mar: reclutamiento, nivel social, formación", en España y el ultramar hispánico hasta la Ilustración. I Jornadas de historia marítima. Madrid: Instituto de Historia y Cultura Naval.

- HAENSEL, PAUL (2013) "El trabajador bajo el comunismo (U.S.S.R) 1917-1941", en Revista De Economía Y Estadística, 3(3). Córdoba (Argentina): Universidad Nacional de Córdoba.

- HERMAN, SAMANTHA (2021) "Salarios mínimos de la clase trabajadora durante la Revolución Industrial, en eHow, consultado en: https://www.ehowenespanol.com/salarios-minimos-clase-trabajadora-durante-revolucion-industrial-hechos_481961/

- HERODOTO (2006). Historia. Madrid: Cátedra.

- HESÍODO (1973) Los trabajos y los días. Madrid: Aguilar.

- HIMMELFARB, GERTRUDE (2008) La pobreza en Inglaterra a principios de la era industrial. Madrid: Movimiento Cultural Cristiano.

- HOBSBAWM, ERIC J. (1974) Las revoluciones burguesas. Madrid: Guadarrama.

- HUANG, YANG (2021) "Analysis on the Wealth Structure of Chinese Traditional Society from the Perspective of Social Class in Ming Dynasty", en Advances in Economics, Business and Management Research, volume 185. Paris: Atlantis Press.

- HUIZINGA, JOHAN (2001) El otoño de la Edad Media. Madrid: Alianza.

- JENOFONTE (2009) Apología. Banquete. Recuerdos de Sócrates. Alianza: Madrid.

- JENOFONTE (1967) Económico. Madrid: Sociedad de Estudios y Publicaciones.

- JUAN PABLO II (1981). Laborem exercens. Roma: Santa Sede.

- JUSTINIANO, MARÍA FERNANDA (2020) "Las vías occidental y oriental de la revolución industriosa y la plata americana", en Revista Tiempo & Economía, vol 7, 2. Bogotá: Universidad de Bogotá.

- JUVENAL (2007) Sátiras. Madrid: Cátedra.

- KERSHAW, IAN (2022). Personalidad y poder. Madrid: Crítica.

- LA PARRA, EMILIO (2019). Fernando VII. Un rey deseado y detestado. Barcelona: Tusquets

- LE GOFF, JACQUES (2014) Mercaderes y banqueros de la Edad Media. Madrid: Alianza.

- LLOPIS AGELÁN, ENRIQUE; GARCÍA MONTERO, HÉCTOR (2019) "Precios y salarios en Madrid, 1680-1800", en Investigaciones De Historia Económica, 7(2). Madrid: Asociación de Historia Económica.

- MARCIAL (2006) Epigramas. Madrid: Gredos.

- MARTÍN RUBIO, MARÍA DEL CARMEN (2014) Francisco Pizarro: El hombre desconocido. Oviedo: Ediciones Nobel.

- MARTÍNEZ LAÍNEZ, FERNANDO; SÁNCHEZ TARRADE-LLAS, VÍCTOR JAVIER (2013) El Camino Español y la logística en la época de los Tercios. Aportación de Calatayud y Comarca. Calatayud: Centro de Estudios Bilbilitanos e Institución Fernando el Católico.

• MARTÍNEZ LEGORRETA, OMAR (2005) "El servicio civil en la China imperial" en Economía, Sociedad y Territorio, Vol. V. 18. Toluca: El Colegio Mexiquense.

• MARTÍNEZ, MARÍA (Editora) (2007) Documentos relativos a los oficios artesanales en la Baja Edad Media. Alicante: Biblioteca Virtual Miguel de Cervantes, 2007.

• MARX, KARL (2010). El capital: Crítica de la economía política. Antología. Madrid: Alianza Editorial.

• MAYNARD KEYNES, JOHN (2001) The Essential Keynes. Londres: Penguin Books.

• MENU, BERNADETE (2018) Histoire économique et sociale de l'ancienne Egypte. París: CNR.

• MILLS, JOHN STUART (2007). Principios de economía política. Madrid: Editorial Síntesis y Fundación ICO.

• MIRA, ESTEBAN (2021) Hernán Cortés: Una biografía para el siglo XXI. Barcelona: Crítica.

• MIRÓN PÉREZ, MARÍA DOLORES. (2007) "Los trabajos de las mujeres y la economía de las unidades domésticas en la Grecia Clásica", en Complutum, 18. Madrid: UCM.

• MOKYR, JOEL (1987) "La revolución industrial y la nueva historia económica", en Revista de Historia Económica Año V Primavera-Verano, 2. Madrid: Universidad Carlos III.

• MOLINA, ÁNGEL LUIS (1983) "La vida en Murcia a finales de la Edad Media", en Revista Murgetana, 64. Murcia: Real Academia Alfonso X El Sabio.

• MOLINA, MANUEL (1995) "Las reformas de Urukagina", en Antigüedad y cristianismo: Revista de Estudios sobre Antigüedad Tardía, número 12. Murcia: Servicio de Publicaciones de la Universidad de Murcia.

• MOMMSEN, THEODOR (2005) Historia de Roma. Barcelona: RBA.

• MORALES HARLEY, ROBERTO (2014). "El costo de la vida en la Grecia Antigua", en Revista De Ciencias Económicas, vol 32, n 4. Costa Rica: Universidad de Costa Rica.

• MORRIS, IAN (2013) The Measure of Civilisation: How Social Development Decides the Fate of Nations Princeton: Princeton University Press.

- NI, SHAWN; HOANG VAN HIGH, PHAM (2006) "High corruption income in Ming and Qing China", en Journal of Development Economics, vol 81, 2. Columbia: University of Missouri–Columbia.

- PARRA, JOSÉ MANUEL (2019) "¿Cuál era la dieta de los constructores de las pirámides?", en La Vanguardia.

- PARVILAHTI, UNTO (1961) Los jardines de Beria. Barcelona: Plaza & Janés.

- PASTOR, REYNA (1992) "Sobre la burguesia y el florecimiento urbano en la plena Edad Media (siglos XI-XIII)", en Ciudad Y Territorio Estudios Territoriales, 94. Madrid: Ministerio de Transportes, Movilidad y Agenda Urbana.

- PÉREZ CELADA, JULIO A. (2007) "La transición de la Edad Media a la Edad Moderna: una perspectiva estructural", en Boletín de la Institución Fernán González, 234. Burgos: Institución Fernán González.

- PÉREZ, JORDI (2017) El comercio de lujo en Roma. Elaboración y comercio de objetos de lujo en Roma en el Alto Imperio: joyería, vestidos, púrpuras y ungüentos. Barcelona: Universidad de Barcelona.

- PIERROTTI, NELSON (2016) "Pasado y presente de las Rutas de la Seda, Asia Central y el Comercio internacional euroasiático", en Programa de Política Internacional. Montevideo: Universidad Católica del Uruguay.

- PLINIO EL JOVEN (2008) Epistolario (Libros I-X); Panegírico del emperador Trajano. Madrid: Cátedra.

- PLUTARCO (2011). Vidas pararelas. Buenos Aires: Losada.

- POWELSON, JOHN (2006) Una Historia de Riqueza y Pobreza. Por qué unas pocas naciones son ricas y muchas son pobres. Ann Arbor: Universidad de Michigan.

- PUÑAL, TOMÁS (2001) "El ordenamiento de precios y salarios de Juan II en 1442: estudio histórico-diplomático", en Espacio Tiempo Y Forma. Serie III, Historia Medieval, 14. Madrid: Facultad de Geografía e Historia de la UNED.

- QUINTANA, ELENA (2021) "En torno a la retribución de los funcionarios en Derecho Romano (siglos IV-VI d. C.)", en Hacia un derecho administrativo, fiscal y medioambiental romano IV. Volumen I. Derecho Administrativo y Derecho Medioambiental. Madrid: Dykinson.

- QUINTERO, INÉS (2006) La criolla principal. Fundación Bigott.

- QUIROZ TREJO, JOSÉ OTHÓN (2010) "Taylorismo, Fordismo y administración científica en la industria Automotriz", en Gestión y estrategia, 38. México D.F: UAM

- REQUENA, MARIANO JOSÉ (2009) "El status de los labradores en el pensamiento aristocrático ateniense del siglo IV a. C.", en XII Jornadas Interescuelas/Departamentos de Historia. Departamento de Historia, Facultad de Humanidades y Centro Regional Universitario Bariloche. San Carlos de Bariloche: Universidad Nacional del Comahue.

- RICARDO, DAVID (2001). On The Principles Of Political Economy And Taxation. Ontario: Batoche Books.

- SHAKESPEARE, WILLLIAM (2012) El mercader de Venecia. Madrid: Alianza.

- SHAPIRO, CARL; STIGLITZ, JOSEPH. (1984). "Equilibrium Unemployment as a Worker Discipline Device", en The American Economic Review. 74 (3). AEA: Pittsburgh.

- SMITH, ADAM (2011) La riqueza de las naciones. Madrid: Alianza Editorial.

- SOTO CARMONA, ÁLVARO (1992) "La evolución salarial en el primer tercio del siglo XX: en busca de una perspectiva comparada. Los Estados Unidos, Francia y España", en Historia Social, 13. Valencia: Fundacion Instituto de Historia Social.

- SPUFFORD, FRANCIS (2011) Abundancia roja. Sueño y utopía en la URSS. Madrid: Turner.

- STARK, RODNEY (2017) Falso testimonio. Denuncia de siglos de historia anticatólica. Bilbao: Sal Terrae.

- STRUVE, VASILI (1986) Historia de la antigua Grecia. Obra completa en 3 tomos. Barcelona: Sarpe.

- SUETONIO (2003) Vida de los doce césares. Madrid: Cátedra.

- TAIBO, CARLOS (2010) Historia de la Unión Soviética (1917-1991). Madrid: Alianza.

- TITO LIVIO (2016) Historia de Roma desde su fundación. Madrid: Gredos.

- VALDALISO, JOSÉ MARÍA (1993) "Los orígenes del capital invertido en la industrialización de Vizcaya, 1879-1913", en Revista de Historia Industrial, 4. Barcelona: Universidad de Barcelona.

- VARELA-PORTAS DE ORDUÑA, JUAN (2021) "¿Por qué Dante y su influencia, setecientos años después?" en Unidad de Cultura Científica. Madrid: UCM.

- VEGA Y DE LUQUE, CARLOS-LUIS DE LA (1969) "Un proyecto utópico: la conquista de China por España", en Boletín de la Asociación Española de Orientalistas. Madrid: UAM

- VELARDE FUENTES, JUAN (1995) "La cuestión de las pensiones", en Cuenta y Razón, 94. Madrid: Fundación de Estudios Sociológicos.

- VICENTE ECHAGÜE, JOSÉ RAMÓN (¿?) "La moneda china de la dinastía Ming", en Numismática digital, consultado en: https://www.numismaticodigital.com/noticia/10065/rumbo-a-lo-desconocido/la-moneda-china-de-la-dinastia-ming.html

- VILLAS, SIRO (2004) "Los gremios estructura y dinámica de un "modelo" gremial, en El Renacimiento. Zaragoza: Prensa Universitaria.

- VIRGILIO (2012) Geórgicas. Madrid: Cátedra.

- WALTON, JOHN K. (1995) "Aproximaciones a la historia de la vida cotidiana en Inglaterra, 1850-1940", en Ayer (Asociación de Historia Contemporánea), 19. Madrid: Marcial Pons.

- WALTON, JOHN K. (2001) "La clase media en la Gran Bretaña Victoriana identidad, poder y cultura, 1837-1901", en Historia contemporánea, 23. Bilbao: Universidad del País Vasco.

- WICKHAM, CHRIS (2016) Una historia nueva de la Alta Edad Media Europa y el mundo mediterráneo, 400-800. Barcelona: Crítica.

- ZINGARELLI, ANDREA (2007) "Propiedad familiar y economía campesina en el Egipto Antiguo", en XI Jornadas Interescuelas/Departamentos de Historia. Departamento de Historia. Facultad de Filosofía y Letras. Universidad de Tucumán: San Miguel de Tucumán.

KOLIMA
BOOKS